KB137789

비고츠키 선집 9

비고츠키 청소년 아동학 Ⅰ
분열과 사랑

• 표지 그림

이 책 내용의 대부분을 차지하는 통신 강좌가 이루어지던 때와 비슷한 시기인 1929년에 그려졌다. 농가의 십 대 소녀가 해진 기름종이 램프 갓이 씌워진 남포등으로 책을 읽고 있다. 독서는 '내적 말'을 필요로 한다. 비고츠키에 의하면 내적 말은 학령기의 신형성이다. 그러나 13세의 위기에 어린이는 스스로의 내적 말과 책으로부터의 내적 말(작가의 목소리)을 나누는 것을 익히게 된다. 비판적인 독서가 가능해지는 것이다. 이와 유사하게 청소년은 선천적이고 친숙한 형태의 사랑을 벗어나 새로운 사회적 환경에서 새로운 형태의 사랑을 찾게 된다. 새로운 작가는 다른 작가들의 목소리와의 분열을 겪음으로써 스스로의 목소리를 찾게 된다.

비고츠키 선집 9
비고츠키 청소년 아동학 I
분열과 사랑

초판 1쇄 인쇄 2018년 2월 22일
초판 1쇄 발행 2018년 2월 28일

지은이 L. S. 비고츠키
옮긴이 비고츠키 연구회
펴낸이 김승희
펴낸곳 도서출판 살림터

기획 정광일
편집 조현주
북디자인 꼬리별

인쇄·제본 (주)현문
종이 월드페이퍼(주)

주소 서울시 양천구 목동동로 293, 22층 2215-1호
전화 02-3141-6553
팩스 02-3141-6555
출판등록 2008년 3월 18일 제313-1990-12호
이메일 gwang80@hanmail.net
블로그 http://blog.naver.com/dkffk1020

ISBN 979-11-5930-065-3 93370

* 가격은 뒤표지에 있습니다.
* 잘못된 책은 바꾸어 드립니다.
* 이 책은 저작권법에 따라 보호를 받는 저작물이므로 무단 전재와 복제를 금합니다.

비고츠키 선집 9

비고츠키 청소년 아동학 I

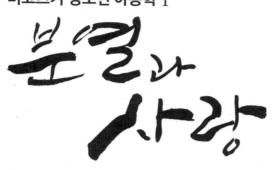

살림터

가족으로부터의 분열
분열로부터 재발명되는 사랑

배아는 학습 없이 성장한다. 성인은 성장 없이 학습한다. 이 둘 사이
에 성장하며 학습하는 어린이가 존재한다. 성장과 학습은 어린이에게
동시에 일어날 뿐 아니라 내적으로 연결되어 복잡한 통합체를 형성한
다. 예컨대, 가족들이나 심지어 친구들 앞에서 자신의 방문을 닫고 혼
자 있기를 원하는 13세에 관찰되는 분열의 위기는 내분비샘의 활동의
성장과 새로운 뇌의 연결, 상호 관계를 통한 문화와 사회에 대한 학습
의 복잡한 통합체이다. 이와 유사하게, 13세 위기 이후에 나타나는 성
적 성숙의 안정기는 성적 기능의 성장과, 어린이와 부모 사이의 사랑과
는 사뭇 다른 친구들 사이의 새로운 종류의 사랑에 대한 학습의 복잡
한 통합체이다. 이 두 가지 경우 모두에서 볼 수 있는 성장과 학습의 복
잡한 내적 연결이 바로 비고츠키와 그 동료들이 '아동학'이라 부른 과
학의 대상이다. 다시 말해 아동학은 우리가 발달이라 부르는, 학습과 성
장의 복잡한 통합체의 과학인 것이다. 이 아동학은 미래의 과학이자 미
래에 대한 과학이라는 두 가지 구별된 의미에서 여전히 미래 과학이다.

아동학은 미래의 과학이다. 아동학은 여전히 발달 중인 젊은 과학이
기 때문이다. 비고츠키는 아동학이 인간 분석에 의해 인위적으로 만들
어지고 위계적으로 조직된 대상을 연구하는 과학(예컨대 물리학, 화학, 생
화학)이 아니라 자연 속에서 전체로서 관찰할 수 있는 대상을 연구하

는 과학(예컨대 천문학, 지리학, 생태학) 중 하나라고 말한다. 후자의 과학들은 교사들에게 분명한 이점이 있다. 이들은 어린이가 관찰하고 경험할 수 있는 대상을 연구하며, 분석적인 과학들보다 가시적이고 더욱 전체적 목표를 제시하기 때문이다. 예컨대 별자리 관찰을 통한 시공간의 새로운 체험, 동식물 기르기를 통한 자연의 이해, 생태계의 이해를 통한 환경 문제 개선 노력 등은 어린이들의 생활과 직접적으로 연결되어 있다. 그러나 이들 과학은 또한 연구자들에게도 이점이 있다. 아동학의 경우 연구자들에게 주어진 온전체가 바로 부모와 교사의 관심 대상이다. 신생아, 영아, 유아, 유치원생, 초등학생, 그리고 이 책에 나오는 청소년이 바로 그들이다. 물론, 진정한 과학은 단순히 흥미로운 대상 이상의 것을 요구한다. 즉, 그 영역 고유의 문제와 이 문제 해결 방법을 생산할 수 있는 적합한 이론적 접근법이 필요한 것이다. 그러나 비고츠키 시대의 아동학은 문제, 접근법, 심지어 방법까지도 소아학, 아동심리학, 교육학과 같은 다양한 영역에서 빌려 왔다. 『연령과 위기』(2-1-1~2-1-14)에서 비고츠키가 지적한 바와 같이 유년기 시기 구분과 같은 아동학 고유의 문제들조차 다른 학문들에 의해 확립된 기준에 따라 왔다. 예를 들어 소아학에서 확립된 치아 교체, 아동심리학에서 확립된 성적 특성, 교육학에서 확립된 심리적 발달과 같은 것들이다. 아동학 고유의 시기 구분에 대한 이론적 접근과 연구 방법의 확립은 지켜지지 않은 비고츠키의 약속이다. 코로타예바의 아동학 강의 2부 『연령의 문제』로부터 발췌한 하나의 장과 신생 소비에트 연방의 교사들을 위한 비고츠키의 통신 강좌 중 네 개의 장으로 이루어진 이 책의 가장 중요한 목적 중 하나는 이 약속을 이행하는 것이다.

아동학은 미래에 대한 과학이다. 아동학은 하나의 인격으로 발전하고 있는 어린이의 과학이기 때문이다. 어린이는 오래전부터 이미 정해진 환경에 적응하는 식물이나 현재 당면한 환경에 즉각적으로 적응하는 동물과 다르다. 어린이는 부모와 교사가 '말'로 표현하는 환경에 적응해야만 한다. 부모와 교사가 말로 표현하는 인생 계획, 한 학기의 교육과정 또는 차시 수업 계획과 같은 것은 즉각적인 환경이 아니다. 어린이들은 (지금이 아닌) 미래의 (자연이 아닌) 사회-문화적 환경의 적응을 위해 다양한 문화화의 부담을 지고 있다. 많은 부모들과 교사들이 이러한 처지에 유감을 표하는 데에는 그럴 만한 이유가 있다. 그 이유 중 하나는 교육과정이 계속 변한다는 것이다. 우리나라는 1950년 이후 여덟 번의 주요 개정이 있었는데, 이것은 아세안의 여러 나라들보다 훨씬 많은 것이다. 잦은 교육과정 개정은 결국 큰 아이의 옷을 작은 아이에게 물려주는 것과 비슷한 식이 되어 버려서, 대학교 교육과정이 고등학교 교육과정에 (시험 준비의 형태로) 포함되고, 고등학교 교육과정은 중학교 교육과정, 중학교 교육과정은 초등학교 교육과정에 포함되고, 마침내 어떤 유치원은 영어, 수학, 과학과 같은 초등 준비 과목을 가르친다고 광고하기에 이르렀다. 비고츠키의 연구가 잘못 해석되어 근접발달영역이 아동 진단 장치가 아니라 교육 장치로 이해되면 상황은 더 나빠진다. 교육 계획 수립자들이 어린이의 실제 발달영역을 무시하고 내일 배울 것을 오늘 가르치기 위한 이론적 평계로 비고츠키를 이용하는 것이다. 하지만 청소년 아동학은 진단 장치와 교육 장치를 명확히 구분함으로써 비고츠키의 핵심 생각인 근접발달영역을, 생뚱맞은 학자들의 요구나 갈팡질팡하는 부모의 요구, 잔인하고 제멋대로인 노동시장의 요구가 아닌, 어린이 자신의 미래를 그 목표로 하는 참교육으로 되돌릴 수 있을 것이다.

　　교육자의 눈으로 보면 유년기는 기술과 지식의 발달을 의미하지만, 아동학자에게 유년기는 자연의 역사이자 인간의 역사이다. 이것이 바로 비고츠키가 생물적인 가족과 문화적인 환경이 서로 엮이고 짜여 어린이와 관계 맺는다고 말한 까닭이다. 어린이는 간인격적 관계 안에서 다른 사람들과 엮이고, 그 엮인 가닥들은 사회와 문화라는 더 커다란 무 늬로 짜여지는 것이다. 이와 비슷하게 아동학 역시 한편으로 어린이의 아직 실현되지 않은 인격과 엮이며, 다른 한편으로 더 커다란 과학적, 사회적 문제들로 짜인다. '청소년 아동학'이라는 이 강좌의 이상한 제목 은 개체적인 어린이가 사회-문화적인 청소년으로 짜인다는 점을 반영 하고 있다. 이미 학교를 떠나 직업을 찾고 있는 이들, 이제 막 대학에 입 학하려는 이들을 가리켜 정말 어린이라고 부를 수 있을까?

청소년기: 성년이 되고 있는 미성년

1930년 비고츠키는 청소년들의 직업 선택에 대한 발달 연구를 공산 당 아카데미에서 발표하고 있었다. 질문-답변 시간에 그는 성인도 발달 하느냐는 질문을 받는다. 다음은 비고츠키의 대답이다.

"나는 성인이 발달하지 않는다고 생각하지는 않는다. 그러나 (성인) 발 달은 다른 규칙을 따르며 이 발달을 특징짓는 노선은 어린이 발달의 노선 과 다르다. 어린이 발달의 질적 특성이 바로 아동학의 직접적인 대상이다. 성인의 아동학이라는 말은 아동학이라는 명칭 자체의 관점에서 볼 때 잘 못일 뿐 아니라 무엇보다 아동 발달 과정과 성인으로의 변화 과정을 하나 의 고유한 노선으로 추출한다는 점에서 잘못이다. 반복하지만, 하나의 법 칙이 어린이 발달에서의 내적 변화와 이후 연령기의 변화를 동시에 포괄 할 수는 없다. 과학, 특히 심리학에서 성년기 혹은 노년기에 나타나는 변 화를 연구하는 것이 배제되지는 않지만 나는 이 두 문제를 연관시키지 않 으며, 이 대상이 아동학이 다루는 현상의 범주에 속한다고 생각하지 않는 다"(Leopoldoff-Martin, 2014: 287).

비고츠키의 관점은 일관적이다. 어린이는 성인의 축소판이 아니므로 성인도 어린이의 확장판이 아닌 것이다. 그러나 청소년은 성인의 축소판이자 어린이의 확장판이다. 청소년은 완전히 성숙한 동시에 아직 어린이이며, 이 점이 연구자에게 네 가지 어려움을 준다. 첫째, 청소년은 심리적, 생리적으로 복합적이다. 예컨대 청소년의 성과 이성에 대한 관념은 성인만큼이나 혹은 그보다 더 복잡하다. 둘째, 청소년과 성인의 차이는 매우 모호하다. 물론 청소년이 법적으로, 사회-경제적으로 독립적이 되려면 아직 멀었지만 그럼에도 청소년은 지적으로 독립적이다. 그리고 이와 직접 연결된 셋째 어려움은 청소년기가 극단적인 시기일 수 있다는 것이다. 생화학적 불안정, 대인관계적 실험의 위기와 사회-문화적 순응 사이에서, 정치적 급진주의 이데올로기와 종교적 보수주의 사이에서 청소년들은 극단을 오간다. 넷째, 청소년기에 관한 일관된 이론과 과학적 실천, 신뢰성 있는 사실이 빈약하다. 경제적, 정치적 착취의 대상이 되기 시작하는 청소년기에 대한 연구는 청소년 대상의 문화산업과 사뭇 유사하게, 청소년의 태도, 정서, 편견에 대한 경험적 내용만으로 점철될 뿐이다. 어린이로부터 어른으로 이행하는 이 놀라운 새로움은 어디서 오는 것일까? 청소년 아동학이라는 제목은, 아동학이 볼 때 완전히 새로운 발달법칙으로 들어서는 새로운 단계로의 발생적 이행이라는 역설을 담은 제목으로 이해되어야 한다.

기능, 지식인가, 신형성인가?

어린이인 동시에 어른이라는 청소년기의 역설이 낳은 예측 불가성과 혼란은 청소년들만 겪은 것이 아니다. 사회발생의 측면에서도 우리나라의 경제는 예측 불가능한 길을 걸어왔다. 수십 년 동안 고등교육은 청년들에게 수년간의 집중적이며 종종 보람도 없는 공부에 대한 대가로 계층 상승이 가능한 안정된 직업을 누리게 될 것을 약속했다. 그러나 1997년 이후, 특히 2008년 이후로 세계 시장 경제는 청소년들에게 일자리를 만들어 주거나 경력을 제공해 주는 것이 아니라 상품을 유통시키고 효율적으로 수익을 창출하는 방향으로 전개되었다. 일부 국가 특히 유럽의 국가들은 미래 직업 시장의 예측 불가능성에 대해, 시장에 통하는 기술을 무시하고 지식 능력을 교육 목표화하는 식으로 대응해 왔다. 다른 국가, 특히 미국과 아시아 지역에서는 특수한 기능과 구체적인 실행을 교육 목표화하는 식으로 추상적인 지식을 무시했다. 이처럼 완전히 반대되는 두 가지 해결책이 있을 때마다 우리는 지식과 기능 간의 완전하고 절대적인 분리를 확인하게 되고, 그 둘이 똑같이 비참하다는 것을 확인할 수 있다. 한편으로 추상적인 지식만을 목표로 삼는 것은 아직 구체적인 사고를 하고 있는 청소년들이 스스로의 사고 과정을 숙달하는 것을 더 어렵게 만들 뿐이다. 다른 한편으로 협소한 직업 훈련은 청소년기의 가장 중요한 신형성, 즉 자유 선택의 발달을 가로막는다. 자유 선택의 발달만이 유사개념적 사고를 해체하고, 진정한 개념을 형성할 수 있게 한다.

다행히 우리나라는 다르다. 무엇보다 우리는 근대 역사를 통해, 산업(석탄), 재화(카세트테이프), 직업(버스 안내원)이 사라지고 학문 간 경계가 붕괴(생화학, 정보 과학, 환경 연구)되는 변화를 겪으면서, 사회적 토대에 놓인 생산관계가 한 세대 만에 바뀔 수 있다는 것을 배웠다. 그 결과 우리는 우리 아이들을 실업계와 인문계로 나누어 한쪽은 '기능', 다른 한쪽은 '지식'으로 된 경로를 따르게 하려는 일제와 미군정, 군부독재에 의해 도입된 시도에 역사적으로 저항했다. 즉, 학부모들과 특히 진보적인 교사들은 항상 포괄적이고 보편적인 평생교육에 대한 강한 열망을 보여 주었다. 결과적으로 우리나라는 오늘날 세계에서 몇 안 되는 초등교육 강국 중 하나가 되었다. 우리의 초기 초등교육은 다른 나라보다 더 통합적이고, 초기 학교 교육과정 안에는 인간 지식이 자연과학과 인문과학의 핵심을 중심으로 통합되어 있다는 생각이 담겨 있다. 국어, 도덕, 수학의 '3중주'는 초등학교부터 대학교를 관통하는 단단한 중핵을 형성한다. 이 모든 것은 비고츠키가 자신의 것으로 인정했음직한 아동학적 생각이다.

예를 들어, 2015개정교육과정을 생각해 보자. 2015개정교육과정은 첫째, 지식과 기능의 통합체로서의 '사람'에 대해 서술하고 있다. 둘째, 홍익인간을 배경으로 하는 일반적인 인간상을 토대로 개인이 속한 발달의 사회적 상황(창조경제 사회)과 개인(핵심역량)에서 분석단위(창의융합형 인재)를 추출한다는 점에서 한국적이며 비고츠키적이다. 셋째, 수학, 국어와 더불어 이미 공통교육과정의 일부인 도덕적 인간을 궁극적 목표로 설정한다. 2015개정교육과정이 목표로 삼는 이상향은 유럽에서처럼 정치, 법률, 종교도 아니고, 미국처럼 실용적 기능도 아닌, 네 가지 윤리적 역사-문화적 지식의 신형성이다.

〈2015개정교육과정이 추구하는 인간상, 핵심역량, 인재상의 관계〉

• 자주적인 사람: 전인적 성장을 바탕으로 자아정체성을 확립하고 자신의 진로와 삶을 개척하는 사람

- 창의적인 사람: 기초 능력의 바탕 위에 다양한 발상과 도전으로 새로운 것을 창출하는 사람
- 교양 있는 사람: 문화적 소양과 다원적 가치에 대한 이해를 바탕으로 인류 문화를 향유하고 발전시키는 사람
- 더불어 사는 사람: 공동체 의식을 가지고 세계와 소통하는 민주 시민으로서 배려와 나눔을 실천하는 사람

　　교육부가 교육과정 구축에서 이러한 통합적 관념을 언제나 염두에 두고 있었던 것은 아니다. 이 네 가지 교육 목표를 교수 요목이나 시간표로 제시한다면, 이들은 분리된 네 개의 인간상으로 보이거나, 어떤 천재적인 위인의 네 가지 역할 정도로 보일 것이다. 교사와 학생들에게 이러한 교육 목표들은 서로 어떠한 내적 연관이 없는 것처럼 보일 것이다. 그러나 각 목표의 내적 형성의 측면을 고려하자마자 이것은 사실이 아니라는 것을 알 수 있다.　더불어 사는 사람은 교양 있는 사람의 바탕이 되고, 교양 있는 사람은 창의적인 사람의 바탕이 된다. 그리고 이 모두는 자주적인 사람의 바탕이 된다. 이 내적 연결 관계는 비고츠키가 『역사와 발달』 3, 4, 5장에서 설명한 자유의지적이며 자발적인 고등행동형태의 발달 단계에 근거하여 다음처럼 표현할 수 있다.

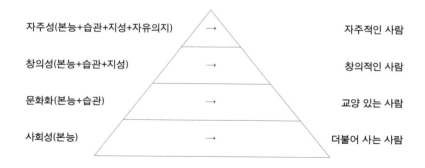

『역사와 발달 I』(비고츠키, 2014)에서 우리가 인간 행동의 신형성을 피라미드로 묘사한 데에는 두 가지 중요한 이유가 있다. 첫째, 고등기능들은 서로 엄격하게 나뉘지 않으며 복합 기능적이다. 예를 들어 유아의 저차적 사회적 본능은, 비고츠키가 3장에서 나열한 것처럼, 수유, 이동, 각성과 같은 많은 개별 형태들로 나타난다. 하지만 대부분의 고등한 문화화의 형태는 일종의 말이나 생각이다. 물론 문화화는 여러 가지 형태의 언어적, 비언어적 생각을 포함하지만 거의 대부분의 창의성과 자유의지는 언어적 생각과 지성에 의존한다. 따라서 우리는 여러 개별적 형태로부터 일반적인 포괄적 형태로 고양되는 인간행동 발달 단계를 볼 수 있다.

둘째로, 안정적인 고등행동형태들은 언제나 저차적 행동형태에 의존한다. 예컨대 문화화의 습관들은 사회성이라는 본능에 기초할 수밖에 없다. 왜냐하면 사회적 환경에 의해 형성된 초기 유년기 어린이의 습관은 유아의 무조건적인 반사와 1세 위기의 공헌에 의존하기 때문이다. 우리는 어쩌면 어린이의 창의성을 홀로 생겨난 것처럼 생각하기 쉽지만, 환경에 의해 부과된 창의성과 지성이라는 새로운 문제에 전학령기 어린이가 홀로 가져온 것은 사실 문화화된 습관, 사회성 본능, 그리고 3세 위기의 '부정주의적' 신형성에 불과하다. 창의성과 지성조차도 환경의 문제에 대한 모종의 적응 형태이다. 7세의 위기는 사실 부적응이라할 수 있는 결정들(자기희생, 이타심, 단순한 만족 지연)을 수반하는 자기규제 및 자기 통제를 허락한다. 이제 자율성을 획득한 학령기 어린이가 스스로 발달의 원천이 될 것이라고 생각될 수 있지만 사실은 그렇지 않다. 어린이는 창의적인 지성, 문화화된 습관, 사회성 본능을 가지고 있지만 이전의 발달과 마찬가지로 이것은 다시 신형성의 토대를 형성할 뿐이다. 이 신형성의 궁극적인 원천은 미래 계획, 포부, 야망과 같은 환경이다.

과거의 실천이 미래의 잠재성을 알려 주지 않는다

마르크스는 『독일 이데올로기』의 5장 각주에서 자연의 관점이나 인간의 관점으로 볼 수 있는 오직 하나의 과학은 역사뿐이라고 하였다. 물론 인간 역시 자연의 일부이다. 우리는 청소년과 마찬가지로 자아를 의식하고 생각하게 된 자연의 일부이다. 자연에 참여함으로써, 즉 먼저 자연에 적응한 다음 자연을 인간의 필요에 적응시키는 법을 배움으로써 인간은 자연을 이해하게 된다. 물론 기후 변화와 같은 경우에는 인간의 요구에 자연을 적응시키는 능력이 우리의 이해를 넘어서기도 한다. 교사, 불안해하는 부모, 심지어 청소년들에게 이행기의 딜레마는 매우 비슷해 보일 수 있다. 청소년은 사회에 참여하여 그에 적응하고 또한 자신의 필요에 사회를 적응시키기도 하지만 그의 이러한 능력은 아직 생각, 계획, 심지어 자유로운 지적 선택의 통제를 벗어나 있는 것으로 보인다..

그러나 위기적 시기에 생겨나는, 환경으로부터 '주도권을 쟁취하는' 바로 이 능력이야말로 과거의 실천으로 미래의 잠재성을 설명할 수 없는 핵심적인 이유이다. 따라서 다음 발달영역을 교육과정으로 취하여 교복을 물려주듯이 청소년기에서 학령기로, 학령기에서 전학령기로 물려주는 것은 커다란 실수이다. 어떠한 아동학도 우리에게 무엇을 가르쳐야 하는지 직접적으로 제시하지 않을 것이다. 발달은 그런 식으로 프로그램화될 수 있는 것이 아니다. 유아는 자연히 사회적이고 초기 유년기 어린이는 사회적으로 문화화되며, 전학령기 어린이는 창조적이고 학령기 어린이는 자율적이라고 상정해서는 안된다. 비고츠키는 네 가지 행동형태 즉 본능, 습관, 지성, 심지어 자유의지조차 유아에게 존재하지만, 차후 발달에서 이 네 가지가 동등하게 나란히 따로따로 발달하는 것이 아니라 그들 사이의 관계가 변하는 것이라고 지적한다. 예컨대 어린이의 말 습득은 단순히 본능에 의지해 종속적으로 습득된 문화적 습관으로 끝나는 것이 아니라 지성과 창조성을 향해 독립적으로 작용하는 원인이 된다. 마찬가지로 청소년에게 자유의지는 단순히 내적 정신과정에 대한 의식적 파악을 통해 부수적으로 획득된 선택능력일 뿐 아니라 기존 인격 체계와의 단절을 가능하게 하는 생산적 원인이 된다.

또한 아동학은 교수 계획을 제공할 수 없다. 학습은 예견 불가능하기 때문이다. 아동학은 너무 많은 것을 알려 주는 동시에 너무 적은 것을 알려 준다. 아동학은 숙련된 교사들이 이미 뼛속 깊이 알고 있는 것들을 알려 준다. 교사들은 이미 사회적이고 문화화되었으며 창조적이고 자유로운 6학년 아이들과 사회적이고 문화화되었으며 창조적이고 자유로운 1학년 아이들이 매우 다르다는 것을 안다. 자기 규제는, 생각에 주의를 기울이는 법을 배우는 것이 발달의 주요 목표인 학령기 어린이와 이미 심리적으로 독립되어 있지만 여전히 사회경제적으로는 독립하지 못한 청소년에게 서로 다른 의미를 지닌다. 이와 동시에 비고츠키의 도식은 구체적 상황 속의 특정한 어린이에 대해 이야기해 주는 것이 거의 없다. 질문에 답하기 위해서는 어린이의 질문을 기다려야 하며, 어린이에게 질문을 하기 위해서는 어린이가 답할 수 있는 질문, 그리고 그들이 할 수 있는 질문을 먼저 알아야 한다.

그러나 비고츠키는 교사들에게 발달의 산물이 무엇인지 알려 준다. 바로 각 연령기의 새로운 심리적 형성물이다. 교사와 어린이 모두에게 이 신형성은 모순으로 가득해 보이는 위기적 연령기에 대한 일관된 통찰을 제공하며 이를 통해 양육과 교수-학습을 위한 관점을 형성하고 행동 계획을 세우게 해 준다. 교사에게 비고츠키가 이 책에서 제공하는 것은 자연적 변화에 대한 인간의 이해 즉 위기와 그 위기에 뒤따르는 이행적 연령기에 대한 이해이다. 어린이에게 비고츠키는 인간의 세계관을 지닌 인격이 된다는 것에 대한 자연적 이해를 제공한다. 물론 어떤 교사와 부모들은 정해진 교수요목이나 교수 계획을, 어떤 청소년들은 안정적인 직업과 안정적 삶을 선호할지도 모른다. 그러나 비고츠키가 옳다면 13세의 분열과 청소년의 사랑에 대한 발견이 성인으로서의 미래의 삶에 필수적인 것처럼 이 책은 잠재적 교수 계획과 미래의 교수요목에 필수적일 것이다.

『그룬트리세』(Grundrisse, 정치경제학비판요강)의 첫 장에서 마르크스는 인간 해부학이 유인원은 물론 더 원시적인 생명 형태의 해부학적 열쇠라고 썼다. 이 책 4장에서 우리는 이것이 청소년에 대한 상당히 공상적인 여러 접근법들(뮐러, 헤켈, 스탠리 홀의 '생물발생적'이고 '발생반복적' 관점)의 출발점이 됨을 배운다. 그러나 그들이 과거의 형태를 바탕으로 미래의 형태를 이해하려 한 것과는 반대로, 마르크스는 덜 발달된 형태들은 더 발달된 형태 속에서 돌이켜 보았을 때에만 바르게 이해할 수 있다고 썼다. 왜냐하면 현재에 반영되어 있는 과거의 모습은 언제나 현재의 눈으로 왜곡되어 있으며 이에 더해 각 개인의 인격과 세계관은 현재를 바라보는 방식을 헤아릴 수 없이 다양하게 만들기 때문이다. 현재는 사전에 결정되어 있다고 느껴질 뿐이다. 현재는 사실, 마치 미래가 그런 것처럼, 자유의지, 창조적 지성, 문화화, 본능의 산물이다. 이는 모든 인간의 역사, 정치경제학, 현대 예술은 물론 어린이의 미래 진로에 있어서도 사실이다.

미래의 인격에 대한 미래의 과학

이 사실은 비고츠키의 연구에도 똑같이 적용된다. 이 책의 0장 13세의 위기는 비고츠키의 사망 1년 전의 강의에서 나온 것이다. 이 책의 나머지 장들과 앞으로 출판될 청소년 아동학에 관한 이후 책들의 내용은 이보다 5년 전(비고츠키 10년 경력의 중간 지점)쯤 쓰인 통신교육 강좌에서 나온 것이다. 그 사이에 비고츠키의 생각이 변했다는 많은 주장이 있고(Minick, 2005; Gonzalez Rey, 2011; Yasnitsky and van der Veer, 2016), 그 일부는 비고츠키 자신이 『생각과 말』(1934) 서문에서 직접 밝히기도 하였다. 언제나처럼 우리는 설명이 필요할 경우 글상자를 덧붙이거나 (-K) 표시가 달린 주석을 본문에 삽입했다. 그러나 비고츠키가 그 서문에서 밝히고 있는 더 두드러진 것은 발달 그 자체의 일관성에서 비롯된 비고츠키의 통찰의 본질적 통합성이다.

앞선 아동학 강의 연작에서는 언제나 모순의 추동력을 강조했다. 신생아는 생리학적으로 분리되지만 생물학적으로는 여전히 의존적이다. 초기 유년기 어린이는 생물학적으로 독립적이지만 대인관계에 의존적이다. 전학령기 어린이는 대인관계적으로 더 자율적이 되지만, 여전히 지적으로 의존적이다. 학령기 어린이는 지적으로 독립적이 되지만, 아직 자신의 고유한 개념을 창조할 수 없다. 개념 형성으로 인해 청소년은 이제 모든 면에서 어떤 식으로든 가장 모순되는 부분에 직면한다. 청소년은 개념적으로는 독립적이지만, 사회-경제적으로나 문화적으로는 여전히 다른 사람들에 종속되어 있다. 당연히 청소년은 부모들처럼, 사회경제적으로 자율적이고 문화적으로 동등한 사람이 되길 원한다. 하지만 다른 발달 과업과 달리 이는 지적 모방을 통해서는 해결될 수 없다. 청소년은 성인을 우러러보지만, 성인은 다른 사람을 우러러보거나 모방하지 않는다. 성인이 된다는 것은 다른 사람을 동등하게 대하는 법을 배운다는 것을 의미한다. 역설적이게도 성인이 되는 법을 배우려면 어떤 형태의 반反모방이 필요하다. 즉 청소년은 자신의 전개념적 생각이 기반으로 하고 있는 구체적 연결 체계를 해체하고 탈피해야 한다. 그래야만 부모에 대한 사랑이나 추상적 관념이 아니라 또래에 대한 사랑이라는 신형성이 나타날 수 있다. 그리하여 흔히 말하듯 '애가 애를 낳게 되는' 것이다.

| 참고 문헌 |

González Rey, F.(2011). A re-examination of defining moments in Vygotsky's work and their implications for his continuing legacy. *Mind, Culture & Activity*, 18, 257-275.

Léopoldoff-Martin, I.(2014). La science du développement de l'enfant: La conception singulière de Vygotskij. Genève: Université de Genève. These No. 561.

Marx, K.(1969). *Selected Works*. Moscow: Progress.

Marx, K.(1857/1993). *Grundrisse*. London: Penguin.

Minick, N.(2005). The development of Vygotsky's thought: an introduction to Thinking and Speech. In H. Daniels, (ed.) *Introduction to Vygotsky*. London: Routledge. 33-58.

Yasnitsky, A. and van der Veer, R.(2016). *Revisionist Revolution in Vygotsky Studies*. London: Routledge.

비고츠키, 레프 세묘노비치(2014). 『역사와 발달 I』. 서울: 살림터.

비고츠키, 레프 세묘노비치(2016). 『연령과 위기』. 서울: 살림터.

차례

제0장
이행적 연령기의 부정적 국면

「이카로스를 위한 탄식」(1898), H. J. 드레이퍼(Herbert James Draper, 1863~1920)
이 그림은 크레타섬을 탈출하기 위해 아버지가 밀랍과 깃털로 만들어 준 날개를 달고 하늘을 날다 떨어져 죽은 이카로스의 이야기를 보여 준다. 그의 아버지는 뜨거운 태양에 밀랍이 녹아 날개가 떨어질 것을 염려하여 너무 높이 날지 말라고 경고하였지만, 이카로스는 이를 듣지 않고 죽었다. 이상하게도 드레이퍼는 태양이 얼마나 이카로스의 피부를 검게 만들었는지는 보여 주면서도, 깃털이 떨어진 것은 보여 주지 않는다. 대신 이카로스의 몸은 바다의 사춘기 님프들의 손에서 밀랍처럼 녹아 버린 것같이 보인다. 비고츠키 시대의 정신분석학은 부모의 지혜를 따르지 않고 조증의 '고점'으로 치솟아 오르다가 울증의 '저점'으로 곤두박질치는 13세 초기 청소년기의 '이카로스 콤플렉스'에 대해 말했다. 그러나 비고츠키에게 13세는 결코 청소년기의 '부정적 국면'이 아닌 위기이다. 위기 속에서 어린이는 부모의 지도를 끊어 내지만, 이는 다음 발달영역을 위해 긍정적인 것, '분열'을 제공한다. 즉 학령기 어린이 복합체의 고정된 '밀랍'이 느슨해지는 것이다.

0

이 강의는 Г. 코로타예바가 2001년 출간한 속기록 중 하나로 비고 츠키가 헤르첸 교육대학에서 가르친 『아동학 강의』 2부에 들어 있다. 코로타예바에 의하면 이 강의의 날짜는 1933년 6월 26일이다. 이 강의 가 오늘날 빛을 보게 된 것은 코로타예바의 아버지인 C. 코로타예프 가 이 강의를 수강하고 그 속기록을 보관하고 있었던 덕분이다. 이 속 기록은 비고츠키 사후 얼마지 않아 헤르첸 교육대학 학장에서 물러난 C. 카첸보겐의 비호 아래 작성되고 배포된 것으로 보인다. 이후 카첸 보겐은 스탈린의 '5개년 계획을 4년 안에' 경제정책을 비판했다는 이 유로 처형된다.

0-1] 오늘 우리는 소위 이행적 연령기의 부정적 국면이라고 불리는, 혹은 몇몇 연구자들은 13세의 위기라고 부르는 것에 대해 고찰해야 한 다. 그러나 이 13세의 위기는 이론적으로 인식되고 이해되기 앞서 경험 적으로 발견되었다. 따라서 이 위기의 발견의 역사는 다른 나머지 모든 위기적 연령의 발견의 역사와 본질적으로 다르다. 이것의 특징은 이 위 기가 명백히, 극도로 공개적인 형태로 펼쳐지며, 이행적 연령기에 대한 과학적 연구가 시작된 거의 최초부터 매우 오랫동안 관찰되었다는 것 이다. 그러나 어쩐 일인지 이 위기는 이행적 연령기의 특정 시기에 집중 된 위기로 인식되지 않고 연령기 전체에 모두 적용되었다. 다른 연령기

의 위기는 발달상 위기의 경로가 (시작과 끝을 알 수 없이-K) 매끄럽다는 점에서 위기를 발견하기 어렵다면, 이행적 연령기의 위기에 대해서는 반대의 상황에 마주친다고 할 수 있다. 안정적 연령기를 넘쳐흐르는 빠르고 예리한 위기가 출현하는 것이다. 그리하여 어린이의 이행적 연령, 위기적 연령에 관해서 수많은 지침서들이 흔히 전체 이행적 연령기에 대한 이론을 위기에 대한 것인 양 기술하고 있는 것이다. 오늘날 대부분의 연구자들은 두 부분에서 일반적으로 동의하고 있다. 첫째, 진정한 의미에서의 위기는 그것을 경험적으로 관찰한 사람에게라면, 성적 성숙에 선행하는 제한되고 특정 시기에 집중된 것일 수 없다. 이로부터 이행적 연령기의 부정적 국면에 대한 이론이 나타났다. 둘째, 전체 성적 성숙 시기에 내재하는 위기성의 특성은 본질적으로, 이행적 연령기 과정 전체는 어린이 상태로부터 성숙 상태로의 이행이라는 사실에 비추어서만 이해되어야 한다.

> 여기서 비고츠키는 자신의 용어법이 아니라 그의 강의를 듣는 청중들에게 익숙하고 그 시대에 가장 흔했던 용어법을 따르고 있다. 따라서 '이행적 연령기'란 청소년기를 의미하며, '국면'은 이행적 청소년기의 첫 '단계'를 의미한다. 하지만 비고츠키의 도식에서 이 국면은 이행적 청소년기의 첫 단계가 아니라, 온전한 연령기인 13세의 위기에 해당한다. 13세의 위기 내에서 '국면'은 정점 전후의 위기 시기를 가리킬 뿐이다(1988: 195).

0-2] 이처럼 이행적 연령기의 위기에 대해 두 가지 의미를 말할 수 있다. 첫째, 이행적 연령기를 학령기와 구분 짓는 위기적 국면(13세의 위기-K)이다. 둘째, 성숙 (연령기) 상태와 관련된 의미에서의 전체 이행적 연령기(안정적 청소년기-K)이다. 이는 어떤 평행한 연령기로 간주되어야 하는 시기(성년기-K)로의 이행이며 이 동안 확장된, 어린이의 이행적 연

령기가 나타난다.

성년기는 유년기와 교차하는 것이 아니라 그와 '평행한', 즉 독립적인 것으로 간주된다. 이는 아동학이 어린이에 대한 과학이라는 비고츠키의 관점과 일맥상통한다. 성인의 발달은 아동 발달과는 다른 법칙을 따라야 한다(Léopoldoff-Martin, 2014: 287-288).

0-3] 어제 우리가 말한 이행적 연령기는 그 자체로는 협소한 의미에서의 위기적 연령기가 아니다. 여러분이 기억한다면, 우리는 위기적 연령기의 기본적 징후에 대해 이야기한 바 있다. 이 징후는 발달의 위기적 시기에 어린이 인격 구조에서 일련의 결정적 변화와 괴리가 짧은 기간 동안, 보통 1년이나 그보다 짧은 기간에 집중적으로 일어난다는 것이다.

비고츠키에 따르면 위기적 시기는 안정적 시기와 다음에서 구별된다. 첫째, 안정적 시기는 명확한 경계를 가지며 흐름의 두드러진 정점이 없다. 위기는 명확한 고점이 있으나 시작과 끝이 불분명하다(1998: 191, 195). 둘째, 안정적 시기에는 능력의 점진적 성장이 일어나지만 위기적 시기에는 기존의 흥미가 내적으로 변환되거나 시들어 사라지며 이전 능력의 쇠퇴가 일어난다(191-192). 셋째, 안정적 시기는 이후까지 지속되는 신형성을 낳지만 위기적 시기의 신형성은 안정적 시기의 종속적인 부분으로만 지속된다(194-195).

0-4] 전체로서의 이행적 연령기는 몇 년에 걸쳐 일어난다. 이 연령기에 일어나는 단절은 급격한 성적 성숙이라고 불리는 예외적인 경우를 제외하면 완만하게 일어난다. 여러분도 알다시피 성적 성숙 자체는 비교적 천천히 일어난다. 청소년 이전, 안정적 연령기와 관련해서도 성적

성숙은 하나에서 다른 것으로 천천히 이행한다. 따라서 성숙 과정 자체의 생물학적 과정이나, 전체로서의 인격 재구조화 과정은 위기적이거나 급속하며 갑작스럽고 급격한 특징을 갖지 않는다. 이처럼 문제는 이행적 연령기를 학령기와 구분 짓는 이전 시대(13세의 위기-K)로 넘어간다. 이와 관련해서는 여러 가지 관점들이 있다.

0-5] 독일 문헌은 바로 이 국면에 대해, 이 국면이 성적 성숙 과정과 매우 가까우며 성적 성숙 과정의 흐름을 장악하고 있다는, 내가 볼 때 건강한 생각을 수용한다. B…를 비롯한 여러 연구자들은 위기가 항상 성적 성숙의 잠복기와 발현기 사이의 경계에서 시작되는 것은 아니라고 말한다. 성적 성숙의 잠복기는 무엇을 일컬을까? 이것은 보통 성적 성숙의 발현기에 선행하여 성적 성숙의 발현과 전체 유기체의 변화를 이끄는 초기 분비샘이 성숙되는 시기를 일컫는다.

> 본문의 'B…'는 러시아 원문 그대로이다. 러시아 알파벳 B는 /v/의 음가를 가지므로 베르트하이머Wertheimer를 가리키는 것일 수도 있다.

0-6] 다른 저자들 특히 미국인들은 위기적 연령기에 대해 국면이 아니라 일종의 시대, 즉 하나의 완성된 연령기로 확장되는 어떤 큰 시기라고 부르는 것이 옳다고 간주한다. 내가 보기에, 일반적 연령기 구분의 관점에 이것은 맞지 않다. 따라서 부정적 국면은 성적 성숙에 선행하는 위기적 연령기의 의미로 말하기는 어렵다. 잘 알려진 바와 같이 여러 저자들은 부정적 국면을 서로 다르게 칭하기 때문이다. 독일인들은 이것을 다른 연령기와 구분하는 것은 어린이가 어떤 긍정적인 것을 취한다는 점에서가 아니라 이 연령기에 어린이 발달에서 청소년 연령기로 이행하면서 갖는 부정적 특성이라고 말한다. 이 새로운 것이 과학적 원칙과 양립할 수 없음은 의심의 여지가 없다.

여기서 '미국인들'은 W. 제임스, A. 게젤 그리고 특히 G. S. 홀을 지칭하는 것으로 보인다. 홀은 특히 청소년기 전체가 질풍노도의 시기라고 말한다. 비고츠키는 이에 반대한다. 이행적 신형성(분열)과 연관된 실제 질풍노도의 시기는 훨씬 짧으며 청소년기의 신형성(성적 성숙, 개념 형성)은 지속적이기 때문이다. '독일인들'은 E. 크레치머, A. 부제만, 뷜러 부부 등을 가리킨다. 이들은 '부정적 국면'을 파괴적인 것으로 보았다. 비고츠키의 관점에서 어떤 연령기를 (심지어 위기적 연령기일지라도), 무언가의 결핍으로 규정짓는 것은 과학적 원칙에 어긋난다(1998: 199, 259).

0-7] 다른 이들은 말 그대로의 의미에서 부정적 국면에 대해, 역발달 과정이 전체 발달 경로에 포함되어 있다고 말한다. 그것은 위기에 특별히 두드러지게 나타나지만 이는 발달 과정 자체의 본질이 되는 내용은 결코 아니다. 연구자 중 한 명의 표현에 따르면 이 국면을 부정적이라고 칭하는 것은 치아 교체의 국면을 치아 상실의 국면이라고 부르는 것과 같은 오류일 것이다. 물론 젖니의 상실이 나타나기는 하지만 전체적인 발달의 역사는 하나를 잃고 다른 것으로 대체하는 것으로 이루어지는 것이지 오직 하나의 상실로만, 오직 부정으로만 이루어지는 것은 아니다.

여기서 언급되는 연구자 중 한 명은 비고츠키의 친구이자 동료였던 블론스키(П. П. Блонский, 1884~1941)를 가리키는 것으로 보인다. 블론스키는 치아 교체 시기에 근거한 발달 시기 도식을 고안하였으며 C. 뷜러는 이를 비판한 바 있다. 비고츠키 역시 단일 증상을 기준으로 한 연령기 구분을 반대하지만 여기서는 어떤 연령기가 무언가의 부재 혹은 상실로만 규정될 수 없으며 여기에는 반드시 발달에 긍정적인 기여를 하는 것이 포함되어야 한다는 블론스키의 견해에 전적으로 동의한다.

0-8] 우리가 약속했다시피 그것(전체적 발달 역사-K)은 모든 위기적 연령기에 해당되어야 한다. 위기적 이행적 연령기에 우리는 무언가 새로운 것의 분화가 아닌 특별한 입지의 형성이라는 신형성, 즉 위기적 연령기의 성숙 과정에서 나타나지 않는 신형성을 다루게 된다는 것은 가설, 과학적 개연성이 부족한 가정이다. 이는 인격 구성에 참여하는 모든 발달, 즉 … 앞선 시대에 성취된 결과와 이러저러한 특징들이 인격 내에 지연되어 있음을 뜻한다.

생략된 부분(…)은 러시아 원문 그대로이다. 이에 대해 코로타예바는 아무런 언급을 하지 않는다. 속기사가 한두 낱말을 놓친 것을 표시한 것으로 보인다.

0-9] 연구자 중 한명은 인격의 발달과 구조는 나무의 성장과 나이테의 증가와 같이 서로 연결되어 있다고 말한다. 각 발달의 시기마다 인격의 구조에 특정한 형성이 생겨난다. 이는 아주 분명하다. 따라서 우리가 안정적인 주요 연령기의 신형성에 대해 말할 때 이것은 인격의 구조에 비축되어 어린이가 전체 삶에 걸쳐 자신의 인격 구조에 보존하는 그러한 신형성인 것이다. 예컨대 초기 유년기 어린이는 말을 습득하고 이를 일생 동안 간직하며 말은 인격 구조의 기본적 부분이 된다.

0-10] 이행적 연령기의 신형성은 다른 문제이다. 이것은 이행적 형성물이며 우리는 이를 이행적 유형의 신형성이라고 부른다. 그 예는 더 이른 연령기로부터도 찾을 수 있다. 예컨대 자율적 말이라든가 3세 위기 어린이의 하이포불리아적 의지 등이 있다.

'자율적 말'은 엘리아스버그가 사용한 용어로 의미와 음운 조직은 있으나 어휘-문법이 없는 어린이들의 서투른 말인 원시적 말 또는 앞선 말을 가리킨다. 비고츠키는 언어가 자폐성의 산물임을 시사한다는 이유로 이 용어를 싫어했다(1988: 251, 273). '하이포불리아'는 크레치머가 사용한 용어로 그가 어린이의 약한 의지 때문에 나타난다고 믿은 떼쓰는 기질을 가리킨다. 비고츠키는 '하이포불리아'가 '싫어'라는 말은 배웠지만 감정을 의지에 종속시키거나 의지를 생각에 종속시키는 법을 배우지 못한 3세 어린이의 생활에서 나타나는 계기인 원시적 의지나 반反의지, '의지의 대척점'이라 생각했기 때문에 이 용어도 싫어했다(1988: 287). 비고츠키에게 '자율적 말'은 1세 위기의 신형성의 징후이고 '하이포불리아'는 3세 위기의 신형성의 징후이다. 두 용어 모두 비고츠키가 선택한 것은 아니지만, 그의 개념 체계에서 그 위치는 확고하다.

0-11]　따라서 13세의 이행적 시기에 우리는 무엇보다 먼저 위기에 대한 이와 같은 긍정적 관점을 모색해야 한다. 다시 말해 이 위기의 핵심, 중심이 되는 이행적 유형의 신형성을 찾아 이것이 바로 다음에 이어지는 안정적 연령기, 예컨대 자율적 말이 진정한 말로 이행하듯이 그것이 이행하게 되는 것과 맺는 관계를 찾고자 노력해야 한다. 이처럼 우리는 이 신형성을 찾고 그것의 미래 운명을 찾아야 한다.

0-12]　이를 논의하기 위해 나는 몇 가지 예비적 의견을 수용하고자 한다. 나는 부정적 국면의 징후에 대해서는 논의하지 않을 것이다. 이는 개괄 자료와 자고로프스키의 고유한 연구에 제시되어 모두가 알고 있기 때문이다. 이는 이행적 시기의 심리학을 구舊로만 학파의 정신에 비추어 볼 때 모든 이행적 시기에 일반적으로 퍼져 있는 전조들에 대한 징후학이다. 이 부정적 국면의 전조는 어느 정도 잘 알려져 있으며 나는 이들에 대해 길게 논의하지 않을 것이다. 나는 현상의 사실적 측면을 살펴볼 것이다.

*П. Л. 자고로프스키(Павел Леонидович Загоровский, 1892~1952)
는 보로네즈 주립대와 보로네즈 교사 연수원의 교육학과, 심리학과 교
수였다. 징후나 전조에 대해 논의하지 않고 현상의 '사실적 측면'을 살
펴본다는 것은 아마도 변화무쌍한 징후 자체가 아니라 어느 정도 안
정된, 징후의 발현 패턴을 살펴보겠다는 의미일 것이다.

0-13] 오늘날까지도 부정적 국면의 존재 자체를 거부하는 연구자들
이 있다. 즉, 그들은 부정적 국면이 있기는 하지만 이는 정상 발달 경로
가 어떤 식으로 뒤엉킨 것이라고 간주한다. 이 경우 부정적 국면은 일어
날 수도 있고 일어나지 않을 수도 있다. 다른 연구자들은 그것이 불가
피하며 반드시 존재해야 한다고 간주한다. 끝으로 세 번째는 그것이 어
떤 장애로서 불가피하게 존재하지만 모든 장애가 그렇듯 완화될 수 있
는 것이라고 간주한다.

0-14] 이 문제를 해명하기 위해서는 무엇보다 먼저 여기서 사변적인
구성이 아닌 사실적 관찰로 눈을 돌리는 것이 적합하다. 이 사실적, 실
험적 관찰에 따르면, 우리가 학령기 어린이의 연도별 성장을 관찰하면
양적 현상으로서 11세에서 13세 사이의 어느 특정한 시기에 남녀 성별
에 따라 다를 수 있지만 학교 성적의 어떤 저하가 시작된다는 것이 분
명하다. 대량 관찰을 살펴보면 어린이 학교 행동 노선에서 어떤 난관이
시작되는데 이는 동시에 어린이 가정생활의 어려움과 일치한다. 이러한
변화와 어려움이 내적 질서를 지닌다는 것은 여러분이 관찰 대상과 최
소한의 접촉을 확립하더라도 드러나게 된다.

0-15] 우리가 가진 어떤 문건을 보더라도 (나는 부정적 국면은 특히
일기를 통해 접근해야 된다고 생각한다) 저자 자신이 모를 정도로 은밀하
고 분명치 않게 위기가 진행되는 경우는 한 일기의 단편적 사례들을
제외하고는 거의 찾아볼 수 없다. 다른 경우들에서 우리는 학령기 시

기와의 명백한 불화를 어디서나 두드러지고 분명하게 본다. 다음과 같이 더욱 간략하게 말할 수 있다. 나는 발달에 대해 수행된 사실적 연구 중 아무리 부분적인 기능에 대한 것이라도 학령기가 직접 이행적 연령기로 이행한다는 것을 보여 주는 사실적 연구는 전혀 알지 못한다. 학령기를 특징짓는 증상과 이행적 연령기를 특징짓는 증상 사이에는 언제나 기억 활동과 연결된 계기를 다루게 되는 쐐기가 있다. 그러나 많은 저자들은 일련의 경우에서 부정적 국면을 관찰했음을 보고한다. 내 생각에 이 논쟁의 근원에는 무엇보다, 대부분의 교육학 연구에는 발달 과정 자체 연구에 증상적 접근법이 잔존한다는 사실이 놓여 있다. 즉, 아동 발달 과정을 이 위기가 관찰되는 전조와 동일시하는 것이다. 이러한 전조를 탐색할 때 이들이 미약한 형태로 발견되거나 아예 발견되지 않으면 이로부터 위기가 미약하게 진행되거나 아예 결여되어 있다는 결론이 도출된다. 이는 어떤 과정의 징후는 당연히 특정한 상황과 더불어 인격의 발달 과정 자체를 드러낸다는 것을, 그리고 동일한 발달 단편이 진행하며 나타내는 다양한 변이가 다양한 징후에서 관찰될 수 있다는 것을 잊은 것이다. 그러나 징후 중 무엇이 본질적으로 진행되는 것인지, 그리고 무엇이 우연적이고 부수적인 징후로서 상황에 의존하여 특정한 구체적 상황에서 동일한 위기를 채색할 뿐 아동 발달 경로를 심오한 형태로 규정하지 않고 이 과정의 공식화에 가소성을 더할 뿐인지 알기 위해서는 징후 자체에 대한 면밀한 분석이 필요하다.

0-16] 나는 자고로프스키의 의견이 완전히 옳다고 생각하지 않으므로 그에게 전적으로 동의하지는 않는다. 그는 질문을 제기한 측면에서 옳다. 그는 증상을 취하여 연구를 실시하였고, 그러한 증상의 출현 여부를 확립하기 위해 부모를 인터뷰하고 어린이를 관찰하면서 순전히 경험적으로 확증하는 데 매진하였다. 그는 그러한 증상들이 특정한

퍼센트로 나타난다는 결론에 이르렀다. 이것이 중요한가? 중요하다. 이는 위기의 징후적이고 외적인 모습이 제공하는 것을 지적하기 때문이다. 이는 자고로프스키의 어린이에게 해당되는 것이지만 또한 블레더가 관찰한 어린이들에게도 일어난다. 그러나 블레더의 결론의 중요성은 그가 징후는 그 뒤에 숨어 있는 과정과 단순히 직접적으로 동일하게 일어나지 않는다는 것을 일반적으로 지적했다는 것에 있다. 따라서 이 위기의 본성을 이론적으로 규정짓는 것, 그래서 본질적인 징후와 어느 정도 임의적으로 나타날 수 있는 전조를 구별하는 것이 과업이 된다. 따라서 자고로프스키가 이러한 징후의 여부로 위기 자체의 부재를, 이러한 징후의 미약함으로부터 징후의 부재를 결론 내린 것은 옳지 않다. 그렇다면 미약함이 의미하는 것은 무엇인가? 미약한 징후가 나타날 때마다 아동 발달은 왜곡되고 거칠게 일어나며 징후가 미약하지 않을 때에는 발달이 정상적으로 나아갈 수 있다.

'블레더Бледер'가 누구인지는 명확하지 않다. 후에 비고츠키는 블레더가 학령기 어린이 연구에서 가장 탁월한 학자라고 언급하지만 러시아나 독일 아동심리학자 중 그러한 학자는 없다. 속기사는 유명한 심리학자들의 이름도 종종 잘못 적는다. 브룬스비크나 폴켈트의 경우도 그렇고 아마도 아래 나오는 오스부르겐도 아스퍼거의 오기인 것으로 보인다. 여기서 블레더는 가장 탁월한 아동심리학자 중 하나였으며 종종 비고츠키가 인용한 바 있는 E. 블로일러를 가리키는 것으로 보인다. 정신분열과 자폐증과 관련하여 인용된 연구는 분명 블로일러의 연구이다. 그러나 속기사는 어떤 문단(0-29, 0-30, 0-45, 0-46, 0-51)에서는 블로일러의 이름을 바르게 적는다. 어떤 문단에서는 바르게 적고 다른 곳에서는 잘못 적는 것이 이상하기는 하지만 비고츠키가 이름을 소개하는 상황(판서 글씨체)의 영향이 반영된 것일 수 있다.

*E. 블로일러(Eugen Bleuler, 1857~1939)는 스위스의 정신과 의사. 샤르코의 제자였으며 융과 피아제의 스승이었다. 그는 정신분열 개념 자체

를 개발한 학자이다. 한동안 프로이트와 가까이 지냈으나 1911년 무렵 교류를 끊었다. 그는 프로이트주의가 마치 종교단체나 정치 정당처럼 지나치게 광신적으로 변하였다고 생각했다.

0-17]　어째서 가르치기 어려움이 위기의 척도가 되는 것일까? 다음은 일반적인 잘못된 관점이다. 특정한 시기를 부정적인 관점으로 바라보고 위기 연령기가 고통스럽게 진행될수록, 이 연령기의 어린이가 더 다루기 어려워지며 그 반대도 마찬가지라고 간주하는 것이다.

0-18]　내 생각에 위기로의 접근을 마치 질병에 대한 것과 같이 순전히 부정적으로 접근하는 것은 여기서 옳지 않다.

0-19]　따라서 나는 연구자들의 과업은 이 위기를 분석하는 것이라고 생각한다. 나는 위기가 부르주아 청소년들의 필연적인 자산인지 여부나 일반적으로 우리 청소년들에게는 발달 시기로서 단순히 부재하는지 여부에 대한 문제 제기 자체가 근거가 충분하지 않으며 믿을 만하지 않다고 생각한다. 나는 이곳과 저곳에서 위기 시기 발달 흐름의 차이에 대한 문제, 이 위기적 시기들의 성질의 차이에 관한 문제가 제기되는 것을 이해한다. 전체로서의 발달 과정이 이러저러한 연령기 시기와 이곳과 저곳에서 어떻게 각각 조직되고 확립되는지 우리가 면밀히 안다 해도, 이론적으로 한 연령기에서 다른 연령기로의 이행이 일반적으로 부드럽고 단절 없이 일어난다는 생각이 옳다고 간주한다면 내 생각에 이것은 발달 자체와 모순되며 이론적으로 거짓되다. 물론 아무도 사실적 측면은 모른다. 내가 볼 때 이 생각은 이론적으로 그릇되기 때문이다.

13세의 위기는 물론이고 일반적인 위기는 서투르게 관리되고 인도된 부르주아의 양육에서만 나타난다는 생각은 후에 레온티에프에 의해 널리 퍼졌다(1981: 398-399). 반대로 카르포프는 위기가 자유주의적 자본주의하에서 허용적인 부모 양육을 통해 피할 수 있다고 주장한다. 두 경우 모두 개체발생적 위기가 사회발생적 위기에 대한 일종의 은유로 이용되고 있다는 의심에서 벗어날 수 없다(2005: 226-227).

0-20] 이제 이행적인 13세 위기의 중심 신형성과, 그것이 이후의 이행적 연령기에 나타나는 성적 특성을 지닌 신형성과 맺는 관계를 규정하고자 하는 시도로 아주 짧게 넘어가 보자. 우리가 관계 변화 과정, 적대성, 성적 변화, 내적 어려움의 증가를 가리키는 퇴… 징후, 이 연령기에 점차 사멸되는 과정뿐 아니라, 긍정적인 특정 징후를 염두에 둔다면, 이 신형성에 올바르게 접근할 수 있을 것이라고 생각한다. 우리가 만일 긍정적인 특정 징후들을 파악한다면, 다른 모든 위기적 시기들과 같이, 또한 특히 여기서 더더욱, 충분히 발달한 의식, 충분히 발달한 추상적 생각, 인격의 내적 외적 측면의 분화의 출현과 함께 나타나는 위기적 시기에 이 위기는 가치의 재평가로서, 학령기 어린이 인격을 지금껏 지탱해 온 전체 구조의 재구조화로서 일어날 수밖에 없음을 반드시 보게 될 것이다.

본문의 '퇴…'은 코로타예바에 따르면 속기사가 только инвол…(only invol…)이라고만 기록한 것이다. 이는 инволюция(involution, 퇴행)의 약어일 것으로 생각된다. 퇴행은 J. M. 볼드윈이 사용하기 시작한 용어로 인간의 꼬리뼈와 같은 특정 기능의 쇠퇴를 뜻한다. 비고츠키는 퇴행을 통해 특정 행동이나 심리적 기능의 쇠퇴를 의미한다. 아기의 옹알이나 유치원생의 소꿉놀이는 더 고등한 행동 발달과 더불어 퇴행한다.

0-21] 나는 어제 이미 위기적 연령기에 발달상 변화는 대체로 한눈에 잘 보이는 거시적 특성을 가지고 있다고 말한 바 있다. 내가 볼 때 이러한 생각은 경험적으로 옳다. 어린이는 매 주마다 변하며, 일기장의 기록을 추적해 보면 때때로 하루도 결정적인 역할을 한다. 대수롭지 않은 일이 일어났거나 성공적이든 그렇지 않든, 어떤 설명에 따르면, 흔히 하루는 분수령이 된다. 위기에 대한 최근의 기록이나 일기장 분석과 그에 대한 주석에서 이는 운명의 날이라고 불린다. 청소년들의 의기양양한 문체는 이러한 날들을 운명적인 날로 기록하기 때문이다. 사실 여기서 우리가 보는 것은 갑작스러운 간극이다.

0-22] 정신병리학자인 오스부르겐(아스퍼거-K)은 어린이와 청소년을 연구하면서 전체적으로 정상 심리학의 관점을 취하지만 내 생각에 그는 다음 한 가지 점에서 매우 옳다. 부정적 국면 시기와 이 시기에 일어나는 변화를 다른 이행적 연령기나 나머지, 즉 안정적 시기의 과정에서 일어나는 변화와 비교해 보면 여기서 연구자의 눈앞에 변화가 일어나며 그런 의미에서 부정적 국면의 청소년의 변화는 몇 달 혹은 반년에 걸쳐 드러나게 되는 이행적 연령기의 미시적 변화와 비슷하지 않다. 여기서는 우리의 목전에 인격의 변화가 일어나고 있으며, 맨눈으로도 볼 수 있는 **빠른** 변화가 여기서 일어나기 때문에 우리는 이 변화의 과정에 사소한 내적 부분이나 사소한 내적 구조가 포함되지 않고 크고 복잡한 형성, 서로 이동하는 인격의 단층들이 이에 포함된다는 인상을 받게 된다. 우리 역시 안정적 시기를 살펴본다면, 어떤 심리학적 계기와 더불어 일어나는 비교적 **빠른** 재구조화의 과정에서 관찰되는 것과 유사한 그 어떤 것도 찾지 못할 것이다.

> 오스부르겐Осбургеи은 누구인지 명확하지 않다. 속기사가 오스트리아 아동 정신병 의사였던 H. 아스퍼거를 잘못 듣고 기록한 것일 수 있

다. 비고츠키가 강의를 하고 있을 당시 아스퍼거는 빈에서 자폐증과 정신분열증을 가진 어린이를 연구하고 있었으나 아직 '아스퍼거 증후군'을 발표하기 전이었다.

0-23] 이처럼 13세의 위기에 우리는 거시적이고 급격하며 주요한 변화를 만나게 된다. 이 변화에는 거대한 단층, 거대한 인격 형성이 편입되며 안정적 시기에 주로 변화하는 작고 미세한 세포의 구조는 포함되지 않는다.

0-24] 이러한 변화는 무엇인가? 알다시피 부정적 국면의 이러한 일련의 신형성들이 갖는 특징을 설명하려는 여러 시도들이 있으며 부정적 국면에 따른 다양한 이론들이 있다. 이에 대해 자세히 설명하지는 않을 것이다. 다만 여러 저자들이 이 위기의 본질을 우리가 어제 말했던 그러한 측면으로 간주한다는 것은 언급하고자 한다. 이는 바로 어떤 성적 성숙이—비록 위기의 처음에는 완전하지 않다 해도—일어나며 일반적 발달 경로가 전개됨에 따라 청소년은 생물학적으로 의식하지는 못하지만 잠재적으로 기능하고 있으므로 이로부터 초조, 흥분 등 청소년이 이해할 수 없는 전에 없던 체험пережиивание을 하게 된다는 것이다. 청소년이 스스로 변화되고 있음을 느끼는 것은 사실이다. (성적 성숙의-K) 존재 자체가 그에게 이전까지 익숙하지 않던 신호를 보내는 것이다. 많은 연구자들, 오늘날 대다수의 연구자들은 이것을 소위 이행적 연령기의 부정적 국면이라고 불리는 것의 토대에 놓는다. 다른 이들, 예컨대 B…는 위기, 청소년을 사로잡는 격정적 정열의 시기에 관해—이런 의미에서 다른 모든 위기와 평행하다고 할 수 있다—특히, 경험적으로

성인에 대한 의존으로부터의 해방이 최종적으로 일어나는 13세의 위기에 이르면 독립성이 출현한다고 말한다. 즉 루소가 말하듯 이행적 연령기는, 어린이와 부모를 연결하는 탯줄이 최종적으로 분리되고, 이 모든 계기가 첫 번째 측면으로 부상하는 두 번째 출생이다. 이 외에도 수많은 명제들이 있다. 우리가 보다시피 본질적으로 말해 부정적 국면에 대한 이론 중 어떤 것도 온전한 의미에서 설득력이 있다고, 무언가 본질적인 것을 다룬다고 말할 만한 것이 없다. 이 이론 중 무엇도 가장 중요한 것, 모든 이론에 설득력을 부여하는 것을 보여 주지 않기 때문이다. 이들은 이 신형성이 이미 학령기에 존재하던 것으로부터 어떻게 필연적으로 나타나는지 그리고 그것이 어떻게 필연적으로 후속하는 연령기의 전제 조건이 되는지 보여 주지 않는다. 또한 서로를 잇는 연결이 없기 때문에, 개별적 계기들을 바르게 뭉뚱그리는 모든 이론들이 전체적으로는 이론적으로 연령기를 완전히 그릇되게 파악하게 된다. 나 자신은 독립적이고 충분히 발전된 관점을 가지고 있지 않을 뿐 아니라 내가 연구하고 공부한 것으로부터 이 위기에 대한 충분히 적절한 관점을 구축할 수 없다. 그럼에도 내가 연구하고 생각한 것으로부터 다음에 대해 어떤 입장을 견지하게 되었다. 계속적으로 반복되고 있으며 최종적으로 고려해야 하는 하나의 이론, 하나의 관찰이 있으며, 어떤 경우에든 위기적 연령기의 이 신형성의 진정한 본성을 나타내기 위해서는 이 이론을 가져와야 한다. 내가 염두에 둔 것은 청소년의 정신분열적 특성에 대한, 정신분열적 기질과 청소년의 기질 사이의 유사성 등에 대한 끊임없는 지적이다. 문헌에 널리 퍼져 있으며 이행적 연령기의 이론의 기저에 놓인 이 모든 강조들은 최근 이 진술의 효력을 부정적 국면의 틀에 제한하려는 경향을 보인다는 점을 말할 필요가 있다. 이를테면, 이행적 연령기에 나타나는, 대단히 다양한 방면의 정신분열적 인격 변화는 전체 이행적 연령기가 아닌 부정적 국면 자체의 특성이며 부정적 국면이 더 전형적으로 진행될수록 그것은 정신분열적 인격 변화의 경로로 더욱 세차게 나아간다는 것이다.

비고츠키가 외국 문헌을 폭넓게 숙지하고 있었다는 사실을 환기할 필요가 있다. 특히 그는 당시 소련에서 구하기 어려워지고 있던 독일 연구에 대해 잘 알고 있었다. 이 때문에 그는 자기 자신의 의견이 아닌 관점을 소개하는 데 많은 지면을 종종 할애한다. 그가 인용하고 있는 자료에 대한 자신의 입장을 확인하기 위해서는 주의 깊게 살펴봐야 하는 경우가 많다. 이 문단의 첫 부분에서 비고츠키는 다시 한 번 독일 심리학자들의 의견을 제시한다. 독립적인 위기적 연령기는 없고 청소년기라는 안정적 시기 앞에 부착된 부정적 국면만이 있다는 것이다. 이러한 부정적 국면들은 성적 성숙으로 설명된다. 그런 후 비고츠키는 프랑스 심리학자들의 목소리를 전한다. 루소, 리보, 왈롱, 피아제 등의 저자들은 '부정적 국면'을 더욱 사회학적인 프레임에 두고 이를 대인관계에서 자율성과 사회적 독립성을 획득하기 위한 투쟁으로 그린다. 그러나 비고츠키 스스로 이에 대한 자신의 관점이 없다는 겸손한 발언에도 불구하고 그는 매우 소비에트적인 자기만의 관점을 분명히 드러낸다. '부정적 국면'은 없으며 오직 위기적 연령기가 존재한다. 이 위기의 내용은 혁명적인 내전의 내용과 같이 궁극적으로 매우 긍정적인 것이 될 것이다. 이 긍정적 내용은 과연 무엇인가? 비고츠키는 크레치머로부터 정신분열(schizothymic, 오늘날은 분열형, 분열성, 조현증 등으로 세분화되어 있다)이라는 용어를 차용한다(0-31 참조). DSM(정신장애 진단 및 통계 편람)은 정신분열적 인격 장애를 '지속적인 사회적, 대인관계적 손상, 친밀한 대인관계에 대한 고통, 그러한 관계 형성에서의 제한된 능력, 인지적 지각적 왜곡과 기괴한 행동'으로 정의한다. 이는 초기 성인기에 시작되어 다양한 맥락에서 나타나며, 다음의 5~6가지 증상을 보인다.

a) 관계 사고(일어나고 있는 모든 일이 개인적으로 의미 있다는 생각)
b) 기괴한 믿음과 마술적 사고
c) 신체적 환각을 포함한 기이한 지각 경험

d) 이상한 생각과 애매하고 우회적이며 은유적인 언어

e) 의심과 편집적인 사고

f) 부적절하고 제한된 감정

g) 엉뚱하거나 특이한 행동과 외양

h) 일차 친족 이외에는 가까운 친구나 마음을 털어놓을 사람이 없음

i) 친하다고 해서 불안이 감소하지 않으며 자신에 대한 부정적 판단이 아닌, 편집증적인 공포와 관계있는 과도한 사회적 불안

물론 이 모든 특성은 장애가 있는 경우에만 나타나는 것은 아니며 완벽히 정상인 청소년이 이 모두는 아닐지라도 이러한 증상을 전혀 겪지 않는 경우는 거의 없다.

본문에서 '체험'으로 번역된 페리지바니예переживание라는 용어는 어떤 면에서 훨씬 더 어렵다. 이는 보통 '생생한 경험'으로 번역되지만, 실제로 생생하지 않은 경험이란 무엇인가와 같은 많은 질문을 낳는다. 비고츠키는 아동학 강의 전체에서 이 용어를 사용한다. 젖을 먹고 있는 유아의 느낌을 묘사할 때는 물론이고 성인이 특정한 경험을 기억하고 곰곰이 생각할 때 갖는 생각을 묘사할 때도 사용한다. 비고츠키는 낱말 의미가 생각과 말의 통합체의 발달에 대한 분석 단위이고, 연령기가 아동학의 분석 단위인 것처럼, 체험을 인격 발달의 분석 단위로 제안한다. 따라서 그것은 분명 대수적 용어이고, 그 의미는 어린이가 발달함에 따라 변할 수 있다. 최근(2016년) 영어권에서 이 번역 문제가 역사 문화 이론에 대한 학술지인 *Mind, Culture, and Activity*에서 쟁점이 되었고, 마침내 이 용어를 번역하지 않고 로마자 *perezhivanie*로 쓰기로 결정했다. 러시아어 접두사 пеpe는 '통과하여'나 '지나서'라는 의미이며, 어간 живание는 '살아감'이나 '삶'이라는 의미를 갖는다. 따라서 페리지바니예переживание는 매우 어린 아이는 느낌을 통해, 큰 어린이는 생각/기억을 통해 삶을 체험해 나간다는 의미를 갖는다.

0-25] 정신분열증 환자 자체를 청소년이라고 부른 옛 이론이나 급격한 성적 성숙의 진행과 완만한 흐름 사이에 적절한 경계와 이행이 없다고 말하는 새 이론이 얼마나 잘못되었든, 부정적 국면의 본질을 심지어 병리학적 관점으로 규정하려는 시도가 얼마나 잘못되었든 간에 이 모두의 배후에는 단지 잘못 일반화되었을 뿐인 올바른 관찰이 자리 잡고 있다. 올바르게 심사숙고한다면, 우리가 학령기와 그 이후에 대해 알고 있는 것과 비교하고자 노력한다면 나 스스로 세운 입장, 내가 이 연령기의 문제를 고찰하고 이해하려 노력할 때 탐색의 도구로 사용한 입장, 즉 바로 분열 다시 말해 분리된 인격 구조의 출현은 명백히 우리가 이행적 연령기의 부정적 국면에서 만나게 되는 이행적 유형의 중심적 신형성이라는 입장으로 나아갈 수 있는 것으로 생각된다. 이러한 규정의 내용을 채우기 위해서는 '분열'이라는 용어 뒤에 무엇이 감추어져 있는지 그리고 발달에서 이는 어떠한 형태로 나타나고 이 발달의 후속 경로에서 어떠한 형태로 실현되는지에 대한 심리학적 이해에 시간을 할애해야 한다.

0-26] 분열이라는 개념은 그것이 정신병리학, 즉 정신병에 대한 학문에서 일상적 용어로 사용되기 훨씬 이전부터 심리학에 도입되었다는 점을 말해야 한다. 인간의 정상적 심리 생활에 대한 관찰은 분열이 의식 활동에 필수적인 기능 중 하나임을 드러내었다. 이러한 의미는 헤르바르트에 의해 처음 사용되었다. 그러나 심리적 생활이 설명되고 이해되기 위해서는 전체로서의 의식에서 두 가지 기본적 기능이 전제되어야 한다는 생각이 완전히 명확하게 표현되어 사용된 것은 이후였다. 이 두 기능은 병합과 분열이다. 표상들의 역학과 각 표상들 사이의 복잡한 관계로부터 나머지 모든 형태의 심리적 활동이 나타난다는 일반적인 헤르바르트적 체계를 여러분은 알고 있다. 이 관점에 따르면 각 표상의 덩어리들은 함께 융합될 수 있으며 그러한 융합의 결과로 표상의 무

리를 형성하는데 이는 하나의 표상으로서가 아니라 덩어리로서 작용한다. 다른 한편으로 이러한 표상의 복잡한 통합이 형성될 수 있으려면, 어떤 돌 같은 것을 깨서 부수면 분해할 수 있듯이, 소위 의식의 추상적 활동이라 불리는 것이 출현할 수 있으려면 반드시 표상을 먼저 부서뜨릴 수 있어야 한다고 헤르바르트는 말한다. 하나의 일반적 특징을 가진 대상들에 대한 복잡한 표상이 나타날 수 있으려면 이 일반적 특징이 일반적 의식 과정들로부터 분리되고 뜯겨져 두드러질 수 있어야 한다.

*J. F. 헤르바르트(Johann Friedrich Herbart, 1776~1841)는 오늘날 교육학자로 널리 알려져 있다. 독일 실업계 중등학교(레알슐레)의 설립에 기여하였다. 여기서는 실제적인 기술을 가르쳤으며 독본, 교과서의 사용을 피하고 실제적인 문서 사용 교육을 지향하였다. 그의 도덕, 윤리교육 체계는 다음의 다섯 가지 원칙을 기반으로 한다. 자유, 완벽, 친절, 정의, 평등. 그는 또한 철학자로서 저차적 표상의 응측과 추출을 통한 고차적 표상의 도출 체계를 발전시켰다. 헤겔의 논리와 연결되어 있는 이 체계는 개념 형성에 대한 비고츠키의 실험에서 볼 수 있다(『생각과 말』 5장 참조). 이 모두는 P. 토지(2010)가 제기한 질문에 대한 해답을 암시한다. 비고츠키는 『생각과 말』 6장에서 (거의) 완전히 다른 개념 형성 모형을 제시하면서도 왜 5장을 그대로 두었을까? 토지는 두 모형이 사실 다르지 않다고 주장했다. 두 모형은 매우 형태가 다르지만 모두 일반화와 추상화를 포함한다. 5장은 블록 실험에 기반을 두었고, 6장은 교실 관찰과 피아제식의 문장 완성 검사를 기반으로 했다. 두 장의 저술 사이에 이루어진 이 강의는 토지의 결론을 지지한다. 다음은 토지가 재연한 비고츠키 블록 실험 영상이다.

https://vimeo.com/groups/concepts/videos/13550409

0-27] 이처럼 심리학에서 처음으로 분열을 기본적 의식 기능으로 이해하게 되었다. 분열은 모으기 혹은 통합과 더불어 내적 의식 작용의 불가결한 유형이다. 이것 없이는 정상적 유기체에게 의식 생활은 상정될 수 없다.

0-28] 이와 같이 분열은 완전히 규정적이지 않은 어떤 것으로, 되레 이론적으로 추출된 의식의 활동으로 이해되었다. 그 본질은 다음과 같이 요약된다. 즉 원래적 의식에 하나인 것으로 표상되었던 것이 이런저런 식으로 분배되어 어떤 일련의 비연속적인 것들로 의식에 나타난다는 것이다. 심리학 발달에서 사변적 단계와 모든 헤르바르트적 체계를 살펴보면 이 학설은 헤르바르트 심리학의 긍정적 내용과 더불어 구체화되었으며 콤플렉스에 대한 프로이트의 심리학 이론으로 확증되었다. 여러분은 이 학설이 프로이트 전체가 그러하듯 헤르바르트의 관점을 의식의 심리학에서 부활시키고자 하는 시도임을 안다. '응축', '억압', '치환', '해리'와 같은 프로이트의 모든 용어들은 헤르바르트 심리학의 용어이며 헤르바르트적인 표상 기제이다. 프로이트는 분열에 대한 헤르바르트의 입장을 '해리'라는 명칭하에 보존하였으며, 특정한 정서와 연결되어 있으나 일반적인 의식의 무리와 괴리되어 잠재의식적이며 이질체와 같이 다른 의식 및 생명 체계와 의사소통하지 않는 표상의 무리를 콤플렉스라고 칭한다. 예컨대 이질체가 유기체 내에 침투하면 그것은 유기체 전체의 살아 있는 조직을 관통하는 모든 과정과의 공통 연결로 들어가지 않고 계속해서 살아간다. 알려진 바와 같이 프로이트는 피아제와 같이 말이 의식 작용에서 극도로 중요한 역할을 한다는 입장을 올바르게 견지하였다. 우리가 일어나는 일을 분명히 의식하면 할수록 더더욱 그것을 명확히 볼 수 있으며 그것을 다른 이와 의사소통할 수 있음은 명백하다. 헤르바르트에 따라 우리는 말이 타인을 이해하는 수단일 뿐 아니라 스스로를 이해하는 수단이라는 공식을 갖는다.

비고츠키는 '연합'이라는 용어 사용을 피한다. 대신 그는 처음에는 하나의 전체로서 표상되었다가 후에 '비연속적으로 배열되는' 것에 대해 논한다. 생각들이 무작위적으로 우발적인 연합의 법칙에 따라 융합되는 경우는 없다. 연결은 언제나 창조적이고 지적인 행위이다. 그는 이러한 연결이 연합일 수 없는 이유를 아래에서 설명한다. 비고츠키는 이러한 분열이 복합체, 즉 다양한 부분을 포함하는 표상을 만든다고 지적한다. 비고츠키는 이 복합체를 프로이트의 신경증적 콤플렉스와 연결 짓는다. 후에 그는 이 연결에 크게 의존한다. 콤플렉스에서 표상들 사이의 연결은 논리적이 아니며 오직 감정적이다. 이는 이질적 표상들이 마음속에 존재할 수 있음을 의미하며(이는 혼합적 생각을 설명한다) 실제로 매우 다른 표상들이 상이한 층이나 단면에 오직 감정을 매개로 연결되어 공존할 수 있다. 그렇다면 이러한 이질체들은 어떻게 통제되는 것일까? 감정적으로만 연결된 표상들이 어떻게 논리적, 변증법적 관계 속으로 들어올 수 있을까? 이 답은 '말' 속에 있다. 의사소통과 의사소통 자체의 일반화 사이의 변증법적 관계를 통해 우리는 스스로를 이해할 수 있게 된다.

0-29] 이제 프로이트의 발자취를 따라 블로일러는, 분열증을 언급하지 않았던 … 의 개념을 도입한다.

다시 한 번 누락된 부분이 나타난다. 코로타예바는 이에 대하여 별다른 언급을 하지 않으므로 속기사의 단순 누락인 것으로 보인다. 어기서는 블레더가 아니라 블로일러의 이름이 정확히 언급되고 있다.

0-30] 블로일러는 이를 통해 두 가지 기본적 생각을 하나로 결합하여 표현하고자 하였다. 그는 이러한 심리 상태에서 의식의 분열이 첫 번째 국면으로 부각됨을 보이고자 하였다. 그는 연합적 모음의 분열을 염

두에 두고 있었으며 연합적 모음에서는 한 연합으로부터 다른 연합으로의 부드러운 이행이 일어나지 않는다. 블로일러는 극도로 … 정신분열증 환자를 통해 설명했다. 즉, 그는 이러한 정신이상으로 환자는 그가 가지고 있는 콤플렉스의 수만큼 인격들을 가짐을 보이고자 하였다. 이 환자에게는 일반적 의식 표상의 생활로부터 유리된 엄청난 양의 표상이 나타난다.

0-31] 이와 같이 분열 개념은 주로 정신병리학 영역에서 일궈지고 발달되기 시작하였다. 이로부터 이행적 연령기와 가까워지게 되었으며 그 유래의 뿌리, 이 분열의 심리학적 본성에 대한 가르침을 잊지 않았다. 그러나 오늘날 여러 정신병리학자들의 자료를 통해, 분열이 병리적 의식 기능이 아니라 모든 정상적 의식의 조직에 존재하는 기능으로서 이해됨이 명백해졌다. 이는 두 경로로 나아갔다. 첫째, 크레치머는 인간의 다양한 특징을 서술하고 이를 정신이상자의 특징과 비교한다. 이로부터 이를 '유형에 대한 실험적 학설'이라 부르는 전체 학파가 자라났다. 이 학파에서 켈트(폴켈트?-K)와 다른 이들은 분열은 정상적으로 조직된 의식의 기능이며 이는 우리가 무언가에 주의를 기울이며 다른 나머지에는 주의를 기울이지 않는 의지적 주의에서도 똑같이 필수적임을 실험을 통해 밝혀냈다. 이는 정신병자에게서 관찰되듯 정신생활의 분열에서 나타나는 것만큼이나 추상과 개념 형성에 필수적이라는 것이다.

*E. 크레치머(Ernst Kretschmer, 1888~1964)는 정신병 의사로 나치주의자였다. 오늘날은 기질에 따른 인격 유형으로 널리 알려져 있다. 그는 신체유형과 인격이 분리불가한 통합체를 이룬다고 보았다. 예컨대 뚱뚱한 사람은 쾌활하고 마른 사람은 소심하다는 것이다. 그는 물론 훌륭한 독일인은 당연히 강한 운동선수적 유형을 가진다고 주장했다. 그는 인격을 크게 두

가지 기질로 보았는데 하나는 조현적(정신분열적, 양극성) 기질이며 다른 하나는 조울적(조병적, 우울증적) 기질이다. 나치로서 그는 위대한 인물의 심리에 대해서도 큰 관심을 가졌다. 비고츠키는 그의 초기 연구 중 뇌의 부분에 대한 연구에 관심을 가졌다. 그는 특히 크레치머가 공식화한 '뇌 기능의 상향 전이' 법칙, 즉 뇌의 저차적 부분(중뇌, 소뇌)가 손상된 경우 이 부분들이 하던 역할을 고등한 부분(대뇌피질)이 떠맡는다는 아이디어에 매료되었다. 크레치머는 '히틀러에 충성을 맹세한 교수' 명단에 서명하였으며 정신병 환자 제거 프로그램에 부역하였다.

켈트Кельт가 누구인지 명확하지 않다. 속기사의 또 다른 오기일 수 있다. 아마도 H. 폴켈트(Hans Volkelt, 1886~1964)를 지칭하는 것으로 보인다. 폴켈트는 크레치머 및 라이프치히 학파와 연결되어 비고츠키가 자주 인용하는 학자이다. 비고츠키는 유아나 심지어 거미도 일정한 형태의 추상과 연역을 할 수 있다는 것을 보여 주는 폴켈트의 실험을 인용하기도 했다. 유아도 특정 형태의 젖병만 우유를 담고 있음을 배울 수 있으며, 거미는 죽은 파리로부터 떨어지고 살아 있는 것만 먹는다.

0-32] 이처럼 정상적 의식활동에서, 의지적 주의의 기능에서, 추상의 기능에서, 개념 형성의 기능에서 충분히 발달된 분열은 이러한 형성이 나타나기 위한 필수 전제 조건이라는 생각이 명백해졌다. 이 경우 블레더(블로일러?-K)는 프로이트가 실험을 통해 수립한 이론에 반대한 명제를 제시하였다. 이는 그가 이행적 연령기에 대해 쓴 유명한 논문에서 공식화되었다. 블레더는 분열증이 각 그룹 사람들로부터 실험적으로 추출된 소수의 인간의 특징이 아니라 모든 사람들에게 서로 다른 정도로 존재하며 이행적 연령기의 부정적 국면에 *나타나고 정신병자에게서 특히 강력하게 대두되는 심리적 기제라는 결론으로 나아갔다.

*코로타예바는 러시아 원문의 동사 '획득하다обретает'를 '나타나다
появляется'로 바꾸었다고 밝히고 있다.

　본문에서 '소수의 인간'이라고 번역된 топочеловеческий(topo-
human)이 의미하는 바는 명확하지 않다. 특정 지역에 제한적으로 살
고 있는 부족이나 그룹을 일컫는 것으로 추측되며 본문에서 일반적,
보편적 인간에 대한 반대 의미로 사용되었다.

0-33]　이처럼 정신병의 분열에 대한 이해로의 접근 자체가 변하였
다. 특히 일련의 연구자들은 이와 관련된 두 가지의 극도로 중요한 측면
을 관찰하였다. 첫째, 분열중, 메소토미 정신이상에서 분열은 다른 증상
을 규합하는 지배적인 형태로 나타나지 않고 정신병을 야기한다는 것
이다. 거꾸로 분열과 함께 정신이상에서 반대 현상, 즉 이 분열의 불충
분이 변화로 나타난다. 이스또미야 환자는 그 자체로 통합된 것을 분리
할 뿐 아니라 우리에게는 완전히 분리된 것을 통합한다. 예컨대 먼 유
년기의 기억이나 그가 책에서 읽은 것은 그에게 모든 것이 서로와 연결
되어 있다.

> 메소토미мезотоми, mesotomy는 분해, 분리, 분열, 분기 등을 일컫는
> 용어로 광학, 화학, 언어학 등에서 사용된다. 플라톤은 한 대상의 가운
> 데 쐐기를 박아 둘로 나누는 것을 의미하는 용어로 사용하기도 했다.
> 여기서 비고츠키는 운명적인 경험을 계기로 인격이 나뉘는 현상을 지
> 칭하는 것으로 보인다.

0-34]　이처럼 성인 메소토미 정신이상에 대한 올바른 정신병리학은
우리가 여기서 분열 자체를 다루고 있는 것이 아니라 병리적으로 변화
된 분열, 즉 분리된 것을 합치고 합쳐진 것을 분리하는 분열을 다루고

있다는 것을 아는 것으로 이루어진다. 이행적 연령기의 부정적 국면에서 우리가 분열 기제의 성장을 본다는 블레더의 이 생각은 두 가지 질문에 대한 해답과 극도로 가까운 것으로 보인다. 첫째, 이행적 연령기의 이 중심적 신형성의 본성에 관한 질문의 해답과 가까우며, 둘째, 나는 그것이 발생적 토대에서 …의 올바른 밑그림을 그린다고 생각한다. 청소년의 분열증적 특징에 대한 모든 주장은 이로부터 나아간다.

> 여기서도 소실된 부분이 나타난다. 코로타예바는 여기에 대해 언급하지 않으므로 속기사의 누락인 것으로 보인다. 이어지는 문단의 내용으로 볼 때 비고츠키는 다음과 같은 내용을 의미한 것으로 보인다. 분열이 위기의 실제 중심적 신형성이라면 이는 어떻게 다음 발달영역, 즉 안정기인 청소년기로 들어가는가? 이 두 번째 질문에 대한 답으로 비고츠키는 레빈의 '구조'에 대한 비평을 살펴본다.

0-35]　다른 연구 그룹인 레빈의 연구를 인용해 보자. 그는 신생 구조심리학의 대표자 중 하나이다. 레빈은 이론적, 실험적으로 하나의 생각을 옹호하였다. 즉, 구조심리학은 처음에 구조적 원칙 자체를 저속하게 설명하기 시작했다는 것이다.

0-36]　특히 레빈은 각각의 지각은 구조적으로 개별적이라는, 즉 지각이 의지, 정서, 생각 등과 맺는 관계가 구조에 반영되며 구조는 전체적으로 취해졌을 때 온전한 인간을 반영한다는 주장을 한 B…의 최초 연구에 실험을 통하여 논박하였다. 레빈은 구조적 원칙이 …과 같이 확장될 수 있다는 관점에 반대하였다. 그는 모든 정신적 삶을 구조적 원칙에 근거하여 분석하면 무엇이든 다른 것과 연결할 수 있다는 황당한 결론에 이르게 됨을 보여 준다. 모든 것이 서로 구조적으로 연결되어 있고, 모든 부분은 어떤 전체의 부분이며, 인간의 인격은 장난감 알과 같아서 더 큰 껍질 안에 작은 껍질이 들어 있고 그러한 일련의 전체

껍질들로 극도로 원시적인 구조가 만들어진다. 이 때문에 레빈은 모든 연구에서 심리 속 구조적 통일뿐 아니라 구조적 경계에도 주의를 기울이기 시작하였다. 그는 모든 구조가 정상적으로 존재하려면 구조가 내적으로 전체적일 뿐 아니라 나머지 구조들과 구분되는 것이 필수적이라는 올바르고 건강한 생각을 제시하였다. (구조 간-K) 경계와 구조들 사이의 소통에 대한 신조는 그의 연구의 핵심 아이디어가 되었다. 그는 한 구조와 다른 구조 사이의 관계가 구조 내에 존재한 관계들과는 원칙적으로 구별된다고 간주한다. 그는 이 구조들 간의 관계를 의사소통이라고 부를 것을 제안했다. 의사소통은 각 구조들 사이의 공유의 정도를 의미한다.

> 본문의 'B…'는 러시아 원문 그대로이다. 이 문단에서 비고츠키는 구조심리학을 소개하고 있으므로 'B…'는 베르트하이머에 대한 언급일 가능성이 높다.
>
> *K. 레빈(Kurt Lewin, 1890~1947)은 비고츠키는 물론 일반 심리학에서 중요한 형태주의자였다. 레빈은 K. 스텀프, M. 베르트하이머, W. 쾰러의 제자이자 S. 파얀스, T. 뎀보, B. 자이가르니크의 스승이었다. 비고츠키가 유아 아동학에서 인용한 레빈의 초기 연구는 '장'과 '유도성'이라는 관념, 즉 초기 유년기에 '저항할 수 없는 유인력'을 지닌 상황 요소들에 관한 것이다. 레빈은 아마도 모든 형태주의자들 중 비고츠키 관점과 가장 가까웠을 것이다. 비고츠키의 개인적 친구로서 레빈은 비고츠키 사망 시 부고를 낸 유일한 외국 심리학자였다.

비고츠키의 모스크바 그룹의 일원이었던 B. 자이가르니크와 춤을 추는 K. 레빈

0-37] 레빈은 정서와 의지에 대한 자신의 연구에서 일련의 의식들

이 서로 분화되어 있고 독립적이며 그들 사이에는 각 구조 내의 요소들 간에 존재하는 연결과는 다른 종류의 연결이 나타난다는 주장에 대한 근거를 제시하였다. 이는 한편으로 의식 조직의 필수적 원칙이며 다른 한편으로 심리적 분석과 연구의 원칙이다. 그렇지 않다면 우리는 앞에서 말했던 보편적 구조에 이르게 되기 때문이다. 그 속에서는 황혼에서와 같이 모든 고양이가 회색이 된다고 나는 말한 바 있다.

0-38] 이 모두를 받아들이면 우리는 부정적 국면에 어떤 신형성을 만나게 되는지 가늠할 수 있는 어떤 이론적 근거를 얻는다. 이행적 연령기의 부정적 국면을 특징짓는 면모들은 물론 다양하다. 여기서 우리는 그들을 나열하지 않을 것이다. 그러나 한 가지는 의심의 여지가 없으며 모든 연구자들은 이를 13세의 위기의 기본적 특징으로 구분한다.

0-39] 7세 위기를 체험하고 있는 어린이는 기본적으로 어린이의 직접성을 상실했다는 인상을 주기 때문에 어린이와의 간단한 의사소통만으로도 7세의 위기의 시작 여부에 대한 인상을 얻게 된다고 할 수 있다면, 우리는 11~13세의 위기에 대해 어린이는 움직임, 신체적 발달에서 관찰되는 것과 같은 정신적 어색함이라는 인상을 준다고 말할 수 있다. 즉, 그의 모든 모습에서 모종의 서투름과 불균형, 부조화, 모종의 비일관성과 모순이 나타나는 것이다. 이는 청소년이 여태 정해진 방식으로 하던 행동과 정반대로 행동하기 시작한다는 불평과 지적에서 드러난다. 그는 모든 규정된 노선을 상실하고 더 이상 전체적인 의식을 온전히 가지고 있지 않은 것 같은 인상을 준다.

0-40] 부정적 국면의 본질이 충분한 전체성의 부재라는 클런(클레인?-K)의 말은 (여러분 모두가 이러한 어린이를 보았을 것이다) 이 시기가 시작되기 전에 학령기 어린이에게서 사실상 어느 정도 전체적이고 일관성 있는 인격이 나타나고 이행적 연령기에 이는 명백히 표현되지만 이것이 부정적 국면에서는 존재하지 않는다는 동일한 생각을 다른 말로

표현한 것이라고 생각된다. 부정적 징후의 존재 자체는 여기서 우리가 아직 새로운 통합체로 모아지지 않은, 일련의 분화되고 비교적 서로 분열되어 있으며 서로 분리된 (…) 체험을 다룬다는 것을 웅변한다.

본문의 클런Клери이 누구인지 확실하지 않으며 비고츠키 당대의 학자 중 찾을 수 없다. 프로이트주의자였던 아동 정신병 의사 M. 클레인을 속기사가 잘못 쓴 것으로 보인다. 비고츠키는 그녀의 연구들을 면밀히 읽고 있었으며 제자인 루리야와의 서신 교환에서 그녀의 연구를 비판적으로 언급하기도 하였다. 비고츠키가 이 강의를 하기 전 해인 1932년에 클레인은 런던에 거주하고 있었으며 버지니아 울프 부부의 호가스 출판사에서는 그녀의 『*The psychoanalysis of children*(어린이의 정신분석)』을 막 출간하였다. 이 책은 청소년에 대한 두 가지 사례 연구를 포함하고 있었으며 비고츠키가 언급하듯 여기서 통합과 분열의 결핍에 대해 논한다.

1927년 런던에서 M. 클레인 (Melanie Klein). 그해 그녀는 안나 프로이트와 아동 정신분열에 대해 논쟁을 벌인 후 『어린이의 정신분석』의 저술을 시작했다.

0-41] 블레더(블로일러?-K)와 더불어, 우리는 분열 기제가 성장하고 있음을 드러내고, 의식에서 그것은 가장 중요한 역할을 하기 시작함을 나타내는 모든 증상을 부정적 국면에서 본다고 생각할 수 있다. 어떠한 자료들이 이를 뒷받침하는가? 첫 번째 사실의 그룹은 순수히 실험적으로-심리적이다. 사실 의지적 주의 발달의 역사를 연구하기 시작하면 우리는 주의 기능 자체, 즉 의식의 상태를 부분으로 분열시켜 우리 의식의 초점과 주변으로 두는 능력이 이 의식의 가장 초기에 존재한다는 극도로 흥미로운 사실에 주의를 기울이게 된다. 이러한 원시적 의식 기능은 볼슈타인의 제안에 따라 형태 기능과 배경 기능이라고 불린다.

본문의 볼슈타인Вольштейн이 누구인지 명확하지 않다. '형태와 배경'이라는 개념은 보통 덴마크 심리학자인 E. 루빈과 연관된다. 실제 비고츠키는 루빈을 다른 곳에서 인용하기도 한다. 다음 문단에서 이어지는 내용을 볼 때 여기서는 루빈의 '형태'에 대해 논의하는 것으로 보인다.

루빈의 꽃병. E. 루빈의 1915년 박사학위 논문에서 발췌

이 예시는 비고츠키에게 중요하다. 지각조차도 의지에 달려 있다는 것을 보여 주기 때문이다. 그림에서 우리는 선택적으로 꽃병을 볼 수도 있고 얼굴을 볼 수도 있다.

0-42]　이는 모든 지각이 지각의 구조적 분해라는 사실로 이루어진다. 한 부분은 형태로, 다른 부분은 배경으로 나타난다. 그는 실험적으로 구성된 일련의 다양한 형태를 제시하였다. 그리고 형태와 배경은 자리를 바꿀 수 있다.

0-43]　예컨대 그림의 검은색에 주의를 기울이면 이는 흰 배경에 두 사람의 옆모습으로 부각되어 보인다. 만일 흰색에 주의를 기울이면 검은색은 배경 등으로 나타난다. 즉 달리 말하면 집중하는 바로 그것이 나타난다. 보려고 하는 것은 그것을 이렇게 나누느냐, 저렇게 나누느냐에 달려 있고 여러분이 보는 것은 구조화되어 있다. 이는 대개 의식의 매우 초기 단계부터 존재한다. 그러나 형태와 배경 추출의 산물, 즉 자발적 주의 기능은 주의를 끌기 위해 서로 구조화되는 지각의 계기들에 주의를 기울이는 능력과 더불어 나중에야 발달한다. 우리가 이러한 분열 기능의 급속한 성장을 처음으로 만나게 되는 것은 바로 학령기 끝이다. 이미 언급된, 학령기에 대한 최고 연구자인 블레더는 자신의 발달곡선에서 기억이 주의에 의존함을 보여 주었다. 우리는 주의가 지각에

서 구성적인 역할을 하며, 무의미 낱말에 대한 유명한 연구들조차도 오랫동안 논쟁의 대상이 되어 왔음을 잘 알고 있다. 비네는 그것들이 기억력보다는 주의력을 입증함을 그리고 이 실험들의 올바른 해석에 대한 문제는 아직 해결되지 않았음을 보여 주었다. 주의와 기억에 대한 문제는 서로 밀접하게 연결되어 있기 때문이다.

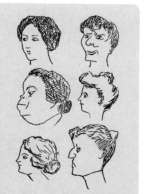

*A. 비네(Alfred Binet, 1857~1911)는 샤르코의 제자였으며 최면술을 공부하였다. 프로체스 선수들을 대상으로 기억력 실험을 실시하기도 하였다. 오늘날 그는 시몬과 공동연구한 지능 검사로(비네-시몬 테스트, IQ 테스트) 가장 널리 알려져 있다. 그는 철학적인 저술을 남기기도 했으며*Mind and Brain*, 자신의 두 딸의 발달을 종적으로 추적한 연구를 실시하였다. 이는 심리적 유형(주관주의자, 객관주의자)이라는 개념의 토대가 되었다. 『어린이 자기행동숙달의 역사와 발달』에서 비고츠키는 비네의 연구를 매우 비판적으로 언급한다. 그는 비네의 검사가 이론적 토대를 가지고 있지 않은 순전히 경험적인 것이라고 말한다. 예컨대 오른쪽의 그림 검사는 어떤 납득할 이유도 없이 어린이들에게 가장 아름다운 얼굴을 고르라고 지시한다. 그러나 비고츠키는 에빙하우스의 무의미 낱말에 대한 기억력 연구에 대한 비네의 비판에 전적으로 동의한다. 결과를 설명하는 것은 기억이 아니다. 기억할 '뜻'이 이 실험에는 없기 때문이다. 여기서 역할을 하는 것은 자발적 지각이다. 반복 기억의 정확한 기제와 효과를 보이려 했던 유명한 연구가 학습이라는 목표에는 거의 아무런 소용이 없는 것을 알 수 있다.

0-44] 브룬싱(브룬스비크?-K)은 이 문제를 제기하고 이행적 연령기의 경계인 부정적 국면에서 … 역할이 극도로 증가함을 보여 준다. 그

가 표현하듯, 우리는 이것의 발달에 오히려 유리한 국면을 보고 있는 것이다. 우리는 일반적으로 모든 기능이 자신만의 지배적인 발달 국면을 갖고 있음을 잘 알고 있다. 즉, 어떤 시기에 그 기능의 최대 발달이 집중되는 것이다.

본문의 브룬싱Брунсинг이 누구인지 명확하지 않다. E. 브룬스비크(Egon Brunswik, 1903~1955)의 오기일 수 있다. 비고츠키는 브룬스비크의 연구를 다른 곳에서 언급하기도 한다. 브룬스비크는 당시 학교 심리학에 대해 뷜러 부부와 공동 연구를 하고 있었다. 후에 그는 기능주의 심리학자가 되었으며 더 이후에는 심리학 역사를 연구하였다. 그의 아이디어들은 오늘날 의사결정의 기제에 대한 연구에서 여전히 사용된다.

0-45] 추상과 개념의 과정에 대한 것들은 나의 생각이 아니며 나혼자의 연구에만 근거를 두는 것이 아니라 엄밀히 말하면 최근 10년 전까지 아동학과 심리학에서 통용된 오래된 생각이다. 이는 우리가 학령기 말에 추상의 발달에서 새로운 물결과 개념 형성의 시작을 만난다는 생각이다. 최근에 더 이른 연령기에 개념이 형성된다고 간주하는 특정한 경향이 나타나기 시작했지만 이 경향은 개념 자체를 절하하였다. 형식논리의 관점을 취하여 일반적 특징을 모두 추출하는 것을 개념이라고 간주한다면 우리는 개념 형성이 더 이른 연령기에 나타난다고 할 수도 있다. 다만 나의 연구는 경험적이고 양적 자료에 근거한 오래된 의견을 복권시키고 이를 최근의 여러 경향에 반해 오직 과학적으로 입증하기 위해 시도하였다. 최근, 개념이 더 이른 시기에 나타난다고 하여 개념 형성 기간을 축소하는 경향이 있는데 이는 본질적으로 나의 생각에서 배제되었다. 사실 다른 모든 저자들은 모든 개념의 실질적 숙달을

요구하는 일반화가 모든 나라에서 중학교 연령기, 즉 부정적 국면이 시작되는 연령기와 연관됨을 보여 준다. 이처럼 우리는 실제로 분열이 가장 명확하게 나타나는 심리적 활동 형태가 부정적 국면에서 성장한다는 것을 보여 주는 일련의 실험적 데이터들을 다룬다. 이는 블로일러가 내세우는 가장 중요한 주장 중 하나이다.

> 폴켈트는 살아 있는 파리는 잡아먹지만 죽은 파리는 멀리하는 거미가 이미 기능적인 '먹이' 개념을 지닌다고 주장했다. 그 '먹이' 개념은 구체적 대상이 아니라 관념에 토대했기 때문이다. 비고츠키가 지적하듯이, 이는 개념의 의미를 크게 저하시킨다. 사실 거미줄 위에 아무거나 올려놓고 거미줄을 흔들어 거미로 하여금 아무거나 먹게 만드는 것은 쉽다. 블런든(2012)은 개념들이 과제 안의 집합적 행위에 토대하여 형성되며, 그에 따라 생활 주기를 갖는다고 주장했다. 따라서 비고츠키가 이 단락에서 비판한, 빈곤한 개념들의 개념은 배제된다.

0-46] 이제 우리는 이 국면의 모든 부정적 증상을, 우리가 만나게 되는 순전히 부정적인 계기들을 모두 살펴볼 것이다. 알려진 바와 같이 이는 특정한 분화, 경계 구분, 각 체험 그룹의 배타적 특징이 청소년의 의식 체계에 나타났음을 가리키는 간접적 지표이기도 하다. 이들(분화, 구분, 특징-K)은 블로일러가 표현했듯, 이동 중이며 방황하고 정착되지 않았고, 이러저러한 인격적 특징의 면모나, 이러저러한 특성과 특색의 층을 형성하지 않았다. 이들의 이러한 이동의 움직임은 청소년의 모든 행동에 흔히 기묘하고 부자연스러운 모습을 부여한다.

0-47] 끝으로 가장 설득력 있는 주장을 살펴보면—이는 학령기와 이행적 시기의 신형성들 사이의 관계에 대한 것이다—우리는 언제나 이 생각을 지지하는 주장과 만나게 된다. 학령기의 본질적 신형성 중 하나는 무엇인가? 이론적인 일반화를 위한 그 어떤 노력을 하더라도 내

적 말의 형성, 자신에 대해 생각할 수 있는 능력 형성, 내관 및 자기관찰의 형성과 출현, 능동성과 관념적 기억의 내적 형태의 형성, 의지적 주의의 형성, 생각의 내적 과정에 의존하는 기억과 주의 이 모두는 학령기 어린이 발달에서 본질적인 면모 중 하나를 나타낸다고 믿을 만한 근거가 충분하다. 즉, 일반적으로 내적 삶이 어느 정도 …로부터 분화되어 7세 연령기 이후 학령기는 …를 만난다고 할 수 있는 것이다.

0-48] 내가 볼 때 이는 수많은 논증과 사실적 자료에 의해 모든 측면에서 확증된다. 이처럼 학령기에 우리는 행동의 외적 측면으로부터 의식의 내적 삶이 분화되는 것과 관련된 첫 번째 형성 시기를 본다. 자연히 (…) 학령기에 이러한 내적 삶이 극도로 무질서하게 나타난다는 생각이 나타난다. 피아제의 연구는 이를 훌륭하게 증명한다. (…) 피아제는 학령기 어린이가 스스로를 의식하고 비교적 발달된 내적 삶을 가지고 있는 생각하는 존재임에도 불구하고 이 내적 삶에서 어린이는 전학령기 어린이가 특정한 계기에 행동하는 것처럼 행동한다는 모순이(나는 변증법적 모순, 역동적 모순이 아니라 사실적 모순을 염두에 두고 있다) 어떻게 자라나는지 드러내 보인다. 즉 이 내적 삶이 구체적 활동으로부터 유리되자마자 여기서도 그는 내적 삶 자체가 아닌, 그의 행동을 혼란스럽게 하는 혼돈으로 특징지어지는 일련의 어려움에 빠지는 것이다. 이는 행동으로부터 분열되었지만 그 안에 행동의 논리가 지배하는 생각이 내적 모순의 체계임을 말하고자 하는 것이다. 피아제가 학령기의 경계, 부정적 국면이 시작되기 전날 밤을 드러내면서 그는 어린이가 학령기 끝에, 잘 형성되어 폭넓게 기능하는 독립적인 내적 생각에 이미 다다르지만 이 생각은 날개가 없다는 것을 보여 준다. 그 자체의 내부에서 행동의 논리가 지배하기 때문이다. 이로부터 이 생각은, 지배적이기는 하지만 모든 것과 서로와 연결되어 있기 때문에 분화되거나 정리되지 않은 내적 삶에 이르게 된다. 그러나 피아제는 이후 연구에서 모든

내적 삶은 대체로 무비판적으로 의식된다는 일반적인 결론을 내린다. 즉, 학령기 어린이는 더 이른 연령기의 전학령기 어린이가 외적 활동을 의식하는 것과 같이 자신의 체험을 의식한다는 것이다. 다시 말해 학령기 어린이는 이(체험-K)를 분화시키지 않고 모든 것을 모든 것과—자신의 여러 심리적 체험과 연결한다.

0-49] 그의 연구의 모든 의미는 다음으로 인도한다. 발달에서 내디뎌야 하는 다음 발걸음은 어떤 정신적 삶의 분열, 어떤 분화, 어떤 심리적 체계의 출현으로 이에 대해서는 레빈이 언급한 바 있다. 이 출현은 정신적 삶 내에서 하나의 전체성이 붕괴되고 일련의 비교적 독립적인 체계—이 체계는 후에 서로 특정한 상호 관계를 맺는다—가 나타나는 것에 직접 토대한다. 이행적 연령기에 무엇이 일어나는지 안다면 우리는 이행적 연령기에 대한 이러저러한 이론적 접근에 의거하여 이때 만나게 되는 신형성을 다소 다르게 다시 한 번 공식화할 수 있을 것이다. 다음은 의심의 여지가 없다. 즉, 의식이 전체로서 그리고 현실과 스스로의 관계에서 어느 정도 규정된 구조를 가지고 있다는 의미에서의 인격은 이행적 연령기에 나타난다.

0-50] 이행적 연령기에 만나게 되는 이 분열과 이 위기가 이러한 인격의 구조에 필수조건이라는 생각은 어떤 형태로 나타나는가? 그것이 이행적 연령기의 신형성과 맺는 관계는 자율적 말이 안정적 말, 진정한 말과 맺는 관계, 3세 어린이의 하이포불리아적 반응이 놀이에서의 규칙에 따라 나타나는 진정한 의지적 행위와 맺는 관계와 동일하다. 3세 어린이는 부정적이지만 5세 어린이는 규칙에 따라 행동하며 1세 어린이는 자율적 말을 하지만 5세 어린이는 문법적 통사적 구조를 사용한다는 사실은 발생적으로 연결되어 있다. 동일한 연결이 부정적 국면의 시기의 분열에서, 청소년 인격 발달 경로상의 정신분열적 면모에서 발견된다. 인격의 분열 없이 미래의 인격 구조는 나타날 수 없을 것이다.

0-51] 이처럼 부정적 국면의 고찰, 실험적 자료와 학령기 어린이와 이행적 연령기에서 보게 되는 것에 대한 고찰은, 이행적 연령기의 분열적 특성에 대한 학설의 밑씨앗은 다음이라는 생각으로 이끈다. 즉, 부정적 국면에 진정 본질적이고 발달상 필수 불가결한 단계는 블로일러가 말한 바와 같이 의식에서의 분열 기능, 즉 어린이 내적 삶의 통합성의 어떤 분해 및 분화 기능의 성숙이다. 이 통합성은 어린이 내에 비교적 독립적인 심리적 체계를 지닌 개별 인격이 출현하기 위한 전제 조건으로서, 선행하는 연령기에 지배적이었다. 그리하여 우리는 이 신형성이 우리가 모든 이행적 연령기의 신형성에 대해 익숙하게 제시했던 모든 특성, 전제 조건과 일치한다는 생각을 획득한다. 이것은 한편으로는 실제로 신형성이지만 다른 한편으로 이는 형성 중인 인격 구조 내에 그 자체로 한 켠에 놓이는 것이 아니라 이 분열 자체가, 미래에 형성되는 분화되고 통합된 인격 구조 내에 보존되기 위한 전제 조건이 된다.

0-52] 두 마디로 다음의 생각을 말함으로써 설명을 완성 짓고자 한다. 분열과 개념 형성 기능이 발생적 연속선상에서 얼마나 서로 밀접하게 연결되어 있는지 특별히 드러낼 수 있었다. 그리고 개념 형성이 이행적 연령기의 역사에서 단지 계기일 뿐이듯 분열 기능은 부정적 국면의 기본적 변화라고 생각된다.

0-53] 한 가지에 주의를 돌려 보자. *(개념이 형성되지 않았을 때) 어린이에게 무슨 일이 일어나는가? 어린이에게는 모두가 서로와 혼합적으로 섞이는 일이 일어난다. 어린이에게는 개념상으로 엄밀히 구분되는 것들이 통합되고 개념상 통합되는 것들이 통합되지 않는다. 즉, 개념 형성과 의미 발달에서 모든 상태는 … 규정된 통합의 경계를 전제로 하며 이 규정된 정도로 인해 분열과 분해의 규정된 특징이 나타난다. 따라서 실험적으로 증명된 분열과 개념 형성 기능 사이의 연결은 내가 볼 때 이 국면의 중심적 신형성이 정신분열, 즉 분열임을 지지하는 가장 설득

력 있는 증거 혹은 주장 중 하나인 것으로 보인다.

*본문의 괄호 속 표현은 코로타예바가 삽입한 것이다.

0-54] 부정적 국면을 특징짓는 본질적 특성이 이 신형성과 함께 어떠한 경로를 취하는지 드러내야 하는 생각을 살펴볼 일이 남아 있다. 이와 관련해서 우리는 크레치머와 그의 동료 심리학자들의 정신병리학적 분석과 레빈의 실험적 분석에 큰 덕을 입었으며, 그것은 분열에 토대하여 복잡한 형성이 나타난다는 극도로 중요한 사실을 확립하였다.

0-55] 예컨대 거칠게 말해서 우리는 자폐성, 즉 내적 삶 전체 혹은 개별 부분들이 충분히 독립되는 가능성의 출현이라는 의미에서의 자폐성이 모든 모종의 인격 발달의 필수적 연결 고리임을 드러내었다. 나나 당신이 자폐적이라고 말할 수는 없지만(혹은 자폐증을 가진 사람이라고 말할 수는 없다. 그런 이는 누구와도, 무엇에 대해서도 이야기를 주고받지 않을 것이다), 그러나 우리 모두는 그 누구와도 말할 수 있는 혹은 반대로 말할 수 없는 선별적 의사소통을 하게 하는 과거 삶이나 체험을 가지고 있다는 의미에서 의무적인 자폐적 기능을 가지고 있다. 체험의 외적 의식 단계와 내적 친밀도의 단계가 다르다는 것은 인격 구조의 가장 기본적인 특징에 속한다. 이러한 의미의 자폐성은 이 낱말이 현재 사용되는 맥락에서 이행적 연령기에 나타난다. 더 이른 연령기에는 말 못할 것이 없다.

0-56] 우리는 이행적 연령기에 대해서만 이것을 말하는 것이 아니다. 인격적 자체 내에서 멀리 유리되어 있고 숨겨져 있는 체험에 대한 더 큰 내적 접근성을 갖는다는 의미에서 우리는 체험의 자폐적 추출이 일어나는 것을 보게 된다. 이런 의미에서 자폐적 기능은 우리 모두에게 자기만의 특성이나 공상으로 내재한다. 그럼에도 이는 각 사람들이 어

떤 백일몽에 빠져 일생을 보내는 환상가나 몽상가라는 것을 의미하지는 않는다.

0-57] 여기서도 마찬가지이다. 자폐성은 (정상과-K) 대립적이고 병리적인 것이 아니다. 이는 다양한 변이형 중 하나의 형태이지만 특정 한계 내에서 우리는 모든 정상적이고 건강하게 조직된 인격에서 이것을 만난다. 반대로 일련의 정신병에서 우리는 이 능력이 사라진 경우를 보게 된다. 인격의 자폐적 측면의 병리적 현상을 보는 것이다.

0-58] 이 자폐성은 연구자들이 밝혔듯 극도로 복잡한 구조를 가지고 있다. 나는 유년기 자폐성 발달의 역사를 제시할 생각은 없다. 우리에게는 (자폐성이-K) 분열 기능에 직접 의존함을 드러내는 자폐성의 역사를 제시하는 것이 중요하며 이는 내가 말한 것으로부터 어느 정도 명백하다. 이러저러한 방식으로 직접 대두되는 다른 (인격-K) 체계에 대해이러저러하게 가까이 혹은 멀리 서 있기 위해서는 이것이 의식 내에서 모종의 분열을 필요로 한다는 것은 어느 정도 명백하다.

0-59] 과도한 민감성과 감정의 둔감성이 교차할 때 … 허약함 … 비율에 대해 우리가 말할 때, 이행적 연령기 인격의 몽상적 특징, 새로운 환상으로의 어린이의 비행 등에 대해 우리가 말할 때 이행적 연령기의 특징으로 말하게 되는 자폐성 외의 형성들 등등. 당연히 이 모든 특징은 우리가 최초부터 다루었던 동일한 기본적 가정으로부터 나타난다.

0-60] 이처럼 이행적 연령기의 토대에 이 분열 기능이 있다고 가정한다면 이행적 연령기의 복잡한 형성이 설명될 수 있고 베일을 벗을 수있다는 점에서 이 생각은 유익하고 개연성이 높은 것으로 보인다.

0-61] 내가 볼 때 오래된 논쟁은 이와 같이 마무리된 것으로 보이며 이행적 연령기가 인격 분열과 가깝다는 학설이 포함하는 일말의 진실의 씨앗은 부정적 국면에 우리가 분열 기능의 성장과 발달을 본다는 것에 대한 인정인 것으로 보인다. 이를 토대로 우리는 어린이의 정신적

삶에서 여러 거시적인 변화를 보며, 이와 연관하여 복잡한 특성을 가진 여러 가지 부정적 국면의 징후가 나타난다. 그러나 다른 한편으로 이는 이행적 연령기에 나타나며, 분열 이외의 다른 것에 토대해서는 나타날 수 없는 진정한 내적 인격 구조의 출현과 발달을 위한 전제 조건이 된다. 따라서 모든 것이 서로 엮여 있는 학령기 어린이로부터 분열된 상태로의 올바른 이행은 청소년의 의식에서 내적 분열 기능의 출현을 토대로 하는 이행적 국면이 없다면 불가능할 것이다.

● 이행적 연령기의 부정적 국면

우리가 이 장에 0장이라는 유별난 이름을 붙인 이유는 사실 이 장이 다른 장들과 달리 비고츠키의『청소년 아동학』통신 강좌의 일부가 아니기 때문이다. 대신 이 장은 청소년 아동학으로 가는 세 개의 연결 다리를 제시한다. 첫째, 이 장은 단순히 이행적 연령의 '부정적 국면'이라고 치부되었던 13세의 위기에 관한 것이다. 이 위기는 아동기와 청소년기 사이의 다리이다. 둘째, 이 장은 이행적 연령기(청소년기)를 위한 무대를 제공한다. 이행적 연령기 역시 온전한 아동기에서 성인기로 나아가는 또 하나의 다리이다. 셋째, 이 장은 우리의 비고츠키 선집들을 이어 주는 다리의 역할을 한다. 그것은 이전의 아동기에 관한 아동학 강의 3부작(『성장과 분화』,『연령과 위기』,『의식과 숙달』)과 앞으로 출간될 청소년 아동학을 연결해 준다.

코로타예바에 따르면 이 장은 비고츠키의 사망까지 일 년도 채 남지 않은 1933년 6월 26일 강의이다. 이 책의 다른 장들보다 삼 년이나 나중에 쓰인 것이다. 아니나 다를까 비고츠키의 방법은 현저히 다르다. 이후의 장들에서 비고츠키는 아동학을 독립된 과학으로 확립하고, 청소년기에 대한 연구가 전체로서의 유년기에 대한 발생적, 비교적, 종합적 설명을 제공하는 과업을 어떻게 완성하는지 보여 주는 것에 관심이 있다. 이것은 이른바 '이행적 시기의 부정적 국면'이 부정적이지도 않고, 국면도 아니며, 이행적 시기의 일부도 아님을 보여 주는 0장의 과업과는 매우 다르다. 13세의 위기는 소란스럽지만 발달상 결정적인 한 걸음이고, 그 자체가 하나의 연령기이며, 온전한 청소년기를 위한 전제 조건이다.

이를 위해 비고츠키는『연령과 위기』2장에서 윤곽을 그렸던 발달 도식에 13세의 위기가 얼마나 잘 들어맞는지를 보여 주어야 한다. 이 도식에 따르면 13세의 위기를 포함한 각각의 연령기에는 이에 상응하는 고유한 '발달의 사회적 상황'이 있으며, 이 발달의 사회적 상황은 어린이와 사회적 환경 간의 관계를 나타낸다. 발달의 사회적 상황 속에는 어린이의 감정, 생각, 말, 행동에 따른 다양한 발달 노선들이 존재한다. 즉, 우리는 감정과 같은 어린이의 인격을 한쪽 극으로 하고 어린이의 말과 행동과 같은 사회적 환경을 다른 쪽 극으로 하는 축을 따라 이러한 노선들이 배열된 것으로 생각할 수 있다. 안정기 동안 실제로 후자가 우세하며, 그 결과 의식과 말에서 출현하는 신형성은 상대적으로 안정적이다. 반면, 위기적 시기에 어린이는 판을 뒤집어 환경에 대한 주도권을 쟁취하고 발달의 원천이 된다. 그 결과로서 등장하는 신형성은 이후의 안정기 신형성의 종속적인 계기로만 지속된다.

학령기 말의 발달의 사회적 상황은 위기적이다. 어린이는 심리적으로는 독립적이지만 인지적으로는 여전히 의존적이다. 어린이는 자신의 개념을 정의하기 위해서 낱말 의미와 같은 외적 요인들에 전적으로 의존하지만, 여전히 행동, 생각, 말, 글을 통해 수없이 많은 의미론적 에너지를 발생시킨다. 이 덕분에 어린이의 주요 인지적 기능들은 충분히 지성화되어 기억, 주의, 지각을 마음대로 자유롭게 사용한다. 그러나 지성 그 자체는 여전히 충분히 통제되지 않는다. 어린이는 도움 없이는 자신의 생각을 지향시키거나 논리적 오류나 자기만의 개념을 발견하지 못한다. 특히 자아 개념은 규정하기 어려운 것으로 널리 알려져 있다. 발달 노선은 적어도 우리나라에서는 여전히 압도적으로 학령기에 놓여 있다. 그러나 13세의 학령기는 다른 학령기와는 구별된다. 이는 마치 유아가 말을 획득할 때의 유아의 환경이 완전히 질적으로 변화하는 것과 마찬가지이다. 이제 교사와의 관계는 덜 중요하게 되었으며 또래 어린이들과의 관계는 더 중요하게 되었다. 이 위기적 상황에서 일시적인 신형성인 분열이 나타난다. 이 신형성은 두 가지 의미에서 위기적이다. 첫째, 이것은 위기 속에서 발생하며, 둘째, 안정적인 의사개념을 청소년기의 자유롭고 스스로 규정한 개념적 생각으로 재형성하는 것이 결정적으로 중요하기 때문이다.

I. 한 연령기, 두 연령기? 이 부분에서 비고츠키는 단순한 문제를 설정한다. 즉 우리의 이행적 연령기 모형은 부정적 국면으로 시작하는 하나의 연령기 모형인가, 아니면 위기적 연령기와 안정적 연령기로 이루어진 두 연령기 모형인가?(0-1~0-11)

A. 비고츠키는 이 위기가 매우 오랜 경험적 역사를 갖는 반면 매우 짧은 이론적 역사를 갖는다고 말한다(0-1). 그는 실제로 여기서 하나가 아닌 두 가지 이행이 진행되고 있다고 지적한다(0-2).
  i. 학령기에서 청소년기로의 이행(13세의 위기).
  ii. 유년기에서 성인기로의 이행(13세의 위기를 포함하는 청소년기 전체).

B. 비고츠키는 ii)가 위기임을 부정하며(0-3), 그것은 경험적으로 위기가 되기에는 너무 길다고 지적한다(0-4). 이론적으로 일부 저자들 특히 독일인들은, '끔직한 두 살'이 때로 젖니가 나는 탓으로 돌려지듯이, ii)를 초기 성적 성숙과 연관된 '부정적 국면'을 지니는 긴 안정기로 본다(0-5). 다른 저자들, 특히 미국인들은 ii)를 처음부터 끝까지 '질풍 노도'의 시기인 단일한 긴 위기적 시기로 본다(0-6).

C. 비고츠키는 두 관점이 모두 틀렸다고 주장한다. 독일인들은 '부정적 국면'을 단지 상실이나 결핍으로만 본다는 점에서 틀리고(0-7), 미국인들은 긴 전체 시기를 '부정적 국면'을 뒤따르는 안정기로 보지 않고 미분화된 하나의 위기로 간주한다는 점에서 틀렸다(0-6). 비고츠키는 13세의 위기와 그에 뒤따르는 안정된 청소년기에 모두 긍정적으로 접근할 것을 제안한다(0-8).

D. 비고츠키는 나무의 성장이 과정이고 나이테는 그 산물이듯이, 발달은 과정이고 신형성은 그 산물임을 지적한다(0-9). 그러나 어떤 신형성은 나이테 사이의 공간에 더 가깝다. 그것들은 독립적으로 존재하는 것이 아니라, 안정적 신형성과의 관계에서만 존재한다(0-10). 그럼에도 불구하고 그런 신형성(원시적 언어, 부정성, 가상의 친구 등)도 신형성이며, 발달에서 그들의 역할이 안정된 신형성(말, 의지, 역할과 규칙 기반 놀이) 뒤에 감춰져 있다는 이유로 조금이라도 덜 긍정적인 것은 아니다. 비고츠키는 13세의 숨겨진 신형성을 찾아 '부정적 국면'으로 잘못 불리고 있는 이 위기적 시기의 긍정적 운명을 이해할 것을 제안한다(0-11).

II. 방법과 실수. 신형성을 규정하기 전에 비고츠키는 '예비적 언급'을 한다. 이는 내용적으로는 방법론에 관한 것이지만 형식적으로는 논쟁적이다(0-12~0-19).

A. 비고츠키는 보로네즈 주립대학교 교수인 자고로프스키가 기술한 위기의 징후들에 대해 모두 함께 읽었음을 학생들에게 상기시키고(0-12) 이에 대해 상세히 재언급하지 않을 것임을 밝힌다. 그는 먼저 세 가지의 가능성을 제시한다(0-13).
  i. '부정적 국면'은 정상적 발달의 병리적 복잡화로서 피할 수 있는 것이다.
  ii. '부정적 국면'은 정상적 발달과 뗄 수 없는 부분으로, 피할 수 없는 것이다.
  iii. '부정적 국면'은 정상적 발달과 뗄 수 없는 부분이지만 여전히 병리적이며 우리는 이를 완화하기 위해 노력해야 한다.

B. 이 지점에서 비고츠키는 자고로프스키가 제시한 학업 성취도의 저하(0-14), 가족 내 불화(0-14), 일기에 적힌 '운명의 날'(0-15, 0-21)과 같은 증상들을 살펴본다. 각각의 경우에 비고츠키가 학령기와 청소년기 사이를 나누는 '쐐기'라 부르는 위기가 나타나는 것으로 보인다. 때때로 이러한 '쐐기'가 없는 것처럼 보이는 경우가 있는데 비고츠키는 이것을 (상황에 매우 민감한 형태를 취하는) 증상과 (특히 대규모 연구에서 전체적 유형으로 규칙적으로 나타나는) 본질적 원인을 혼동하기 때문이라고 지적한다.

C. 비고츠키는 증상이 미약하거나 없는 것이 긍정적 신호는 아니라고 주장한다(0-16~0-17). 또한 그는 사회주의하에서는 이러한 증상을 피할 수 있지만 자본주의하에서는 피할 수 없다는 주장에 반대한다(0-19). 그리하여 비고츠키는 위의 ii) 주장에 동의한다. 부정적 국면은 피할 수 없으며 정상적 발달과 뗄 수 없는 부분이다. 왜냐하면 부정적 국면이 부정적인 것이 아니라 발달에 긍정적으로 기여하는 위기이기 때문이다. 비고츠키는 이제 이 긍정적 기여를 규정하고 그것이 다음 연령기와 맺는 관계를 보여 주는 과업에 착수한다. 다음 연령기와 맺는 이러한 관계를 비고츠키는 3세의 위기에 대한 강의에서 근접발달영역이라고 칭한 바 있다. 이 관계가 바로 독립적 문제 해결과 도움을 통한 문제 해결 사이의 거리를 측정함으로써 진단해야 하는 것이다.

III. 해리와 병합. 이 절에서 비고츠키는 13세의 신형성은 해리 또는 분열인 반면, 청소년기의 신형성은 개념으로의 병합이라고 결론짓는다. 개념은 추상적인 동시에 일반적인 세상과 자아에 대한 표상이며, 이때 추상과 일반화는 모두 어린이의 통제하에 놓여 있다(0-20~0-51).

A. 비고츠키는 13세의 위기는 재구조화의 위기라는 관찰로 시작한다(0-20). 이는 그 '운명적' 성격은 물론 그것의 거시적인 변화를 설명한다(0-21~0-23). 비고츠키는 이들 변화에 대한 당시의 두 가지 설명을 언급하며 여기에 매력적으로 보이는 세 번째를 더한다(0-24).

　i. 13세의 위기는 청소년이 자신의 신체에서 일어나는 변화에 대해 보이는 반응이다. 학령기에 일어났던 것들과 분명한 연결 고리가 없으므로 이것은 설득력이 없다.

　ii. 13세의 위기는 사회적 환경을 향한 독립 선언이다. 이것은 청소년기의 개념 형성과 명확하게 관련이 없기 때문에 설득력이 없다.

　iii. 13세의 위기는 '정신분열적' 특성을 나타낸다. 다시 말해 어린이의 자아감은 대체로 그의 세상에 대한 표상을 따라 분열된다. 비고츠키는 이 설명이 방금 거부했던 위기에 대한 병리학적 관점을 강하게 시사한다고 지적한다. 그는 우리에게 그 안에 있는 한 가닥 진실을 들여다볼 것을 요구한다(0-25).

B. 한 가닥의 진실을 찾기 위해 비고츠키는 헤르바르트로 거슬러 올라가 '분열' 개념의 역사를 추적한다. 헤르바르트는 개념을 형성하는 것은 다른 표상을 형성하는 것처럼 원래의 표상을 분리시켜 더욱 복합적인 것으로 재병합하는 과정이라고 주장한다(0-26~0-27). 비고츠키는 여기에서 프로이트의 콤플렉스 개념이 유래되었다고 지적한다. 그들은 정서적으로 집결된 표상들이다. 이것은 그들이 어떻게 다음 시기에 개념으로 재병합되는가 하는 문제를 야기한다. 비고츠키는 헤르바르트를 통해 우리에게 강한 힌트를 준다. 헤르바르트는 사람들 간의 의사소통 수단, 그리고 자기 자신과의 의사소통 수단인 말의 주요 역할을 지적한다(0-28). 이 힌트를 좇는 대신, 비고츠키는 프로이트(0-28), 피아제(0-28), 블로일러(0-30, 0-32), 크레치머(0-31), 폴켈트(0-31)와 같은 더 현대적인 저자들과 연결하고자 한다. 이들 모두는 분열을 본질적으로 병리적인 것으로 다루었다. 비고츠키는 적어도 몇몇 상황에서는 이것이 사실과 정반대라고 주장했다. 일부 정신병 환자들은 모든 것이 모든 것에 신비롭게 연결된 것처럼 행동하기 때문이다. 만약 보통 청소년들의 특징이 본질적으로 분열적이라고 생각한다면 다음의 두 질문에 대한 답에 도달할 것이다.

　i. 13세 위기의 중심적 신형성은 무엇인가?

　ii. 이 중심적 신형성은 학령기와 청소년기에 어떻게 연결되어 있는가?

C. 첫 번째 질문에 답하며 비고츠키는 레빈을 소개한다. 레빈은 모든 구조심리학이 지나치게 구조를 간단하게 이해하여, 구조를 본질적으로는 모든 단계에서 같은 모양이 생산되는 프랙탈로서, 마치 인형 안에 작은 인형들이 들어 있는 마트료시카 인형과 같은 것으로 간주한다고 한다(0-36). 레빈은 상호 구조 관계들과 내적 구조 관계를 구별하며, 개인 내 관계가 단순히 개인 간 관계의 복사본일 수 없듯이 구조 내 관계가 구조 간 관계가 같을 수 없다고 말한다(0-37). 하지만 비고츠키는 그 둘이 달라지기 위해서는 서로 분리되고 재구조화되어야만 하며, 이것이 어린이의 분열 능력 발달을 위한 최적의 시기인 위기에 나타난다고 지적한다(0-38~0-44). 비고츠키는 루빈의 꽃병을 인용하며 지각조차도 이런 식으로 분리되고 의지에 영향을 받지 않을 수 없음을 지적한다(0-41). 우리가 종종 관찰하게 되는 청소년들의 분명한 정신적, 지적, 심리적 어색함은 이 분열의 발달로 설명된다(0-39, 0-46). 이 어색함과 그 기저에 깔린 분열은 13세 위기의 중심 신형성이다.

D. 두 번째 질문에 대한 답에서 비고츠키는 내적 의식적 삶, 내적 말, 비판적 생각, 내관, 자발적 기억이 학령기의 유산임을 지적한다(0-47). 그러나 학령기 어린이는 실제로 피아제가 지적한 모순을 지닌다. 즉 학령기 어린이는 이제 내적 삶이 가능하지만 이 내적 삶 역시 행동의 삶이다. 학령기 어린이들의 생각은 파닥거리기는 하지만(행위가 모든 것을 다른 모든 것과 연결한다), 높이 날아오르지 못한다(행위가 체계화되어 있지 않다). 체계가 형성되기 위해서는 행위와의 연결을 깨뜨려야 한다(0-49). 이 과정에서 분열이 인격과 맺는 관계는 최초의 말과 어른의 말이 맺는 관계나 하이포불리아와 역할과 규칙을 포함하는 놀이가 맺는 관계와 같다(0-50). 각 경우에 이전 구조는 단순히 붕괴되는 것이 아니다. 위기적 신형성은 근접발달영역에서 종속적이지만 긍정적인 역할을 한다(0-50~0-51).

IV. 두 마디. 이 매우 짧은 결론(비고츠키는 '두 마디'라고 하지만 뒤에 긴 강의가 이어진다)에서 비고츠키는 이제까지 공부한 것을 복습한다. 그는 병리 발생이 개체발생을 이해하는 열쇠를 제공한다고 지적하며(0-54), 특히 청소년기가 종종 일종의 의지적 자폐증으로 나타난다고 말한다. 그리고 '체험에서 자폐적 추출'을 해서 할 말과 못할 말을 구별하는 것이 바로 위기적 신형성의 긍정적 역할을 보여 주는 분명한 사례라고 말한다. 이와 유사하게 무력증, 공포증, 불안 등과 같이 명백히 부정적인 다른 증상들도 매우 긍정적인 계기를 포함하는 복잡한 구조를 가질 수 있다(0-59). 그러나 질적 해체와 질적 병합 없이 개념이 형성될 수 없는 것처럼, 인격은 이러한 복잡한 구조를 분열시키고 더 복잡한 구조로 재연결하지 않고서는 형성될 수 없다(0-60~0-61).

제1장
아동학의 개념

창가의 두 여인, B. E. 무리요(Bartolomé Esteban Murillo, 1617~1682)
이 그림은 청소년기 소녀와 그녀의 듀에나를 그린 B. E. 무리요의 1655년도 작품이다. 듀에
나는 젊은 청소년이 성숙한 숙녀처럼 행동하도록 가르치는 성인 가정교사를 의미한다. 숙녀
는 타인을 마주 보거나 노려보지 않으며, 자신에게 미소 짓는 남자에게 미소로 화답하는 대
신 입을 가리는 것과 같은 행동을 해야 하는 것을 의미했다. 따라서 그림 속에 나타난 소녀
와 가정교사는 단순히 나이나 신체에서만 차이가 나는 것이 아니다. 신체나 행동 양식의 외
적 조합만으로는 성인과 청소년의 차이를 설명할 수 없다. 1929년에 집필한 교사 통신 강좌
에서 비고츠키는 이 차이가 양적 성장과 질적 변화 사이의 내적 연결, 유전과 환경 사이의
내적 연결, 청소년기 대뇌피질과 주변 문화 사이의 내적 연결을 의미한다고 말한다. 또한 비
고츠키는 이 장에서 '자연적 온전체의 과학'의 핵심 개념을 소개하고 있다. 그림 속 소녀가
거리를 향해 시선을 내리깔고 있기보다는 반대편 창가를 직접 쳐다보고 있다는 것에 주목하
자. 이 소녀는 스쳐 지나가는 길가의 장면을 바라보고 있는 것이 아니다. 이 소녀는 완전한
인간, 바로 당신을 바라보고 있는 것이다.

수업 내용

어린이 발달의 개념—어린이 발달의 주요 특징—어린이 발달을 일으키는 요인들—유전과 환경—어린이 발달에서 대뇌피질의 역할—생물학적 요인과 사회적 요인의 상호작용—아동학의 주제

학습 계획

1. 주어진 교재를 주의 깊게 읽은 다음, 전체 강의를 개관하고 계획을 수립한다.

2. (어떤 나라에 대한 묘사를 다룬) 지리학에 관련된 한 단원이나 장을 분석하고 다음을 기록한다.

  1) 보고된 과학 자료를 확립하기 위해 어떤 과학적 방법이 사용되었는가?

  2) 다양한 지구 표면들에 대한 연구에서 지리학의 다양한 관점들이 어떻게 결합되었는가?

  3) 교재에 제시된 각 명제에 대한 구체적 사례를 개인적 관찰 또는 책과 다른 자료에서 얻은 정보에서 취해 제시한다.

여기서부터는(1~4장) 통신교육을 위한 수업 교재이다. 장마다 맨 앞에 '수업 내용'과 '학습 계획'이 제시되며, 2장과 4장 뒤에는 앞에 나온 장을 포함하는 '시험 문제'가 제시된다. 1장 미주 맨 끝에는 역자들이 수행한 학습 계획 2번 과제의 예시가 제시되어 있다.

1-1] 아동학은 어린이에 대한 과학이다. 어린이에게 다가가면서 우리가 만나게 되는 기본적인 사실은 바로 발달이다. 어린이는 끊임없는 변화와 성장의 과정을 거치는데, 이 때문에 우리는 무엇보다도 어린이 발달이라 칭하는 과정을 특징짓는 기본적인 계기들을 밝혀야 한다.

1-2] 외적 측면에서 눈길을 끄는 것은 어린이 발달 과정이 기본적으로 성장, 즉 어린이 신체 질량의 양적 변화와 증대로 환원될 수 있다는 사실이다. 어린이 발달이 시작되는 수정란과 신생아를 비교해 보면 무엇보다 살아 있는 세포 질량의 인상적인 증가에 놀랄 것이다. 즉 성장 현상 자체가 전면으로 부각되는 것과 같다. 신생아를 어른과 비교해 보아도 우리는 같은 결과를 얻을 것이다.

1-3] 무엇보다도 당장 우리의 눈을 사로잡는 가장 두드러진 차이는 우리 앞에 작은 존재가 있다는 사실이다. 비록 태내 발달기의 성장에 비하면 매우 오래 걸리긴 하지만, 이 존재는 그 발달 과정에서 큰 유기체로 변형된다. 이러한 외적 관찰은 우리를 속이지 않는다.

1-4] 사실 어린이 발달 과정은 성장, 즉 유기체 질량의 양적 증대와 증가를 토대로 한다. 현재로서는 성장에 관한 완전하고도 일반적으로 수용되는 생물학적 이론은 아직 없다. 그러나 이 과정들을 특징짓는 사실과 특징들 자체는 이미 폭넓고 철저하게 연구되어 왔다.

1-5] 하지만 전체 발달 및 그와 연결된 모든 변화를 오로지 성장이나 유기체의 양적 증가라는 사실로 환원하는 것은 큰 실수일 것이다. 이러한 관점은 유기체의 배아 발달 연구에서 한때 견지되었으며 소위

전성설 혹은 예조설로 불린다.

1-6] 이 이론의 핵심은 배아가 이미 완전히 조성된 유기체로서 그 형태와 구조가 성숙체와 동일하고 다만 그 크기가 미세하다는 것이다. 이러한 관점에서는 예컨대 도토리 속에 미래의 완전한 참나무가 가지, 뿌리, 잎을 가진 채 들어 있어서 도토리가 발아하는 모든 과정과 이후 나무의 성장 과정은 이 미세한 크기의 유기체의 양적 증가로만 온전히 환원된다.

1-7] 어떤 저자들은 심지어 인간의 수정란도 모든 기관과 팔다리가 달린, 미세한 크기로 축소된 미래 어른의 전체 모습을 가지고 있다고 말한다. 특히 이런 경우 전체 발달 과정은 양적 증가인 성장으로 환원될 것이다. 이것은 오래전 태생학, 즉 유기체 배아 발달의 과학에서 가정한 이론이다.

1-8] 이 이론이 태아 발달의 역사와 성숙한 유기체로의 변형을 완전히 잘못된 방식으로 나타내고 있음은 관찰을 통해 알 수 있다. 이 역사는 결코 단순한 양적 축적만으로 환원될 수 없다. 이 역사는 그 자체로 변태의 전체 과정, 즉 한 형태에서 다른 형태로의 질적 변형과, 태아와 유기체의 구조 자체의 변화를 포함한다. 그리고 발달 과정을 온전하게 특징짓기 위해서는 이러한 질적 변화들이 양적 성장 과정 못지않게 중요하다.

1-9] 알이 갓 부화한 새끼 새로 변형되는 것, 알이 애벌레로, 애벌레가 번데기, 나비로 변형되는 것을 이러한 변태의 예로 들 수 있을 것이다. 하지만 다음에서 볼 수 있듯이 인간의 태내 발달은 변태의 연쇄로 이루어져 있으며, 그 경로에 의해 인간 유기체는 점증적으로 창조되고 발달한다. 태생학에서는 이(전성설의-K) 관점이 오래전에 버려졌지만 아동학에서는 더 오래 지속되었으며, 그 이유를 이해하는 것은 어렵지 않다.

1-10] 실제로 첫눈에 보기에 신생아는 무엇보다도 어른과 크기에서 달라 보인다. 언뜻 보기에는 신생아가 성인에게서 볼 수 있는 모든 능력을 가진 완성된 유기체라 생각하기 쉬우며, 이 경우 발달 과정은 사실상 양적인 변화로 완전히 나타낼 수 있다고 가정하기 쉽다. 따라서 아동학에서는 오랫동안 어린이가 작은 어른이라는 잘못된 전제에 근거하여 발달이 성장에 지나지 않는다고 생각했다.

1-11] 주의 깊은 관찰을 통해 유아의 태외 발달 과정이 양적 변화에만 그치지 않으며 여기서 매우 복잡한 질적 변화의 연쇄가 일어남을 알 수 있다. 이에 대한 고려 없이 우리는 이 과정을 올바르게 이해할 수 없다.

1-12] 따라서 과학적 아동학이 나아가는 첫째 입장은 다음과 같다. 어린이는 작은 어른이 아니다. 어린이의 몸은 어른의 몸과 질적으로 다르며, 전체 유기체와 각 기능들의 발달 과정은 출발점에 주어지는 것으로 보이는 단순한 양적 증가가 아닌, 훨씬 더 복잡한 과정이다.

1-13] 이 입장은 전체로서의 유기체와 관련하여, 그리고 각 개별 기능 혹은 측면과 관련해서도 사실인 것으로 입증되었다. 어린이가 작은 어른이 아닌 것처럼 어린이의 기억과 생각 역시 어른과 동일한 기능의 축소된, 빈약한, 흐릿한 표현이 아니다.

1-14] 그러나 이 질적 변화와 양적 변화를 대치시켜 이들을 유기체 내에서 독립적으로 발생하는 일련의 특정한 변화로 다루는 것은 대단히 큰 잘못이다. 우리는 이 두 관점의 지양을 오직 발달 과정 자체에 대한 변증법적 이해에서만 발견한다. 이는 양적 변화와 질적 변화를 하나의 통합적 과정 내에 불가분하게 얽혀 있는 두 측면으로 보도록 해 주며, 이 변화를 연구자들이 서로 대치시킬 것이 아니라 양적 변화로부터 질적 변화가 어떻게 나타나는지 드러냄으로써 그 둘의 내적 의존성을 연결하고 이해하려 노력해야 하는 것으로 보도록 해 준다.

언어 발달을 예로 들어보자. 한편으로 초기 유년기의 어휘 발달은 양적 발달이다. 어린이는 하루에 열 개까지 새 어휘를 배운다. 다른 한편으로 어린이가 알고 있는 낱말의 의미가 바뀌는 것은 질적 변화이다. 즉, 어린이에게 '어제'라는 낱말은 잠에서 깨어 잠자리에 들 때까지 즉 해가 떠 있는 시간에서 잠을 자는 시간을 포함하는 24시간의 의미로 바뀐다. 사실 질적 변화는 양적 변화로 인해 나타난다. 어린이는 수많은 낱말을 배운다. 하지만 어린이는 삶에서 훨씬 더 많은 것을 경험하며, 어휘의 이러한 양적 변화로는 어린이가 환경과 맺는 관계에서의 변화를 따라잡을 수 없다. 따라서 결과적으로 의미의 질적 변화가 이루어진다. 이는 구문에서의 변화, 즉 어휘 문법에서의 변화를 통해 일어난다. 어린이가 "어제 나 오줌 안 쌌어"라고 말할 때, 그것은 단지 낮 시간만을 의미하는 것이 아니라 밤을 포함하는 하루이다. 청소년기의 주요 말 발달은 문법 발달 역시 포함한다. 청소년은 얼마나 크고, 무겁고, 오래되었는지 양적으로 측정하고, 돈으로 수량화할 수 있다. 이를 위해 그는 높이, 무게, 연식, 성장, 가격과 같은 추상적 자질을 생각해야 한다. 따라서 '크다'가 '높이'로, '무겁다'가 '무게'로, '오래되다'가 '연식'으로, '비싸다'가 '가격'으로, 즉 형용사에서 명사로 바뀌게 된다. 다시 말해 양적 변화가 질적 변화를 이끈다. 심지어 '자라다'라는 동사는 '성장'이라는 명사로 바뀐다. 바로 이때 청소년은 청소년기의 중심적 신형성인 진개념을 위한 언어적 전제 조건을 창조하는 것이다.

1-15] 우리가 이 영역에서 마주하는 첫 번째 입장은 다음과 같다. 성장 자체는 유기체의 순전한 양적 변화로 국한되지 않는다. 어린이의 성장은 각 시기의 규정된 기간 동안 정확히 같은 양이 증대되는 식으로 직선적이고 균등하게 발생하지 않는다. 이와 반대로 성장 자체는 주기적이고 리드미컬하게 일어난다. 가속 성장기와 지연, 정체, 둔화된 성장기가 번갈아 발생한다.

1-16] 어린이 삶의 각 시기에서의 성장을 상징적으로 보여 줄 곡선

을 그리면, 가속 성장기와 둔화기를 반영하는 굴곡을 가진 복잡하고 특이한 곡선을 얻게 된다. 이 하나의 상황만을 보더라도 다음의 사실이 곧바로 드러난다. 성장의 측면만 살펴보아도 어린이 발달은 일련의 주기, 시기로 나뉘며 동일한 양적 변화라 할지라도 그것이 어떤 주기 혹은 시기와 연관되는가에 따라 완전히 다른 작용 가치를 갖게 된다. 하지만 성장의 특성은 이 주기성에 국한되지 않는다.

1-17] 그 두 번째 특징(입장-K)은 신체 각 부분의 불균등한 성장이다. 이 현상의 본질은 신체의 각 기관, 기능, 조직이 균등하지 않게, 동일하지 않게 발달한다는 것이다.

1-18] 스탠리 홀은 어린이와 어른의 비율의 차이가 너무나 크다며 "어린이들의 머리, 몸, 팔, 다리가 어른의 크기가 될 때까지 최초의 비율을 유지하며 계속 성장한다면 틀림없이 기형적으로 보일 정도로 어린이와 어른의 비율은 다르다"고 말한다. 이는 발달 과정이 기관과 기관 사이의 관계와 신체 비율의 변화 없이 단순히 어린이 신체 규모의 성장으로만 이루어진다면 그러한 균등한 증가의 결과, 유아는 정상적 유형의 어른의 모습과 완전히 다른 기형적인 존재가 될 것임을 의미한다.

*G. S. 홀(Granville Stanley Hall, 1846~1924)은 W. 제임스와 W. 분트의 제자였으며, J. 듀이와 A. 게젤의 스승이기도 하였다. 미국 심리학 협회의 설립자이자, 청소년기에 관한 중요한 많은 저서뿐 아니라 예수 그리스도의 심리에 관해 저술하였다. 홀은 19세기 빅토리아니즘과 모더니즘의 중간 입장에 있었다. 홀은 아동기와 성인기 간의 특별한 단계를 '청소년기'라 최초로 부르고, '질풍노도의 시기'라는 말도 최초로 사용하였다. 그는 개체발생은 계통발생의 빨리 감기 버전이라고 마지막으로 생각한 사람들 중 한 명이었다. 예를 들어 어린이가 재미로 나무껍질이나 동물 피부를 벗기는 것은 원시적 수렵, 채집 행동을 재연하는 것이라 말하였다. 교

육에 관한 그의 견해는 전혀 진보적이지 않았다. 그는 청소년에게는 강력한 리더십과 규칙적 체벌이 필요할 뿐 그들을 교육할 필요가 없다고 믿었다. 또한 그는 가난한 노동자 계급을 위한 교육에 반대하였으며, 발달에 관한 그의 견해는 라마르크적 학설을 충실히 따랐다. 예를 들어 그는 어린이가 부모의 기억을 물려받을 수 있다고 믿었으며, 각각의 인종에게는 국가적 '정신'과 '지도력'이 있다고 생각하였다. 하지만 그는 유색인종은 백인인종의 우월성을 배워야만 한다고 생각하였다.

비고츠키는 홀의 계통발생, 개체발생, 교육에 관한 견해를 전혀 진지하게 고려하지 않았으며, 그의 견해 중에서 유용한 인용 하나만을 사용할 뿐이었다. 바로 어린이 성장의 불균등성과 불균형성이다. 여기서 비고츠키는 신생아의 비율이 유지되어 균등하게 성인으로 성장한다면 기형적 존재가 될 것이라는 홀의 생각을 언급한다. 조산아의 경우에도 마찬가지로 사진에서 보듯이  머리는 불균형적으로 크고 손은 작기 때문에 이 아기가 정상처럼 보이지 않을 것이다. 정상적인 성인은 손가락을 펼친 손 전체의 크기가 대략 자신의 얼굴 크기와 비슷하다.

1-19] 사실 기관과 기능은 비례하여 성장하지 않는다. 모든 특정 발달 단계에서 한 기관이나 기능이 좀 더 빠르게 성장할 것이고 다른 기관이나 기능은 좀 더 느리게 성장할 것이다. 이로써 기관들 간 비율이 변화하고, 신체 부분들 간 관계가 변화하며, 유기체의 구조 자체가 재구성된다.

1-20] 후속 발달 단계에서 유기체 내에서 빠르게 성장하는 부분과 느리게 성장하는 부분들이 변하며, 그 불균형의 결과로 각각의 새로운 연령 단계에서 어린이 유기체 구조의 질적 변화가 나타난다.

1-21] 어린이 발달의 주기성과 불균등성이라는 이러한 두 가지 입장은 세 번째이자 이전 못지않게 중요한 어린이 발달 원칙의 확립을 이끈다. 그것은 바로 변태, 즉 양적 변화의 토대 위에서 일어나는 질적 변화의 법칙이다. 이 변태의 법칙에 따르면, 유기체로서 어린이의 발달이나 서로 다른 기능들의 발달은 종종 단순한 양적 변화가 아닌 하나의 형태로부터 다른 형태로의 변형을 떠올리게 한다. 이것은 애벌레가 번데기로 변하고, 번데기가 나비로 변하는 것과 비슷하다. 이 입장은 전체로서의 유기체와 그 유기체의 각 기능들에 똑같이 적용된다.

1-22] 어린이 발달에서 변태의 명확한 사례는 성적 성숙 시기에서 나타날 것이며, 우리는 대부분의 시간을 이에 대한 연구에 할애할 것이다. 이 시기는 성적 성숙의 시작과 함께 나타나며 이때 어린이에게 전면적이고 심오한 유기체적 변화가 일어난다. 이는 마치 어린이가 새로운 존재 국면으로 접어드는 것과 같으며, 이전에는 잠재되었거나 감춰졌던 성이라는 새로운 요소가 드러난다. 개별 기능들의 발달에서의 변태의 사례에는, 예컨대 어린이의 걷기 발달과 말 발달이 포함된다. 기는 것을 대체하는 걷기는 질적으로 완전히 다른 공간 이동 형태이며, 말은 새나 동물의 언어인 옹알이를 대체한다.

1-23] 이런 식으로 발달 과정 자체의 발달은 복잡하고 모순된 특징을 띤다. 실제로 발달 과정은 변태와 더불어 두 가지 방향으로 진행된다. 한편으로는 오래된 형태의 쇠퇴, 즉 발달의 축소 또는 역발달이 존재한다. 다른 한편으로 원래의 형태를 대체하는 새로운 형태의 결과물이 발생한다. 이런 식으로 발달 과정은 복잡함이 드러난다.

1-24] 어린이 발달에서의 모든 진화는 볼드윈이 말했듯 그 안에 퇴화 즉 역발달 혹은 기존 형태의 소멸을 포함한다. 직립 보행을 습득한 어린이는 기어가기를 멈춘다. 사람의 말을 배우면서 어린이는 옹알이를 멈춘다. 새로운 흥미가 생기면서 기존의 흥미는 소멸한다. 예컨대 청소

년은 성적 성숙기로 이행하면서 새로운 생각과 행동형태를 획득할 뿐 아니라 어린이다운 놀이를 뒤로한다. 이러한 사례들은 끝없이 나열될 수 있겠지만 퇴화 혹은 어린이의 역발달의 원칙은 너무 명확하므로 그럴 필요가 없다.

1-25] 끝으로, 발달 자체가 성장을 저절로 초래하고, 자극하고, 조절하는 내적 조건에 전적으로 달려 있다고 생각하는 것은 큰 잘못일 것이다.

1-26] 발달 과정은 사실상 성장하고 발달하는 유기체의 환경에 대한 전체적인 적응이며, 발달 과정의 이중적 제약성, 즉 유기체 내적 조건과 환경적 조건에 대한 의존성은, 우리가 앞에서 간략히 요약하고자 했던 어린이 발달의 복잡한 개념을 완성한다.

1-27] 어린이 발달의 많은 측면과 관련하여 과학에는 두 개의 충돌하는 관점이 있는데 하나는 생득론으로, 다른 하나는 경험론으로 알려져 있다. 생득론 지지자들의 견해는 어린이 발달의 이러저러한 측면이 유전적 조건에 달려 있으며 발달 과정 자체는 출생 순간에 주어진 어떤 유전적 자질이 펼쳐지는 것으로 환원될 수 있다는 것이다.

1-28] 다른 이론은 이와 반대로, 어린이의 어떤 특성이나 기능의 출현을 선천적 자질의 전개가 아닌 어린이가 겪은 경험 과정으로 설명하려 한다. 융합 원칙은 이러한 양극단의 관점을 초월하여 경쟁적인 이들 주장을 하나로 통합하고자 한다.

1-29] 이 원칙에 따르면 어린이 발달의 모든 과정은 스턴이 말하듯 "단순히 생득적 자질의 확립이 아니고 외적 영향의 지각도 아니며, 선천적 자질과 발달의 외적 조건이 융합된 결과이다." 융합은 유기체에 내재한 내적 특성들과, 이러한 특성들이 발현되는 외적 조건의 합류이자 교차이며 결합을 의미한다. 이 두 가지 원인의 결합을 통해서만 어린이 발달은 설명되고 이해될 수 있다.

*W. L. 스턴(Wilhelm Louis Stern, 1871~1938)은 에빙하우스의 제자였으며 이후에 인격심리학을 창시하였다. 그는 오늘날 두 가지 업적으로 가장 잘 알려져 있다. 첫째, 그는 비네 검사로 알려진 정신적 지수와 어린이의 여권 나이 간의 관계인 IQ를 발명하였다. 둘째, 그는 초기 유년기의 연령이 표기되는 주요 방법을 발명하였다. 그는 아내 클라라와 함께 촘스키와 유사한 어린이의 언어 이론을 개발하였는데, 이에 따르면 언어 개념은 출생 시 주어지며, 어휘는 환경에서 주어진다고 하였다. '융합'에 대한 그의 다른 개념 또한 비슷하다. 인격은 출생 시 주어지지만 우리가 정립해야만 하는 다양한 역할은 경험에 의해 주어진다. 비고츠키는 이러한 모든 타협을 거부한다. 이들은 모순된 이론들의 비변증법적 조합이며, 그 둘의 약점을 결합하는 경향이 있다. 앞서 조명된 비고츠키 접근에서는 두 이론 모두를 부정하도록 요구한다. 즉 발달이 출생 시 주어진 구조의 확장으로 환원된다는 개념을 부정하고, 양적 증가라는 개념을 부정하는 것이다. 이 둘 모두는 어린이 말에 대한 스턴의 이론에서 볼 수 있다. 비고츠키는 스턴과의 만남에서 그의 이론에 대한 자신의 반대를 표명한다. 그러나 비고츠키는 스턴이 이론을 훨씬 더 관념론적으로 만들어 자신의 접근 방식과는 반대 방향으로 옮겨 갔다고 말한다. 여기서 비고츠키는 융합은 파블로프의 조건반사를 설명하는 좋은 방법이라고 확신한다. 자극은 환경에서 주어지지만 반응은 유전에서 주어진다. 문제는 말, 자유의지, 지성 모두 조건반사로 설명할 수 없다는 것이다.

1-30] 스턴은 다음과 같이 말한다. "그 어떤 기능이나 그 어떤 특징에 대해서도 그것이 내적으로 유래했는지 외적으로 유래했는지를 물어서는 안 된다. 그것의 실현에는 내적, 외적인 것이 모두 참여하되 다만 경우에 따라 동일하게 참여하지 않기 때문에 그(기능이나 특징-K) 중 무엇이 내적으로 나타난 것이며 무엇이 외적으로 나타난 것인지를 물어

야 한다."

1-31] 최근 행동발달영역의 조건 반사에 관한 연구에서 융합 원칙
은 인상적으로 확인되었다. 알다시피 조건 반사는 유전적 반사를 기반
으로 하면서도 행동을 일으키는 조건에 의존하는 특수한 발달 형태
다. 이 때문에 조건 반사는 주어진 유전적 행동형태 전체를 종종 심오
하게 질적으로 재구성한다. 환경과의 타고난 유전적 연결 대신에 환경
적 조건에 의해 만들어진 새로운 연결이 나타난다.

1-32] 알다시피 조건 반사 형성을 위한 최초의 근본적 조건은 소리,
냄새, 색깔과 같은 어떤 외적 자극과 유기체 내부에서 비롯된 어떤 반
사 작용 간의 결합, 즉 융합에 있다. 이것으로 새로운 자극이, 원래 이전
의 자극에 의해 야기된 것과 동일한 반응을 일으키기 시작한다.

1-33] 그러나 경험적 연구는 무관심한(중립적, 예를 들어 종소리-K)
자극뿐 아니라 매우 무조건적인, 즉 유전적 자극도 다른 반응을 위한
조건적 자극으로 변형될 수 있으며, 그 덕분에 유전적 연결은 극심하게
재구조화될 수 있다는 것을 보여 주었다.

1-34] 국가학술원 위원인 파블로프는 이를 다음과 같이 논의하였
다. 그는 말한다. "파괴적인 자극, 피부에 상처를 입히고 태우는 강력한
전류를 피부에 통과시킨다고 생각해 보라. 이는 물론 방어적 반사를 유
발하는 무조건 자극이다. 유기체는 이 자극을 없애거나 제거하기 위한
가장 강력한 운동반응을 보일 것이다. 하지만 이러한 자극들을 통해 또
다른 형태의 조건 반사를 형성할 수 있다."

> 파블로프는 다음과 같이 기록하였다. "일반적으로 뚜렷한 방어적
> 반응을 불러일으키는, 피부를 파괴하는 강력한 전류가 언제나 먹이와
> 함께 제공된다면, 특별한 어려움 없이 방어적 반응이 완전히 사라진
> 정교화된 음식 반응이 만들어질 수 있다. (…) 피부를 자르고, 태우거
> 나 어떤 식으로든 파괴하지만, 방어 반응 대신 음식 반사의 신호, 즉

주관적인 말로, 강력한 식욕만을 보게 된다." 저서 *Ape, Primitive, and Child*에서 비고츠키와 루리야는 셰링턴의 파블로프 연구실 방문을 다음과 같이 묘사하였다.

이러한 파괴적 본능에 대한 고전적인 예는 파블로프의 실험에 참여했던 한 사람에 의해 제공되었다. 여기서 전류를 이용해 피부를 태우는 조건 반사가 개에게 실시되었다. 그 동물은 처음에는 고통스러

개의 순교를 준비하는 파블로프와 그의 조수. 개의 뺨에는 타액 수집 장치가 설치되어 있다.

운 자극에 폭력적인 방어 반응을 보였다. 우리를 벗어나고자 안간힘을 썼으며 이빨로 장치를 멈추게 했고 모든 힘을 다해 저항했다. 하지만 장기간의 실험 결과, 고통스러운 자극이 음식 자극과 함께 제공되자 개는 피부가 타는 감각에 대해 일반적으로 먹이를 제공받을 때에 상응하는 반응을 보이기 시작했다. 잘 알려진 영국 생리학자 C. S. 셰링턴은 이 실험에 참석하여 개를 보며 말했다. "이제 나는 크리스천 순교자들이 화형대로 걸어갈 때의 기쁨을 이해할 수 있겠네." 셰링턴은 이 말로 이 고전적 실험이 열어 준 드넓은 지평을 시사했다. 이 단순한 실험에서 그는 우리의 본성에서 교육과 환경의 영향으로 유발되는 심오한 변화의 원형을 알아차렸다.

Luria, A., Vygotsky, L. 1930/1992 Ape, primitive man and child: essays in the history of behaviour (E. Rossiter, Trans.) Hemel Hempstead: Harvester Wheatsheaf

1-35] "파괴적 자극이 소화 반사의 조건 자극으로 바뀌었다. 가장 강력한 전류가 피부에 흐를 때 방어적 반응 대신 먹이를 줄 때의 반응

이 얼굴 표정에 나타났다. 동물은 몸을 돌려 음식이 제공되는 방향으로 갔으며 입맛을 다셨고, 과다한 타액 분비가 있었다. 개에게 정맥 주사를 놓거나 지질 때 똑같은 일이 일어났다."

1-36] "민감한 이들은 이 실험에 분개하였지만 우리는 그것이 오해에서 비롯되었음을 보여 줄 수 있었다. 물론 이를 통해 개의 내면세계에 들어가 개가 느끼는 바를 발견할 것이라고 기대하지는 않았지만 우리는 동물들이 강력한 파괴적 자극에 노출되었을 때 나타나는 상태에 수반되는 미묘하고 객관적인 현상이 여기서는 나타나지 않는다는 것을 보여 주는 매우 확실한 증거를 획득하였다. 먹이 반응과 사전에 연결되지 않은 파괴적 자극은 틀림없이 맥박과 호흡에서 강력한 변화를 일으키는데, 위에서 기술한 방식으로 반응이 도출된 우리 개들은 이 자극에 대해서 전혀 의미 있는 변화를 나타내지 않았다. 정상 자극의 경로가 다른 경로로 이행함으로써 바로 여기에 이르게 된다."

비고츠키도 발달한다. 중기 비고츠키에 해당하는 이 문단을 후기 비고츠키의 생각과 비교해 보자. 또한 이 문단이 '합법적이고 출판된' 비고츠키이며, 비고츠키가 파블로프와 같은 힘 있는 교수에 대해 이야기할 때 조심스러울 수밖에 없었음을 기억할 필요가 있다. 음식에 대한 기대 속에서 고통을 무시하도록 개를 '가르치는' 방법을 기술한 파블로프에 대한 긴 인용이 이 문단에서 끝난다. 셰링턴은 이 과정을 이익에 대한 기대 속에서 고생을 감수하는 인간의 학습과 비교한다(수술을 위해 의사에게 팔을 내미는 사람, 신을 위해 죽음을 불사하는 순교자, 지식을 얻기 위해 지루함을 견디는 학생들 등). 비고츠키는 이 비교를 부분적으로나마 수용하는 것으로 보인다. 그러나 후기 비고츠키 생각에 비추어 볼 때 이 비교는 세 가지 심각한 문제를 제기한다. 1) 파블로프는 생각이라는 관념을 완전히 거부한다. 이 문단에서 파블로프는 개들이 고통을 당할 때 무엇을 느끼는지 알 방법이 없다고 말한다. 그러나 감정과 생각은 후기 비고츠키 인간 발달 이론의 핵심이다. 2) 파블로프는 개가 반사를 '변형시키는' 데는 길고 긴 시간이 필요하다고 말한다. 개는 기계적 반복과 음식 자극과의 '연합'을 통해 고통에 익숙해짐으로써 이 반사의 변형을 이룬다. 그러나 후기 비고츠키는 연합 심리학을 완전히 거부한다. 왜냐하면 그것은 말, 자유의지, 상상을 설명할 수 없기 때문이다. 3) 파블로프는 개의 생각이나 느낌은 염두에 두지 않고 개가 통증에 익숙해졌다고 가정한다. 호흡과 맥박에 변화가 없었기 때문이다. 이는 관찰 가능하지만 비자발적 변화이다. 그러나 후기 비고츠키가 설명하고자 한 것은 자발적 행동이다. 개가 음식을 얻기 위해 고통을 견디도록 진화한 이유는 상상하기 쉽다. 개가 야생 맷돼지, 사슴, 들소 같은 크고 위협적인 동물과 마주치면, 고기를 얻는 과정에서 다칠 위험도 있었던 것이다. 반대로 수술이나 순교, 학교에서 고통을 감수하는 인간의 학습은 보상을 위해서가 아니라 언어에 토대하여 나아간다. 언어는 파블로프의 실험과 정반대되는 조건을 제공한다. 언어는 어떤 직접적인 감각 자극 없이도 인간이 느끼고 생각하도록 만들며, 연합적이 아니라 의미론적으로 작용하고, 비자발적 행동보다는 언제나 자발적 행동을 포함한다. 우리는 여러 가지 의미 중에서 하나의 의미를 스스로 선택하여 이해하며, 여러 가지 낱말 중에서 하나의 낱말을 스스로 선택해서 의미를 표현한다. 후기 비고츠키는 물론, 불과 1년쯤 뒤에 쓰인 『역사와 발달』의 비고츠키조차도 이 모든 것을 알고 말하고 있다(『역사와 발달』 **2-48~2-50**, **2-93**, 특히 **2-143** 참조). 그러나 이 문단의 비고츠키는 보다 초기의 비고츠키이다. 즉 이어지는 문단에서 비고츠키가 말하는 것은 쾌락을 얻기 위해 고통을 견뎌 내는 능력, 어떤 자극을 얻기 위해 다른 자극을 극복하는 능력이 고등정신기능과 어떻게든 연결되어 있다는 것 정도이며, 그것이 어떻게 다른지는 설명하지 않는다.

1-37] 유전적 경험, 즉 환경에 대한 유전적 관계가 환경 그 자체의 영향으로 어떻게 변화되는지, 그리고 환경이 유전된 행동을 얼마나 완전히 바꿀 수 있는지 이보다 더 명확하게 보여 주는 예는 찾기 힘들 것

이다.

1-38]　이러한 융합의 원리와 더불어 우리는 어린이 발달을 규정하는 요인들에 대한 질문과 마주하게 된다. 어린이 발달을 규정하는 요인은 유전과 환경이다.

1-39]　유전의 문제는 특별 강좌에서 설명했으므로 여기에서 자세히 다루지는 않을 것이다.

1-40]　이러한 현상의 본질은 다음에 있다. 유기체가 발달을 시작하는 최초의 원시 세포는 특정한 특성들의 전달자가 되어, 부모의 특정한 특성을 특정한 결합으로 미래의 유기체에게 전달한다.

1-41]　유전의 기본 법칙은 멘델에 의해 확립되었으며, 잘 알려진 바와 같이 세 가지 명제로 요약된다.

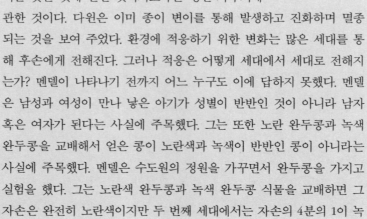

　*G. J. 멘델(Gregor Johann Mendel, 1822~1884)은 성 아우구스티누스 수도회의 조용한 성품의 수사였다. 그는 일생 동안 결혼하지 않고 자녀가 없었으며, 원예만이 온통 그의 삶을 차지했다. 그 결과 그는 생물학 역사상 가장 중요한 발견 중의 하나를 이룬다. 그러나 이 발견은 실제로 결혼이나 자녀를 갖는 것에 관한 것이기보다는 정원 가꾸기에 관한 것이다. 다윈은 이미 종이 변이를 통해 발생하고 진화하며 멸종되는 것을 보여 주었다. 환경에 적응하기 위한 변화는 많은 세대를 통해 후손에게 전해진다. 그러나 적응은 어떻게 세대에서 세대로 전해지는가? 멘델이 나타나기 전까지 어느 누구도 이에 답하지 못했다. 멘델은 남성과 여성이 만나 낳은 아기가 성별이 반반인 것이 아니라 남자 혹은 여자가 된다는 사실에 주목했다. 그는 또한 노란 완두콩과 녹색 완두콩을 교배해서 얻은 콩이 노란색과 녹색이 반반인 콩이 아니라는 사실에 주목했다. 멘델은 수도원의 정원을 가꾸면서 완두콩을 가지고 실험을 했다. 그는 노란색 완두콩과 녹색 완두콩 식물을 교배하면 그 자손은 완전히 노란색이지만 두 번째 세대에서는 자손의 4분의 1이 녹

색이 나옴을 입증했다. 이를 통해 그는 세 가지 법칙을 공식화한다.

첫째, 우열의 법칙. 멘델은 열성이 우성에 의해 감춰지는 것을 발견하였다. 만일 어떤 식물이 노란 형질과 녹색 형질을 가지고 있다면 노란색이 우성이고 녹색이 열성이기 때문에 그 식물은 노란색일 것이다. 오직 녹색 형질을 가진 식물(gg)만이 녹색일 것이다. 따라서 순종 노란색 식물(YY)과 순종 녹색 식물(gg)을 교배하면 첫 세대(Yg)는 모두 노란색이다.

부/모	g	g
Y	Yg	Yg
Y	Yg	Yg

둘째, 분리의 법칙. 멘델은 두 번째 세대가 다르다는 것에 주목했다. 잡종(Yg)을 또 다른 잡종(Yg)과 교배하면 그 자손은 순종-노랑(YY), 잡종-노랑(Yg), 또는 순종-녹색(gg)일 수 있다. 멘델은 부모가 각각 두 개의 유전자를 가지고 있으며 어린이는 각 부모로부터 하나의 유전자만을 받는다고 추론했다.

부/모	Y	g
Y	YY	Yg
g	gY	gg

따라서 두 유전자는 생식 과정에서 분리되어야 한다. 자손은 각 부모의 유전자로부터 반만을 물려받아 새로운 한 쌍을 구성한다. 이것이 세대를 거쳐 어떻게 지속되는지 보는 것은 쉽다. 예컨대 녹색(gg)은 1세대에서는 감춰지지만 분리 유전되어 2세대에서는 다시 나타난다. 이는 세대를 통한 변화와 그것의 예측 불가능성을 더욱 잘 설명해 준다.

셋째, 독립의 법칙. 형질은 서로 독립적이다. 멘델은 노란색 유전자가 녹색에 대해 우성이고, 키 큰 유전자는 키 작은 유전자에 대해 우성임을 발견했다. 그러나 멘델은 어떤 부모는 키 작고 노랗고, 어떤 부모는 키 크고 녹색인 점에 주목했다. 그는 형질이 독립적으로 변이된다고 추론했다. 지성, 범죄성, 성별과 같은 복잡한 형질은 멘델의 법칙을 따르지 않는다. 인간은 우성과 열성의 다양성이 매우 폭넓기 때문이다. 이는 또한 세대를 통한 수정의 예측 불가능성과 유전 형질들이 인류에게 제공하는 거대한 유전적 자원을 설명해 준다.

조용한 성품이었던 멘델은 자신의 연구를 발표하지 않았다. 묻혀 있던 그의 연구는 휴고 드 브리스에 의해 재발견되었다(『생각과 말』 6-3-48,『의식과 숙달』3-14 참조). 드 브리스는 멘델의 연구물을 읽고 나서야 자신이 찾고 있는 것을 이해한 듯하다. 멘델의 가르침은 마치 1세대에서 사라졌다가 2세대에서 다시 나타난 열성과도 같은 것이다. 우리가 보기에 비고츠키의 연구 역시 이와 비슷하다.

1-42] 멘델은 하나 이상의 서로 다른 유전적 특성을 지닌 교배종 식물들의 유전 현상을 관찰하였다. 이후, 멘델의 실험은 다른 연구자들에 의해 되풀이되었으며 근본적으로 입증되었다.

1-43] 첫 번째 법칙은 부모가 어떤 한 형질에서 서로 다르다면, 예컨대 흰 꽃이 피는 콩과 붉은 꽃이 피는 콩을 교배하면 1세대에서는 그 중 하나의 형질만 겉으로 나타난다는 것이다. 멘델은 이것을 우성 형질, 다른 것을 열성 형질이라고 칭했다.

1-44] 두 번째는 분리의 법칙이다. 이 법칙에 따르면 이 부모에서 나온 계승된 세대를 계속해서 교배하면 다음 세대에서는 우성과 열성 형질이 3:1 비율로 나타나면서 분리된 특성 모두가 발현된다. 이후의 교배는 열성 형질을 지닌 이러한 개체들이 말하자면 순수한 혈통임을 보여 준다. 나머지 3/4 중 하나도 순수한 우성 혈통이고, 나머지 절반을 계속해서 교배시키면 또다시 3:1의 비율을 반복하며 (특성이-K) 분리된다.

1-45] 독립의 법칙으로 알려져 있는 멘델의 세 번째 법칙에 따르면,

각각의 형질의 쌍은 다른 형질과 별개인 것처럼 행동한다. 그렇지 않다면 혼합 형질들의 유전을 고려할 때 개별 형질에 대한 유전 법칙이 순수한 형태를 유지하지 않을 것이다.

1-46] 멘델의 발견은 유전 형질의 특징이 전달된다는 기본법칙을 확립했음에도 불구하고, 인간에게 직접 적용할 때에는 중대한 보충과 수정이 요구된다는 점은 분명하다. 멘델의 기본 명제는 인간 연구에서도 확증되어 왔으나 이 연구들은 종종 완전히 잘못된 결과를 얻었다. 이는 부모와 어린이의 유사성을 유전에 대한 판단 근거로 삼았다는 사실로 설명된다.

1-47] 피어슨은 친족 정도와 유사성 정도의 상관 계수로 유전을 정의하였다. 이 정의가 사실상의 생물학적 유전뿐 아니라 블론스키가 사회적 유전이라 불렀던, 예를 들어 삶의 사회적 조건과 사회적 존재라는 유산을 모두 포함한다는 의미에서 매우 대단히 포괄적이라는 데 주목하지 않을 수 없다. 이러한 두 형태의 혼합은, 다음 예시에서 쉽게 확인할 수 있듯이, 인간 유전에 관한 매우 많은 연구들에서 발견될 수 있는 잘못이다.

이제 비고츠키는 "과연 범죄성은 유전되는가?"에 관한 논의를 시작한다. 불행히도 이는 오늘날에도 여전히 제기되는 문제이다. 이민자 범죄는 유전자 때문인가 아니면 경제적 궁핍 때문인가? 나아가 지능은 유전인가? '영재'는 유전적 요인에 의한 것인가 아니면 단순히 영재 교육의 산물인가? 비고츠키의 관점은 멘델과 마르크스에 대한 그의 이해와 직접 연결되어 있다. 범죄성과 지능은 특성들의 복합체이다. 그 속에는 운동 기능이나 직관적 기억과 같은 선천적 특성도 있고 언어적 지식과 말처럼 환경에 대한 반응으로 나타나는 특성도 있다. 범죄성과 지능이 멘델의 법칙에 지배된다고 주장하는 이들(뷜러나 피터스)은 전혀 다른 두 종류의 유전 유형을 혼동하는 것이다. 멘델이 기술하는 것은 자연적 유전이고 마르크스가 기술하는 것은 사회적 유전이다. 자연과학과 사회과학처럼 자연적 유전과 사회적 유전은 질적으로 다른 유형이다. 전자는 공유된 염색체DNA, 즉 유기물에 의해서 유발되고, 후자는 공유된 가정, 공동체, 무엇보다 계급, 즉 환경에 의해서 유발된다. 이러한 혼동은 어떻게 생겨났으며 왜 그토록 견고하게 지속될까? 개의 침 분비와 순교가 같다고 생각했던 파블로프와 셰링턴처럼 이러한 혼동은 경험론에서 비롯된다. 경험적으로는 비슷해 보이더라도 사실 다른 것이다. 파블로프와 셰링턴의 혼동은 오늘날 지속되지 않지만, 두 유형의 유전은 경험론을 뒷받침하는 통계 때문에 오늘날까지도 여전히 혼동되고 있다. 아래에서 비고츠키는 의학도이자 수학자였던 F. 갈톤(Francis Galton, 1822~1911)을 언급한다. 갈톤은 멘델처럼 콩으로 수많은 실험을 수행하였다(갈톤은 멘델에 대해 알지 못했다). 그는 부모 대에서 평균보다 3그램 무거운 콩이 후손에서는 평균보다 1그램 정도 더 무거워진다는 사실을 발견했다. C. 다윈이 『종의 기원』을 출간했을 때 그의 육촌이었던 갈톤은 그 원칙이 인간에게도 적용될 것이라고 생각했다. 갈톤은 영국 최고의 과학자와 촌수가 멀어질수록 뛰어난 이들의 비율이 줄어드는 것을 보고 천재는 유전에 의한 것이라고 결론을 내렸다. 그는 또한 천재 유전자를 가지고 있지 않은 이들은 수도사나 수녀가 되어야 하고 자신처럼 뛰어난 이들은 가급적 많은 자녀를 낳아야 한다고 믿었다. 그럼에도 갈톤 자신은 후손을 남기지 않았다. 갈톤의 콩 실험 결과는 자녀 세대에서 부모 세대의 특성이 때로는 전혀 드러나지 않는다는 것을 보여 준 멘델의 발견으로 신뢰를 잃었다. 그러나 갈톤의 제자였던 K. 피어슨(1857~1936)은 멘델의 법칙에 당시로서는 대단히 정교한 통계 기술(카이제곱, 피어슨 상관 계수)을 적용하였다. 그 결과 그는 예컨대 부모의 우수한 학교 성적과 자녀의 우수한 학교 성적 사이에는 모종의 관계가 실제로 있다는 것을 입증하는 듯했다. 뷜러와 피터스는 이러한 통계적 관련성을 채택하였고 이는 오늘날까지도 남아 있다. 비고츠키가 지적했듯이 이러한 통계적 관련성은 지나치게 확장적이다. 상관관계가 인과관계가 아니기 때문이다. 그 속에는 자연적 유전과 문화적 유산이 혼재한다.

베르티용은 범인을 찾고 검거하
는 방식을 연구하던 경찰관이었다.
갈톤은 위와 같은 방식으로 범죄
자들의 사진을 대량 수집하면 사진
중첩 방식을 통해 범죄가 일어나기
전에 미래의 범죄자들을 미리 검거
할 수 있을 것이라고 믿었다. 갈톤
은 베르티용의 범죄자 식별 사진

갈톤의 파리 방문 시 그의 제자였던 베르티
용이 범죄 연구소에서 찍은 갈톤의 사진.

촬영에 기꺼이 응했고 이런 방식은 오늘날에도 이용되고 있다. 1장에
서 비고츠키는 범죄와 학교 성적이 멘델의 법칙에 따라 예언될 수 없
다는 것을 보이고자 한다. 이 둘 모두는 사회적 환경과 생물학적 유전
이 섞인 복합체적인 특성이기 때문이다. 오늘날 이는 명확해 보인다.
그러나 당시에는 그렇지 않았다. 갈톤은 제자들과 함께 부모-자식 간
나타나는 범죄 성향과 학교 성적 사이의 높은 상관관계는 유전에 의
한 것이라고 주장하였다. 위의 사진 역시 범죄 성향은 신체적, 생물학
적 요인에 의해 결정되므로 경찰은 범인이 죄를 짓기 전에 미리 식별
할 수 있을 것이라는 믿음을 반영하고 있다. 위의 사진은 2장에서 비
고츠키가 구분하는 생체관찰과 인체계측의 차이를 이해하는 데에도
도움이 된다. 베르티용의 범죄자 식별 사진은 근대 인체계측학의 시초
가 된다.

1-48] 이처럼 K. 뷜러는 심리적 특성에 대한 유전 가능성을 논하면
서 감옥으로 이끄는 유전 성향에 대해 말한다. "유전의 지배 영역에 속
한 '감옥 유전자'를 가진 사람들이 존재한다. 이 유전자는 다른 단순 신
체 특성과 같이 세대에서 세대로 매우 규칙적으로 전달되며, 일반적인
성향에 대해 잠재적(열성) 상태로 존재한다"라고 그는 말한다. 이 저자
에 따르면 '결국 감옥에 가게 만드는 이러한 성향'은 멘델의 이론에서처
럼 동일한 규칙성으로 반복된다.

부모의 범죄와 자녀의 범죄 사이의 상관관계에 대한 뷜러의 연구는 『성장과 분화』 3-17 참조.

1-49] 정신 능력의 유전성에 관하여 잘 알려진 피터스의 연구도 비슷하게 고안되었다. 피터스는 어린이, 부모, 조부모의 학교 성적을 비교하여 학교에서의 성공에 영향을 준 정신 능력들이 유전적으로 전이된다는 사실을 확립하고자 했지만, 학교에서의 성공이 여러 가지 요인들, 무엇보다도 사회적 요인들의 결과라는 사실을 무시했다.

1-50] 피터스는 학교에서의 성공 성향이 멘델의 법칙에 따라 계승되는 우성 형질이라고 생각한다. 인간 천재성의 유전 가능성에 대한 유사한 연구가 골톤에 의해 수행되었다.

'골톤'은 '갈톤'의 오기로 보인다.

1-51] 이 모든 연구가 엄밀한 의미에서의 유전을 사회적 유산, 생활 조건의 계승과 뒤섞고 있음을 쉽게 알 수 있다. 부모와 자녀의 유사성, 그들의 운명의 유사성은 물론 단순한 유전적 특성의 전달뿐 아니라 생활 조건의 전달로 설명되기 때문이다.

1-52] 블론스키는 "유전은 단순한 생물학적 현상이 아니다. 우리는 염색질의 유전과 사회적 유산, 삶의 조건, 사회적 지위의 유전을 구분해야 한다. 왕조는 바로 이러한 사회적 계급의 유전을 토대로 형성된다. 고도의 생산성을 기반으로 하는 부유한 사회 계급은 더 큰 물질적 안정과 번영에 힘입어 더 많은 재능을 개발할 기회를 얻는다. 반면 노동계층의 끊임없는 노동, 육체적 고통, 가난은 그들의 유전적 재능을 드러낼 기회를 주지 않는다"라고 말한다.

'염색질'이란 진핵생물의 세포에서 발견되는 DNA, RNA, 단백질의 복합체이다. 염색질은 박테리아에는 존재하지 않고 핵을 가진 세포에만 존재한다. 비고츠키 시대에 염색질의 구조는 알려지지 않았다(DNA와 RNA의 구조가 아직 설명되지 않았다). 그러나 비고츠키는 염색체를 알고 있었고, 세포 생식에서 염색체가 담당하는 기능을 이해하고 있었다. 마찬가지로, 중산층 가정의 간접 의문문, 정교한 어휘, 추상적 은유의 사용과 같은 의미론적 코드의 역할은 알려져 있지 않았다. 그러나 블론스키는 노동 조건 때문에 드러나지 않았을 뿐, 노동자들도 다른 사람들과 같은 의미 잠재력을 가지고 있다는 것을 분명히 이해하고 있었다.

1-53] 앞에서 언급된 '감옥에 가는 성향'의 유전에 관한 K. 뷜러, 좋은 학교 성적의 유전에 관한 피터스, 행정관이나 재판관 지위와 학문적 직업의 유전에 관한 갈톤의 입장과 같은 과학적 오해는 생물학적 유전과 사회적 유전의 조야한 혼합이라는 토양에서만 나타날 수 있다. 여기서는 예컨대 범죄를 유발하는 사회-경제적 요인을 분석하지 않고, 사회적 불평등과 착취의 산물인 이 순수한 사회적인 현상을 특정한 눈동자 색깔처럼 동일한 법칙에 따라 조상으로부터 자손으로 전달되는 유전적 생물학적 특징으로 간주한다.

1-54] 사회적 유전과 생물학적 유전의 혼합이라는 법칙 아래 현대 부르주아 우생학이 자리 잡는다. 우생학은 유전 법칙을 정복하고 이를 자신의 지배력하에 예속시켜 인종을 개선하고 정제하려는 새로운 과학이다.

아래 그림은 1921년 미국 우생학 협회의 로고이며 보다시피 매우 야망적이고 이상적이다. '지성적으로 디자인'된 진화의 능력을 인간에게 약속하고 있기 때문이다. 이 약속은 20세기의 좌파와 우파 모두에게

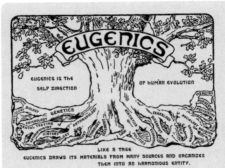

매력적인 것이었다. 그러나 비고츠키의 입장은 다소 달랐다. 그는 우생학이 사회적 해방의 결과여야만 한다고 주장한다. 즉, 인류가 노동의 분배에 기초한 착취와 억압을 제거했을 때라야 스스로의 진화를 관장할 수 있다는 믿음을 가질 수 있다는 것이다(The Socialist Alteration of Man, 1930).

1-55] 유전 기제의 숙달을 통해 인종을 개선하는 과학으로서 우생학은 그 이론과 원리의 측면에서, 동물 교배 과정과 다양한 유전 현상의 연구에서 얻어진 많은 실험적 자료들을 보유한, 동시대 과학적 사고의 부인할 수 없는 성과이다.

1-56] 하지만 실용 우생학, 즉 주로 지금 미국에서 실행되고 전파되는 인종 개선을 위한 실용적 수단에 눈을 돌리면 우리가 보게 되는 것은 두 종류의 유전에 대한 혼합이다. 따라서 실용 우생학은 사실 두 가지 기본적 수단으로 압축된다. 한편으로는 범죄자, 정신병자 등 '나쁜 유전'을 가진 사람들을 거세하는 것이고, 다른 한편으로는 좋은 가문의 후손들 간의 결혼을 촉진시키고 양질의 자녀를 생산하는 것이다. 현대의 계급 사회에서 이러한 두 가지 형태의 실용 우생학은 모두 우생학을 완전한 과학적 몰락으로 이끌 수밖에 없는 두 계기의 영향 아래 놓인다.

1-57] 첫 번째 계기는 유전 자체의 기제와 관련된 우리 시대 지식의 빈곤, 즉 유전의 생물학적 형태와 사회적 형태를 완전히 분리할 수 없는 현시대의 무능력에 있다.

1-58] 두 번째 계기는 다음과 같다. 사회 계급상 사회적 유전을 결정하는 조건의 복합체는 감옥으로 이끄는 아마도 '유전되는' 부정적인 특성과 성향에서나, 부르주아 사회의 '더 나은 가족'에서 나타나는 '고귀한' 인간적 특성의 선택에서나 모두 어느 정도 안정적이고 지속적으로 나타난다.

교육이 사회 유동성의 핵심이라 생각하는 사람들, 학교 졸업만 하면 잘 살 것이라 생각하는 사람들이 있다면 다음의 끔찍한 표를 확인해 보길 바란다. 이 표는 미국에서 가계 소득이 자녀들의 SAT 성적과 얼마나 연관되어 있는지를 보여 준다.

가계 소득	독해 점수	수학 점수
0$ - $20,000	433	461
$20,000 - $40,000	463	481
$40,000 - $60,000	485	500
$60,000 - $80,000	499	512
$80,000 - $100,000	511	525
$100,000 - $120,000	523	539
$120,000 - $140,000	527	543
$140,000 - $160,000	534	551
$160,000 - $200,000	540	557
More than $200,000	567	589

[표: 2014]

표를 통해 일 년 소득이 20만 달러 이상인 가족의 자녀들이 그 1/10의 소득의 자녀들보다 독해와 수학에서 더 높은 점수를 얻음을 쉽게 알 수 있다. 하지만 일 년에 20만 달러 이상의 소득의 자녀들이 그보다 약간 적게 버는 16만~20만 달러 소득의 자녀들보다 독해에서 20점, 수학에서 30점의 점수 차이가 나는 이유는 무엇일까? 정답은 단순히 사교육에 있다고 생각할지도 모른다. 하지만 미국 내 인구의 10% 이하만이 사립학교에 다니며 이는 대부분 종교 성향의 학교나 가난한 학생들을 위한 경우가 많다. 오직 시험만을 위한 사설 학교 및 학원은 존재하지 않기 때문에 다른 근거가 필요하다. 비고츠키는 많은 연구들이 사회 유동성이 거의 일어나지 않는 사회에서 사회적 요소와 생물학적 요소를 혼동한다고 지적한다. 미국은 이제 확연하게 사회 유동성이 거의 일어나지 않는 사회에 속한다. 이러한 사회 속에서는 보통 아버지, 할아버지의 학교 성적이 좋았다면 자녀도 그럴 것이다. 그 이유는 다음과 같다. 1) 가정에서 부모가 사용하는 언어와 학교에서의 언어가 의미론적으로 매우 가깝다(번스타인 연구 참조). 2) 학교에서 자녀가 속한 또래 집단(에컬트와 맥코넬-지네 연구 참조). 3) 졸업 후 얻게 될 직업 전망. 비고츠키는 이 중 어느 요소도 생물학적 측면에서 유전된 것이 아니라 모두 사회 환경적 요소라고 말한다.

1-59] 계급 사회에서 이러저러한 '성향'은 본질적으로 사회적 존재 조건에 달려 있으며, 이것이 불균등하게 배분되고, 개개인의 생물학적 특징이나 특성보다는 사회 자체의 사회적 구조를 훨씬 더 크게 표현한다는 것이 잘 알려져 있다.

소득 계층에 따른 청소년들의 비행 유형의 양상이 다르다. 이 막대 그래프는 2009년 빈곤층, 중산층, 부유층 가정 출신의 미국 청소년들의 다양한 범죄 행위를 비교한다. 부유층 가정의 청소년들이 저렴한 가격의 마리화나 이외의 다른 약물을 판매하고 사용하는 경향이 있음에 주목하자. 반면 빈곤층 가정의 청소년들은 폭력에 연루되고, 갱단에 참여하며, 귀중품을 훔치고 총을 소지하는 경향이 있다.

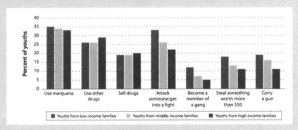

비고츠키는 범죄 행위가 개인 성향이나 유전적 성향보다는 사회 자체의 사회적 구조를 표현한다고 말한다.

1-60] 이처럼 바르게 구분된 유전에 대한 문제는 그 자체로 어린이 발달에서 사회적 환경이 하는 거대한 역할을 인정하도록 함을 우리는 볼 수 있다. 그러나 유전에 관한 문제와 관련하여 여기서 대략 살펴본 것, 즉 어린이 발달의 근본 요인으로서의 사회적 환경의 역할에 대한 설명은 현재 진행되고 있는 아동학 수정의 주요 내용을 이룬다. 그리고 이 수정이 유전의 문제 내에서 생물학적 유전과 사회적 유전의 차이를 분명히 보여 준다면, 다른 한편으로 그것은 환경의 문제 내에서 사실상 실제 어린이 발달 과정을 일으키는 생물학적 요인과 사회적 요인의 복잡한 상호 얽힘 가운데 환경의 우위를 인정하도록 이끈다.

1-61] 지금은 아동학 전체의 철학적·원칙적 수정에 골몰하지 않을 것이며 다만 이론적·실천적 중요성을 지니는 한 가지 쟁점만 언급할 것이다. 이 쟁점은 의심할 여지 없이 생물발생적 원리의 수정 및 반박과 연결되어 있다. 이것은 어린이 발달에서 환경의 영향에 관한 문제이다.

1-62] 생물 발생 원리란 어린이가 자신의 발달 속에서 인류 발달의 역사를 응축되고 압축된 형태로 반복하고 재생산해 낸다는 것이다. 따라서 이 이론에 따르면 어린이 발달은 단번에 확립된 유형에 따라 전개되며 내적, 유전적 영향으로 인해 어린이 주변 환경의 영향을 거의 받지 않고, 모든 발달은 인류가 역사 뒤편에 남겨 둔 것을 반복하며 인류의 과거를 향한다. 이 원리에 따르면 과거 생물학적 경험이 어린이 발달을 지배하는 요인이다. 이후에 우리가 다룰 이 이론의 청소년기 적용의 비판적 분석에서 이 원리는 현재 연구 전체에 걸쳐 실제적, 이론적으로 붕괴되었음이 드러났다.

1-63] 생물 발생 원리에 따라 규정된 과거 생물학적 경험의 우위를 인정하는 대신, 마르크스주의적 아동학은 어린이 발달에서 나중에 성취되는 인간 대뇌피질의 역할이 가지는 중요성에 우위를 두었다. "인류 생물학에서 벌어질 가장 치열한 공방은 피질의 가치가 무엇인가에 관

한 질문이다"라고 잘킨트는 확신하며 말했다. 이것이 어린이 발달의 주요 요소—유전과 환경—에 관한 똑같은 질문에 대해 단지 다른 각도에서 접근한 것임을 쉽게 알 수 있다.

> 비고츠키는 어린이 발달의 어떤 부분은 자연에 기인하고 어떤 부분은 양육에 기인한다는 게젤의 이원론적 관점(즉 어떤 것은 100% 환경에 의존하고 어떤 것은 100% 유전에 의존한다)에 강하게 반대했다. 발달의 모든 부분은 연결되어 있기 때문에 양쪽 모두에 의존한다. 예를 들어 인간의 뇌는 자연의 일부이다. 따라서 그것은 유전의 일부이다. 그러나 우리는 사회적 환경이 가장 큰 흔적을 남기는 뇌 부분을 대뇌피질에서 발견한다. 예컨대 대뇌피질에 언어 영역이 존재한다. 따라서 뇌를 연구할 때조차 우리는 환경과 유전이 분리될 수 없다는 것을 발견한다.

*А. Б. 잘킨트(Арон Борисович Залкинд, 1888~1936)는 양극단을 오간 아동학자였다. 잘킨트는 의사이자 프로이트주의자로서, 초기에는 성적 충동을 통한 인간 생리가 발달의 주요인이라 믿었다. 내전 시기 잘킨트는 많은 프로이트주의자들처럼 '자유연애'를 지지했지만, 후에 아동학자가 되었을 때 그는 보수적으로 변했다. 그는 '혁명적 프롤레타리아를 위한 12가지 성 계명'으로 유명해졌으며, 거기서 그는 자유연애, 질투, 이른 성경험, 일부다처제, 빈번한 성관계, 성도착(분명 동성애를 가리키며, 그는 이를 '조건 반사'라 불렀다) 그리고 적대 계급과의 성관계를 반대했다. 프로이트는 실소했다. 후에 비고츠키가 비판한 아동학 교재를 쓸 때, 잘킨트는 성적 충동을 비롯한 모든 것이 사회적 환경에 의해 결정된다는 극단적 환경론자가 되어 있었다. 비고츠키 또한 웃지 않을 수 없었다.

1-64] "인간 역사의 최근 산물이자 전체로서의 유기체가 지닌 무한한 가소성의 원천이며 교육적 영향의 주 대상인 대뇌피질"은 맨 앞자

리에 놓인다. 주관적 심리학은 대뇌피질을 지성을 담고 있는 것으로 여겨 다른 기관들로부터 분리한다. 마르크스적 아동학은 대뇌피질을 모든 유기체의 활동을 통합하며 이 활동을 외부 환경과 연관 맺는 고등한 중심기관으로 본다.

1-65] 이전의 생물학적 기능을 심오하게 재구조화하는 것은 바로 대뇌피질의 개입이다. 대뇌피질은 인격이 형성되고, 선조들의 경험을 토대로 하여 개인적 경험이 축적되는 기관이다. 대뇌피질은 조건 반사 회로 기관이다. 대뇌피질은 외적 환경의 영향하에서 유전적 경험을 재구조화하는 기관이다. 대뇌피질은 생물학적 유형으로서의 인간이 특정한 사회적 유형으로 변형되는 것을 도와주는 기관이다. 이것이 인류에 있어서 새로운 뇌의 가장 중요한 의미라는 것은 많은 연구를 통해 확인된다.

1-66] 에딩거와 피셔는 뇌의 상당 부분이 없이 태어나 3년 9개월을 살았던 한 어린이를 설명한다. 그들은 이 어린이와 로스만이 수술한, 대뇌피질이 제거된 개를 비교하였는데, 그 개 역시 약 3년을 살았다. 개는 어린이보다 이러한 상황에 훨씬 더 잘 적응한다는 것이 밝혀졌다. 개는 다시 뛰고 먹는 것을 빠르게 배웠고, 수면과 각성 상태가 교대로 나타났다.

비고츠키는 K. 코프카가 에딩거와 피셔의 다음 연구에 대해 언급한 것을 인용하고 있다.

Edinger L, Fischer B.(1913) Ein Mensch ohne Grosshirn. [Pflüger's Archiv für die gesamte Physiologie des Menschen und der Tiere 152, 11-12, pp. 535-561 DOI : 10.1007/BF01681030

*M. 로스만(Max Rothmann, 1868~1916)은 독일 신경해부학자로, 미엘린 염색법을 발전시켜 신생아들의 뉴런이 아직 미엘린으로 절연처리되어 있지 않음을 밝힌 C. 웨이거트 밑에서 일하였다. 로스만은 외과적으로 뇌가 제거된 개의 행동을 신생아와 비교 관찰하여 다수의 공

통점을 발견하였다. 이러한 공통점은 저차적 심리
기능들이 사실상 뇌의 통제하에 있지 않다가 뇌가
발달함에 따라 뇌로 이관된다는 점을 시사한다.
이는 이후 크레치머의 뇌 기능의 상향 전이 법칙과
상통한다.

　　　　　*L. 에딩거(Ludwig Edinger, 1855~1918)는 로스만
과 같이 웨이거트의 제자였다. 에딩거 역시 뉴런
이 미엘린으로 코팅되지 않은 신생아들이 생존하
는 방식에 큰 관심을 가졌다. 그는 수뇌증, 즉 정상
적인 두개골과 뇌수막은 있지만 대뇌 반구 없이 뇌
수막 내부가 물로 채워진 채 태어난 신생아를 연구
하였다.

　수뇌증을 가지고 태어난 아기의 뇌를 빛으로 비춰 보면, 뇌수막이
물로 차 있으므로 빛이 두개골을 통과하여 그대로 비친다. 수뇌증을
가지고 태어난 아기도 출생 시에 울기, 빨기 반사, 모로 반사 등을 보이
는 등 정상적으로 보이며 수개월간 생존한다. 에딩거와 피셔는 3년 반
을 생존한 아기의 사례를 보고하였다. 에딩거는 해부학자였을 뿐 아니
라 기능주의자였다. 에딩거 역시 비고츠키처럼 활동을 통해 구조를 설
명한다. "뇌의 (기능이 아닌) 해부만을 연구하는 과학은 무용지물이다."
에딩거는 예술에 큰 관심이 있었고 연구 자료를 직접 그리고 설명을
적는 작업을 동시에 했다고 한다. 오른손으로는 그림을 그리고 왼손으
로는 글을 쓴 것이다. 에딩거는 급작스럽게 사망했고 K. 골드슈타인에
게 자신의 뇌를 해부하여 연구하
도록 지시하였다. 마지막 제자에
게 남기는 이별 선물이었던 셈이
다. 골드슈타인은 시각 정보를 처
리하는 후두엽이 특히 발달되어
있던 에딩거의 뇌로 후두엽 연구
를 시작하게 된다.

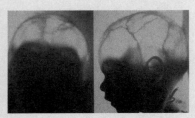

수뇌증을 앓고 있는 신생아의 머리 투과 사진

1-67] 반면에 어린이는 온종일 잔다. 그는 3년 9개월의 모든 기간 동안 거의 움직이지 않은 채 누워 있었으며 2년이 지나서야 우는 모습이 발견되었다. 이 저자들(에딩거와 피셔-K)은 "어린이에게서 심리학적 반응을 끌어내거나 대화하는 것, 혹은 가르치는 것이 불가능했다"라고 말했다. 하지만 개에게는 이것이 어느 정도 가능했다. 개에게는 발작적 분노나 차분한 만족과 같은 기분이 나타났다.

1-68] 이러한 기술을 통해 코프카는 올바른 결론을 도출했다. 개에 비해 인간은 헤아릴 수 없을 정도로 새로운 뇌에 많이 의존하며 이와는 대조적으로 개의 오래된 뇌 부위들은 훨씬 자율적이며 독립적이다.

*K. 코프카(Kurt Koffka, 1886~1941)는 C. 스텀프의 제자였고 그를 위해 의미와 리듬에 관한 논문을 썼다. 코프카는 *Growth of the Mind*라는 중요한 책을 썼는데, 거기서 최초의 학습은 단순히 운동감각적인 것이라고 주장했다. 대부분의 형태주의자와 달리 코프카는 최초의 학습이 후기 학습과 다르다고 믿었다. 그는 후기 학습을 관념적 학습이라 불렀으며 그것이 언어에 의존함을 인식했다. 그러나 코프카는 명명 과정을 매우 중요하게 생각했다. 비고츠키에게 이름 붙이는 법을 배우는 것은 개념을 배우는 것의 시작일 뿐이다. 명명하기(고유명사) 다음에 어린이는 일반화(일반명사)하는 것을 배워야 할 것이고, 그다음엔 추상화(추상명사)하는 것을 배워야 할 것이다. 그 이후 청소년기 즈음에 진정한 개념에 도달하는 것이다. 코프카는 루리야의 두 번째 우즈베키스탄 탐사에 참가하였다. 그의 보고서의 결론은 루리야와 매우 반대되는 것이었다. 루리야는 교육받지 못한 우즈베키스탄 농부들의 검사 점수가 삼단논법적 추론과 같은 고등기능에서뿐 아니라 지각과 같은 하위기능에서도 차이가 난다는 것을 발견했다. 그러나 코프카는 루리야의 자료를 재분석하여, 농부들이 지각 검사에서는 다른 사람들과 큰 차이가 없고 삼단논법적 추론에서는 차이가 있음을 보여 주었다. 코프카의 해석은 뇌의

고등 영역과 하위 영역의 분리라는 당시 모든 심리학자들이 알고 있
었던 사실에 좀 더 부합할 뿐 아니라, 비고츠키 이론이 예상했을 법한
결론에 실제로 더 가깝다.

1-69] 새로운 뇌가 손상되어 심각하게 고통받는 이 개를 여전히 원
시적 뇌를 가진 물고기와 비교해 보자. 코프카는 이 사실을 어린 동물
의 새끼보다 훨씬 더 무력한 인간의 현실과 직접으로 연결시켜 보았다.
그는 에딩거의 사례(무뇌아-K)를 정상 어린이와 비교했을 때 새로운 뇌
가 출생 시부터 이미 '행동에 관여한다'는 것을 보여 준다고 주장했다.
출생 시 뇌는 거시적으로 성숙했지만 그 복잡한 미시적 구조는 여전히
진화되어야 한다. 인간은 그의 대뇌 기능의 압도적인 중요성에 의해 다
른 동물들과 훨씬 더 구별된다.

1-70] 생물발생론자들의 주요 오류는 대뇌피질의 역할을 과소평가
한 것이다. 잘킨트는 다음과 같이 말한다. "이것은 새로운 인간 역사 단
계가 미친 영향의 산물이며, 이 새로운 단계는 바로 대뇌피질과 새로운
생물적 자원 일반을 인간 생리학의 선봉으로 내세운다." 조건 반사의
폐쇄 회로를 성립시키는 기관인 대뇌피질은 사회적 환경이 인격을 형성
하도록 하는 기관이다. 인간 유형의 역사적 발달은 대뇌피질의 기능에
토대한다.

1-71] 사회적 환경에 의해 유사하게 외적으로 결정되는 어린이의 모
든 심리적·문화적 발달과 꼭 마찬가지로, 외적으로 조건화된 이 모든
발달은 주로 대뇌피질 안에서, 그리고 대뇌피질을 통해서 일어난다. "인
간 생리학에서는 대뇌피질 조건화의 증가가 가장 중요한 발달 촉진 요
인임이 결국 밝혀질 것이다."

1-72] 인간 유형 변형의 역사는 대뇌피질에 토대한다. 새로운 사회주
의적 인간은 대뇌피질을 통해 창조될 것이다. 교육에서 가장 중요한 부

분은 대뇌피질에 영향을 주는 것이다. 잘킨트는 이러한 대뇌피질의 가치를 나타내는 뛰어난 공식을 만들었다. "사회주의를 향한 경로로서의 대뇌피질과 대뇌피질을 경유하는 사회주의." 이것이 바로 인격 발달의 사회적 조건성을 전면에 내세우는 마르크스주의적 아동학에 있어 발달에서의 대뇌피질의 역할에 대한 문제가 근본적 문제가 되는 이유이다.

1-70에서 비고츠키는 E. 헤켈, G. 스탠리 홀과 개체발생은 계통발생의 압축된 형태일 뿐이라는 '생물 발생 원칙'을 비판했다. 이보다 앞서 1-63에서 비고츠키는 그들이 모든 발달을 뒤편에, 과거에 두는 역행 발생적이라고 비판했다. 어떻게 하면 아동학이 '전진 발생적' 원칙에서 비롯된 우리 앞에 놓인 미래의 발달을 보여 줄 수 있을까? 어떻게 해서 사회적 발생과 개체발생이 우리의 과거 어디에도 존재하지 않았던 발달을 보여 줄 수 있는 것일까? 잘킨트의 대답은 계통발생에서 가장 덜 발달한 두뇌 부분을 보라는 것이다. 일례로 대뇌피질을 상실한 물고기가 잘 기능하는 것을 볼 수 있다. 개는 물고기의 경우보다 덜 기능한다. 신생아조차도 대뇌피질 없이 조금은 기능할 수 있다. 이는 생물 발생적 원칙과 상반된다. 우리는 과거에 완료된 발달을 가지고 태어나지 않는다. 우리는 덜 발달되었기에 앞으로 새롭게 발달할 준비가 된 뇌를 가지고 태어난다. 물고기, 개, 뇌수종에 걸린 유아에서조차 감각과 운동 동작의 폐쇄 회로를 보게 되는데, 이것은 뜨거운 것을 만졌을 때 생각하거나 느끼거나 결정하지 않고 바로 손을 떼는 것과 같은 것이다. 이 '반사회로'는 무조건적이다. 자동적으로 일어나는 것이다. 하지만 뇌를 가지고 태어난 유아에게서 우리는 조건 반사를 본다. 가만히 주변을 관찰하는 아기에게서 행동 없는 감각을 보고, 특별한 이유 없이 우는 아기에게서 감각 없는 행동을 본다. 잘킨트에 따르면, 이런 일은 대뇌피질이 회로를 열고 닫는 역할을 한다고 가정되기 때문에 일어나는 것이다. 그리고 이것은 어린이와 인류의 미래 발달에 중요한 세 가지를 의미한다. 첫째 뇌는 중립적으로 태어나며 환경의 각인을 받는다. 예를 들어 대뇌피질은 언어 영역을 발달시킬 수 있다. 이러한 새로

운 연결들은 모두 조건적인 것이다. 이것이 의미하는 것은 둘째, 행동이 없는 감각을 가질 수 있다는 것이다. 예를 들어 우리는 성적 충동에 즉각적으로 행동하지 않을 수 있다. 그리고 이것이 의미하는 것은 셋째, 감각 없는 행동이 가능하다는 것이다. 이제 우리는 행동을 사태의 미래 상태, 즉 미래 사회라고 받아들일 수 있다. 잘킨트가 "사회주의를 향한 경로로서의 대뇌피질과 대뇌피질을 경유하는 사회주의"라고 이야기한 까닭이 여기 있다. 잘킨트가 교과서에서 인용한 시구는 이를 잘 보여 준다.

"나는 삶이 기쁨이라는 꿈을 꾸었네.
잠에서 깨어 삶이 일이라는 것을 알았네.
타인들과 일했고 그 일이 기쁨이라는 것을 알았네."

1-73] 대뇌피질이 어린이 발달에서 중심적 역할을 수행한다면, 아동기를 각각의 시기로 구별하는 징후들은 바로 중추신경계의 발달 정도일 것이다. 잘킨트는 "중추신경계는 사회적 환경 자극으로부터 모든 유기체의 미래를 생산하는 주요 요인이다"라고 말한다.

1-74] 이 징후는 '(기존의 것에 대한-K) 회복이 아닌 전진 발생적 중요성'을 지닌다. 이것은 진정한 매개체, 이를테면 특화된 '발달의 기관'이다.

1-75] 앞에서 한편으로 유전의 문제를, 또 다른 한편으로 어린이 발달에서 가장 눈에 띄는 사회적 요인으로서 대뇌피질의 어린이 발달과 형성에서의 역할을 살펴봄으로써, 유년기의 모든 특성과 기본적 발달 법칙을 특징짓는 두 가지 기본 입장이 명백히 도출된다. 첫째, 어린이 발달 과정은 생물적·사회적 요인들을 모두 고려할 때에만 과학적으로 이해되고 연구될 수 있다. 둘째, 두 요인의 복잡한 상호작용과 엮임은 유년기를 구별하고 어린이 발달의 특수한 성질을 결정짓는 가장 본질적 특성이다.

1-76] 어린이 발달은 수많은 다양한 요인들에 의해 조건화된다. 이러한 모든 요인들은 일반적으로 두 개의 큰 무리, 생물학적 요인과 사회적 요인으로 나뉜다. 전자에 따르면 이 과정과 현상(발달-K)은 유전이나 유기체 내적 조건화로 결정되며, 분석해 보면 결국 특정한 생물학적 규칙성으로 환원될 수 있다. 후자는 사회적 환경이 만들어서 아동 발달 과정에 이런저런 식으로 반영되는 조건의 무리를 의미한다.

1-77] 생물적, 사회적 요소는 서로 긴밀하게 연결되어, 결과적으로 서로 다른 원인들이 단단히 엉켜 있는 매우 복잡한 통합체로 작용하므로 그 속에서 어떠한 요인이 작용하는지 낱낱이 풀어내기란 때로 불가능하다. 이 요소들은 상호작용 속에 있다고 하는 것이 올바를 것이다. 이 두 요소가 두 개의 개별적 힘으로 작용하여 그 상호작용의 결과로 합성운동, 즉 그 둘의 결합작용의 단순한 기계적 합이 얻어진다고 생각해서는 안 된다. 사실 한 요인은 다른 요인이 전혀 없어도 존재한다. 한 요인은 다른 요인으로 침투하여 어린이 발달을 위한 고도로 복잡한 인과적 필연성을 획득한다.

1-78] 이러한 일련의 두 현상들이 각각 상대적으로 어느 정도 독립적으로 인간 유기체에 존재한다고 단순히 표현하는 것은 부하린에 따르면, "최선의 마르크스주의 연구에서조차 매 걸음 나타나는, 법칙의 불합리한 중복이다. 한편으로 생물학, 생리학 등의 법칙이 있고 다른 한편으로는 사회적 발달 법칙이 있다는 것이다. 사실 하나는 다른 하나의 '분신'이자 다른 관점에서 본 동일한 현상이다."

*Н. И. 부하린(Николáй Ивáнович Бухáрин, 1888~1938)은 볼셰비키 중앙위원회 위원이었다. 레닌은 그를 총애하였으나, 부하린은 순수한 '사회적' 측면에서, 즉 환경적 측면에서 모든 것에 접근하려는 경향이 있었다. 예컨대 부하린은 레닌과 트로츠키가 반대했던 '프롤레타리아 문화'를 강력히 지지했다. 레닌 아래에서 그는 제1차 세계대전 동안 독

일과의 평화 협정을 반대한 '극좌파'였으나, 스탈린 아래에서 그는 후에 중국에서 덩샤오핑에 의해 시행된 것과 유사한 '개혁' 정책을 주장한 '극우파'였다. 부하린의 정책이 농민 반란을 초래하자 1929년에 스탈린은 그를 권좌에서 제거하였으며, 부하린은 1938년 레닌이 이끌었던 볼셰비키 중앙위원회 전체에 대한 스탈린의 숙청의 일부로 총살당하였다. 비고츠키는 자신의 초기 저작인 『예술 심리학』에서 분명 당시 권좌에 있었던 부하린에 반대하여 트로츠키 편에 선다. 흥미롭게도 여기서 비고츠키는 이제 권좌에서 물러난 부하린의 편에 선 것으로 보인다. 감옥에 있는 동안 부하린은 네 권의 책을 저술했으며, 그중 하나는 철학과 어린이 심리학에 관한 것이다 (『철학적 아라베스크』). 그 책은 비고츠키를 언급하고 있지 않으나, 놀랍게도 어린이 언어에 대한 관점이 비고츠키와 유사하다.

1-79]　실제로 각각의 요인들을 어린이 밖에 놓여 있는 것으로 간주하는 한 우리는 이론상 두 요인들의 작용을 올바르게 구분해 낼 수 있다. 우리가 이런 원인들의 작용을 어린이 유기체 자체의 내적인 것으로 생각하기 시작하는 순간 생물적인 것과 사회적인 것의 기계적 분리가 불가능하게 되곤 한다.

1-80]　실제로 여기서 생물적, 사회적인 것은 두 가지 다른 차원을 나타내는 것이 아니라 다른 측면에서 바라본 동일한 차원을 나타낸다. 하나는 다른 하나의 분신인 것이다. 이 점에서, 예컨대 어린이의 반응이나 어린이 발달의 사실을 생물적인 것과 사회적인 것으로 나눌 수 있다고 상상할 수 없다. 하나는 다른 하나의 위에 존재하거나 병치되는 것이 아니라, 서로를 관통한다. 오직 아동학에 발생적 관점을 적용함으로써 두 요인의 영향을 과학적으로 분석하는 것이 가능해진다.

1-81]　사회적인 모든 것은 어린이의 유기체를 통하여 내적 현상으로

변형됨으로써 생물학적인 것이 된다. 명백한 사회적 기원을 가지는 그 어떤 생각이나 분명한 계급적 기원의 흔적을 가진 그 어떤 행위도 어린이에게서 일어나는 생물적 과정을 통해 굴절되어 그의 생물적인 일부가 되지 않고서는 일어날 수 없다

1-82] 그 반대 입장, 즉 어린이의 모든 생물적인 것이 사회적 환경에서 발현되고 작용하는 한 사회적 영향에 완전히 물들고 젖어든다는 주장도 사실이다. 유기체의 가장 근본적 기능들이라 할지라도 이러한 운명을 피할 수는 없다. 그 기능들도 이러한 외적인 영향으로부터 숨을 수 없으며 그 속에 사회적 영향의 흔적을 품고 있다.

1-83] 하지만 이러한 이유로 아동학 연구가 이 두 요인 사이에 존재하는 복잡한 상호작용에 대한 분석을 포기한다고 생각하는 것은 잘못된 것이다.

1-84] 반대로 이 상호작용의 복잡성은 아동학으로 하여금 현재 연구 대상인 현상의 발생에 두 요인이 어떻게 참여하는지를 세세히 밝히도록 요구한다.

1-85] 그러나 이 두 요인의 작용을 어린이 외적인 원인으로 고찰할 때조차, 우리는 이 두 요인 간의 복잡하고 의심할 여지 없는 연결과 상호 조건성과 마주치게 된다. 이를 설명하기 위해서는 어린이의 신체적 발달에 대한 사회적 환경의 영향을 보여 주는 아무 사례나 살펴보면 된다. 이 문제에 대한 최근의 모든 연구들은 어린이의 신체적 발달 과정 속에서 사회적 요인들의 커다란 역할을 분명하게 확립했다.

사회적 요인과 생물적 요인은 서로 완벽히 침투한다. 아동학에서 연구할 가치가 있는 모든 것은 사회적인 것 50%, 생물적인 것 50%로 구성된 것이 아니다. 연구할 가치가 있는 모든 것은 100% 사회적이면서 100% 생물적인 것이다. 왜 그런가? 비고츠키가 말하듯, 한 가지 이유

는 사회적 요인이나 생물적 요인을 어린이 외적인 요인으로 고찰해서는 안 된다는 것이다. 외적인 것이 내적인 것이 되면 그것은 결국 생물적인 된다. 왜냐하면 신경학적으로 코드화되지 않으면 아무것도 배울 수 없기 때문이다. 역으로 어린이가 생물적 욕구(공포, 배고픔, 졸음 등)에 따라 행동하면, 그것은 곧 사회적인 것(이야기, 식사, 취침 시간)이 된다. 그러나 여기에는 또 다른 이유가 있다. 비고츠키는 어떤 사회적 요인이나 생물적 요인을 어린이의 통제를 벗어난 외적인 것으로 간주해 보자고 말한다. 예를 들어 어린이는 아빠의 월급이나 자신의 혈액형을 바꿀 수 없다. 그럼에도 우리는 사회적 요인과 생물적 요인을 완전히 상호 침투적인 것으로 이해해야 한다. 가계수입은 어린이의 생활공간, 음식, 위생 등의 생물적 요소에 영향을 미치며 어린이의 혈액형은 결혼을 통한 유전으로 결정되는데, 결혼은 사회적 관습이지 생물적인 것이 아니기 때문이다. 비고츠키는 이것을 왜 강조하는가? 부하린은 사회적 현상과 생물적 현상이 '다른 법칙'을 갖는 것은 불필요한 중언부언이라 믿었다. 어떤 점에서는 맞지만, 다른 점에서는 완전히 틀렸다. 예를 들어 우리는 가장 중요한 발생적 법칙을 다음과 같이 제시할 수 있다. 환경(사회적)은 발달의 원천이고 유기체(생물적)는 발달의 현장이다. 아니면 다음과 같이 제시할 수도 있을 것이다.

가) 자연은 문화로 발달한다.
나) 문화는 사회적 문화에서 개인적 문화로 발달한다.
다) 개인적 문화는 정신외적 문화에서 정신내적 문화로 발달한다.
라) 정신내적 문화는 일상적인 문화에서 학문적인 문화로 발달한다.

이렇게 보면 부하린의 '단일 법칙' 도식은 지나치게 단순함을 알 수 있다. 그것은 이론가나 관료의 관점이지, 교사나 부모의 관점이 아니다. 이 법칙들이 어떻게 다른지 이해하는 것이 교사와 부모에게는 매우 중요하다. 우리는 자연적 진화가 사회적 진보와 어떻게 다른지, 사회적 압력이 개체화와 어떻게 다른지, 머릿속에서 수 세기를 배우는 것이 손가락으로 수 세기를 배우는 것과 어떻게 다른지, 일상적 개념이 학문적 개념과 어떻게 다른지 이해해야 한다.

1-86] 만약 유기체 안에서 생물적인 것과 사회적인 것을 하나가 다른 하나의 분신인 복합 형태로 생각할 수 있다면, 유기체 외부에서의 이러한 요소들의 작용은 생물적 요소의 사회적 요소에 대한 의존성과 종속성을 분명히 보여 준다.

1-87] 간단한 예로 이를 설명할 수 있다. 생물적 법칙의 작용에 관한 가장 선명한 표현은 유전 영역에 놓여 있으며 이는 생물적 법칙을 가장 순수한 방법으로 표현한 것이다. 이 과정(유전-K)은 사회적 환경에 따라 거의 변화하지 않지만, 그럼에도 불구하고 인간사회에서 유전의 전체 기제는 철저히 사회적 요인의 영향을 받는다. 부모를 어떻게 선택할지 결정하고 그 결과 미래의 자녀의 유전 형질의 조합을 결정하는 결혼의 기본 형태는 역사적, 사회적 형태이며 이 또한 자연과 사람의 관계보다는 사람들 사이의 관계에 의해 결정되기 때문이다.

비고츠키는 『성장과 분화』 3장에서 눈동자나 피부색과 같이 변하지 않는 특성은 아동학의 관심사가 아니며 아동학은 가장 변화무쌍하면서도 동시에 보편적인 자질 예컨대 말, 가족, 학교 교육 등에 관심을 갖는다고 말했다. 그러나 여기서 비고츠키는 유전은 사회적 환경에 따라 거의 변하지 않음에도 불구하고 인간사회에서 유전의 전체 기제는 철저히 사회적 요인의 영향을 받는다고 말한다. 이는 모순이 아닐까? 예컨대 한국 어린이가 미국으로 이주한다면 사용하는 말은 변할지언정 눈, 머리, 피부색은 변하지 않는다. 그러나 이 어린이의 부모가 국제 결혼을 하거나, 이 어린이가 자라서 러시아인과 결혼을 한다고 가정해 보면, 사회적 환경에 따라 거의 변하지 않는 눈, 머리, 피부색과 같은 특성들 역시 장기적으로는 사회적 영향에 의존한다는 것을 알 수 있다. 반면 동남아시아와 오세아니아를 가르는 가상의 선으로 아시아 종과 오스트레일리아 종을 구분하는 월리스선線은 지리적 위치와 발산진화로 완전히 설명 가능하며, 사회적 요인에 전혀 의존하지 않는다. 가축 동물 분포만이 사회적 요인으로 설명될 수 있다.

발리와 롬복은 35km밖에 떨어져 있지 않지만 두 섬에 서식하는 종은 두 개의 다른 대륙에 속하는, 완전히 다른 종들이다. 이는 생물학적 진화가 지리학적 조건에 의존함을 보여 준다. 반면 인간은 자유롭게 이주할 수 있으며 환경을 (더 좋게 혹은 나쁘게) 디자인할 수 있는 능력을 가지고 있다.

월리스의 1863년 논문에서 발췌한 월리스선

1-88] 이와 같이, 가장 순수한 형태로 작동하는 가장 활동적인 생물학적 기제를 드러내는 현상은 중요한 지점에서 사회적 요소에 종속되고 통제됨이 드러난다.

1-89] 이와 같이, 연결을 연구하고 밝히는 것과 관계와 의존성을 확립하는 것, 전체 구조의 최우선 중요성과 그 구조에 고유한 특별하고 특정한 법칙들을 특히 강조하는 것은 필연적으로 우리 과학을 구별 짓는 특징이다. 이러한 특징은 우리가 보여 주려 했듯이 연구 대상 자체의 객관적인 특성, 즉 사회적·생물적 요소의 복잡한 엮임으로 인도되는 어린이 발달 과정으로부터 비롯된다. 이 점에서 볼 때 아동학은 매우 특별하지만 그렇다고 배타적이거나 특이한 과학은 아니라는 것을 처음부터 언급하고자 한다.

1-90] 근대 과학 방법론은 다양한 학문 중에서 자연적 온전체의 과학이라고 불리는 특수한 과학의 그룹을 구분 짓는다. 이 과학은 어떤 자연적 온전체 즉 어떤 통합적 대상을 연구한다는 점에서 본질적으로 다르다. 이 과학은 모든 측면, 모든 관점에서 통합적 대상이 맺는 관계를 특히 중요하게 연구하며, 각각의 대상으로부터 특수하고 분화된 추

상적 과학이 파생된다.

비고츠키가 말하는 '자연적 온전체의 과학'은 자연과학이나 과학 전체가 아니다. 그것은 자연에서 발생한 전체적이고 복합적인 구조, 즉 형태Gestalt를 연구하기 위해 발달한 과학이다. 예를 들어 지구는 복합 온전체이다. 지구 표면이나 인체도 그러하고, 우주도 그러하다. 지구의 과학은 지질학이라 하고, 지구 표면의 과학은 지리학이라 한다. 해부학은 인체의 과학이며, 천문학은 우주의 과학이다. 자연적 온전체를 연구하는 방법은 바위나 식물, 더 나아가 동물을 연구하는 방법과도 같지 않다. 왜냐하면 이런 것들은 대개 다른 것을 구성하는 대상(예컨대 바위는 지구의 지각을 구성한다), 혹은 다른 것들로 구성되는 대상(예컨대 바위는 실리콘, 산소, 탄소로 구성된다)으로 연구되기 때문이다. 자연적 온전체를 연구하는 방법은 다른 과학들(물리학, 화학, 생물학, 수학)을 사용하긴 하지만, 오직 자연적으로 발생한 통합적인 복합체(지구, 지구 표면, 인체, 우주 그리고 당연히 어린이)를 연구하기 위해서 사용한다.

1-91] 예를 들어, 통합된 전체로서의 우주를 모든 관점에서 연구하는 천문학이 그렇고, 우리 행성의 과거를 연구하는 지질학이 그렇고, 끝으로 우리 행성의 표면을 모든 관점에서 연구하는 지리학이 그렇다. 지리학은 특정 국가를 연구할 때 그 나라의 식물, 동물, 경제, 정치 상황, 기후, 토양 등등을 관심 있게 다룬다.

1-92] 하나의 자연적 온전체에 대한 다양한 과학적 관점의 바로 이러한 통합이 바로 이 과학의 두드러진 특징이다. 이바노프스키 교수는 인류에게 특히 중요한 대상이 그러한 학문의 연구 주제가 된다고 믿는다. 실제로 동물학은 동물을, 식물학은 식물을, 정치경제학과 역사는 정치경제적 체계를 연구하지만, 지리학은 이 모든 과학적 관점을 통합한다. 이는 지구 표면이라는 하나의 점에 대한 이 모든 다양한 자료의 결합을 통해 특징지어지는 자연적 온전체에 대한 전면적인 이해를 획득하

기 위함이다.

*Д. И. 이바노프스키(Дмитрий Иосифович Ива-
новский, 1864~1920)는 화학자이자 식물학자였으
며 식물의 질병을 연구한 미생물학자이기도 했다.
그는 학생 시절부터 담배 모자이크 바이러스를 포
함한 담배의 질병을 연구하였다. 1892년에 그는 이
병이 세균보다 훨씬 작고 더 단순한 새로운 유기체
에 의한 것이라고 추측했으며, 이는 화학, 식물학,
의학, 미생물학을 결합한 새로운 '통합' 과학, 즉 바이러스학의 창설을
이끌었다. 오늘날 바이러스학은 실제로 단일 과학이 아니다. 바이러스
는 의학이나 식물학 또는 동물학의 일부로 연구된다.

1-93] 아동학은 이러한 자연적 온전체의 과학에 속한다. 아동학은
어린이의 과학이다. 연구의 대상은 자연적 온전체로서의 어린이이며, 어
린이는 우주나 지구와 같은 매우 중요한 이론적 지식의 대상이면서 동
시에 영향을 받는 대상, 즉 전체로서의 어린이를 다루는 문화화의 대상
이다. 그렇기 때문에 아동학은 통합된 전체로서의 어린이에 대한 과학
이다.

1-94] 온전체로서의 어린이에 대한 연구의 순수한 이론적 중요성이
나 심지어 문화화를 위한 실천적 중요성 이외에도 굉장히 중요한 또 다
른 이유가 있다. 그 이유로 인해 아동학은 통합된 온전체로서의 어린이
에 대한 과학이 된다. 연구 중인 현상의 본질을 정확히 이해하도록 해
주는 이 철학적 이유는 어린이 발달에 관한 연구가 다른 측면의 발달
과 무관한 채 어린이의 심리적 발달 연구에만 국한될 수 없음을 확립하
였다.

1-95] 반면 연구는 어린이의 정신 발달이 독립적인 것이 아니라 어

린이의 전반적인 유기체적 발달에 종속되고 조건화되어 있음을 모든 지점에서 보여 준다. 이와 같이 우리가 어린이 발달의 본성을 철학적으로 올바르게 이해한다면 어린이에 대한 연구를 아동심리학으로 제한하지 않고 어린이 발달을 그 본성상 물질적인 통합적 과정으로 이해할 수밖에 없다.

1-96] 아동심리학 자체는 아동학의 한 갈래, 아동학의 한 과목일 뿐이다. 아동 연령기 즉 어린이 발달의 각 단계는 진정한 통합체, 즉 각 측면의 통합이다. 여기에는 개별 부분이나 개별 측면의 단순 합으로는 획득될 수 없는 총체적인 일련의 특성과 법칙들이 존재한다. 연령기, 즉 특정 발달 계기에 속한 어린이의 상태는 화학적 결합을 연상시키는 개별 특성들의 결합을 보여 준다.

1-97] 수소와 산소로 구성된 물은 그 구성 요소들에서 발견되지 않는 일련의 속성을 가지고 있으며 그 요소들이 가지고 있는 다른 속성들은 나타내지 않는다. 마찬가지로 연령기는 그 자체에 전체를 포함하는 진정한 단위이다. 이는 고유한 특성을 지니고 전체를 통해 드러나며 그에 대한 이해와 연구를 위해서는 바로 이 전체에 대한 설명이 필요하다.

1-98] 잘 알려져 있는 법칙에 따라, 식물을 연구하고자 할 때에는 그 식물을 토양에 고착시켜 주는 뿌리를 함께 취해야 한다. 식물학자는 뿌리와 그 식물이 성장하는 토양을 함께 다루게 되어 있다. 이렇게 어린이 발달의 모든 현상은 그것이 성장하는 뿌리와 함께 취해져야 하며, 그 뿌리는 그것이 뿌리내리고 있는 토양과 함께 취해져야 한다. 이는 어린이 발달의 모든 현상을 그것에 생명을 부여하는 일차적 과정에 기반을 두지 않거나 주변 환경과의 상호작용 속에서가 아니면 이해할 수 없다는 것을 의미한다.

1-99] 이렇게 아동학은 온전체로서의 어린이뿐 아니라 주변 환경과의 상호작용에 대해 더 널리 연구한다.

• 아동학의 개념

비고츠키의 저술과 출판물들은 그의 통제에서 벗어나 주제와는 아무 상관없는 많은 요소로 규정되어 왔다. 따라서 이 비고츠키 아동학 강의 연작(이미 출판된『성장과 분화』,『연령과 위기』,『의식과 숙달』과 앞으로 출판될 청소년기에 관한 책)은 비고츠키가 저술한 역사적 순서대로 자료들을 제시하려는 것이 아니다. 대신 우리가 제시하고자 하는 순서는 어린이 발달에 따른 순서이다. 예컨대 이 장은 1929년부터 1931년에 출판된 교사 대상 통신 강좌의 입문 장이다. 이는 청소년기에 관한 책이 실제로『성장과 분화』,『연령과 위기』,『의식과 숙달』보다 먼저 쓰였다는 의미가 되며, 이 장은 0장보다 몇 년 전에 쓰인 것이다. 이 장은 0장과 달리『연령과 위기』2장에서 제시되었던 방법론적 구조를 포함하고 있지 않다. 따라서 비고츠키는 발달의 사회적 상황과 발달의 중심노선과 주변노선, 각 연령기의 신형성의 개념들을 정의하며 시작하지 않는다.

그러나 이 장은 비고츠키가 현존하는 청소년 이론에 대한 내재적 비판을 발달시키기 위해 사용할 기본 개념을 포함한다. 첫째, 그는 어린이 발달이 성장에 지나지 않는다는 생각을 제시하고 비판할 것이다. 그는 또한 어린이 발달이 자연nature의 영향이나 양육 nurture의 영향 또는 그 둘의 결합으로 환원될 수 있다는 생각을 제시하고 비판할 것이다. 발달의 주 현장인 대뇌피질은 이미 설계되고 프로그램된 것도 아니며, 무엇이든 쓰여질 수 있는 빈 서판이나 디스크 드라이브도 아니다. 어린이는 사회적 환경에 능동적으로 참여함으로써 자신만의 '자연적인' 신경학적 연결을 창조한다. 예컨대 어린이는 말을 통해 그 자신을 '양육'한다.

이 장에서 가장 중요한 입문적 개념은 아동학은 자연적 온전체의 과학이라는 것이다. 일부 자연과학(수학, 물리학, 화학, 심리학 및 의학)은 종합적 과학이며, 그 대상은 산술 관계, 원자보다 작은 입자, 원소, 반응, 조직 및 기관과 같은 요소로 구성되며, 이 모든 것은 인간 분석의 산물이다. 반면, 다른 자연과학(천문학, 지질학, 지리학)은 그 대상이 연구자에게 자연으로 직접적이며 전체적으로 주어지는 과학이다. 어린이는 자연이나 양육의 조각들로 조립될 수 없으며 능동적인 전체로 다루어지고 이해되어야만 하기 때문에, 아동학은 후자의 과학 중 하나이다. 어린이는 연구자에게 기능하는 전체로 주어진다. 이것은 우리가 이런 이해의 과정에서 종합적인 과학을 사용하지 않는다는 것을 뜻하는 것은 아니다. 심리학적 방법을 사용하지 않고 어린이의 심리적 기능을 연구할 길이 없고, 생리학적 방법을 사용하지 않고 어린이의 생리적 기능을 이해할 길이 없다. 이는 종합적 과학이 결정적으로 온전체의 과학에 종속된다는 뜻이다. 즉, 우리는 마음을 연구하기 위해서가 아니라 어린이 발달을 연구하기 위해서 기억을 연구하는 것이다.

I. 양적 성장과 질적 변화. 자연적 온전체의 과학의 대상은 전적으로 자연에 의해 우리에게 드러나므로 모든 자연적 온전체의 과학에서 가장 큰 위험은 오직 경험적 관찰에만 머무는 것이다. 예컨대 어린이의 키와 몸무게를 재는 부모나 시험점수를 매기는 교사에게 아동 발달은 키와 몸무게의 단순 성장이나 정신 능력의 확장으로 보일 것이다(1-1~1-2). 성장은 분명 발달의 두드러진 특징이다(1-3). 수정란은 원래 단일 세포로 시작하지만 성인의 신체는 37조 2,000억 개의 세포로 이루어진다. 그러나 발달을 순전히 양적인 증가로 보는 이러한 관점은 '전성설' 이론을 낳았으며(1-6), 이는 실제적으로는 태생학조차 설명하지 못한다(1-8). 비고츠키는 어린이의 발달은 어떤 점에서 애벌레가 나비로 변태하는 것에 더욱 가깝다고 말한다(1-9). 이는 단순히 비유적 표현이 아니다. 예컨대 말 발달에서 우리는 이 표현과의 정확한 상응을 발견한다. 양적 성장과 질적 변화의 관계를 특징짓기 위해 비고츠키는 세 개의 일반적인 명제, 즉 주기성, 불균등성, 변태를 제시한다.

A. 주기성(1-15~1-16). 첫 번째 일반 명제는 아동 발달이 선형적이지 않고 연속적 곡선으로 이루어진다는 것이다. 양적 발달도 고점과 저점을 갖는다. 예컨대 뇌 시냅스 형성 비율은 유아기에 증가하고 초기 유년기에는 감소한다. 어휘 성장 비율은 유년기에 증가하고 청소년기에는 감소한다.

B. 불균등성(1-18~1-20). 주기성의 결과 다양한 조직과 다양한 기관, 기능이 불균등하게 발달한다. 예컨대 지방 조직은 7~15세 사이에 증가하며 11세에 정점을 찍는다. 가슴샘은 출생 시 불균등하게 크지만 유년기를 통해 퇴화 과정을 거친다. 개념 형성은 청소년기에 일어나는 심리적 기능인 것으로 보인다.

C. 변태(1-21~1-26). 주기성과 불균등성의 결과 아동 발달은 점진적인 성장보다는 변태를 닮는다고 비고츠키는 말한다. 각각의 진화는 그 속에 퇴화를 포함한다. 즉, 어떤 조직, 기관, 기능이 새로운 것으로 대체되면서 기존의 것들은 시드는 것이다. 젖살은 근육으로 대체되며 대뇌피질은 이전에 중뇌가 수행하던 수많은 기능들을 떠맡는다. 이에 따라 걷기는 기기를 대체하고 말은 옹알이를 대체한다. 아주 어린 아이에게 '사랑'은 부모와의 관계를 떠올리게 하지만 청소년에게는 그렇지 않다. 이 모두는 순전히 '생득적'(유전적) 방식이나 순전히 '경험적'(환경에 대한 단순 반응) 방식으로 일어나지 않는다. 이 모두는 '이중적으로 조건화'된다. 즉, 유기체 외적 조건에 의존하는 만큼 유기체 내적 조건에도 의존하는 것이다.

II. 유전과 환경. 비고츠키는 '이중적 조건성'조차 복잡한 인간 특질의 발달을 설명하는 데 충분하지 않다고 주장한다. 인간 특질의 발달은 결코 반응이 아니며, 유기체 내외적 조건보다 유기체 상호 간 조건에 의존하는 상호작용이다. 이를 논하기 위해 비고츠키는

'이중적 조건성'을 태생적(유기체 내적) 이론과 경험적(유기체 외적) 이론으로 구분 짓는 가장 강한 이론을 선택한다(1-27~1-28). 그는 스턴의 이론(1-29~1-31)을 제시하는데, 스턴에 따르면 모든 기능들은 혼합적 특성을 지닌다. 즉 모든 기능들은 태생적 영향과 경험적 영향의 '융합'이다. 비고츠키는 이 '융합' 관점이 조건 반응에 대한 파블로프의 연구에 의해 '멋지게 확증되었다'는 것을 인정한다(1-32~1-37). 조건 반응에서 자극은 환경에 의해 주어지지만, 반응은 여전히 유전에 의해 주어진다. 유전은 멘델의 법칙을 따른다. 비고츠키는 학생들이 이미 이 법칙들을 다른 강좌에서 다루었다고 말하면서도, 학생들이 생물학적 유전과 사회적 유산을 구분할 수 있도록 하기 위해 복습한다.

A. 우열의 법칙. 눈 색과 같이 부모의 단순 형질이 다를 때, 자손에서는 그중 하나만 우세하게 나타난다(1-43).

B. 분리의 법칙. 부모가 우성 유전자와 열성 유전자를 모두 가진 잡종일 때, 우성 형질을 나타내는 자손은 셋(하나는 순종, 둘은 잡종)이고, 열성 형질을 나타내는 자손은 하나(순종)이다(1-44).

C. 독립의 법칙. 하나의 단순 형질로 다른 형질을 예측할 수 없다. 예컨대 눈 색으로 귓불 모양을 예견하는 것은 불가능하다(1-45).

그러고 나서 비고츠키는 멘델의 법칙이 인간에 직접 적용될 수 없음을 보여 준다(1-46). 인간에 있어 친족 관계의 가까운 정도는 사회적 조건 정도와 일치하는 경향이 있기 때문이다. 우리는 부모나 조부모와 유전자뿐 아니라 집과 가정도 공유한다. 비고츠키는 피어슨(1-47), 뷜러(1-48), 피터스(1-49), 갈톤(1-50)이 생물학적 유전과 사회적 유전을 혼동했다고 지적한다. 그는 학점이나 범죄성과 같은 특성에서는 사회적 조건이 단지 연관되어 있을 뿐 아니라 결정적이기 쉽다는 블론스키의 말에 강하게 동의한다(1-52). 비고츠키는 '탐탁지 않은 사람들'을 불임화하고 '바람직한 사람들' 간의 결혼을 장려하는 미국의 우생학 운동을 냉정하게 공격한다(1-53~1-56). 그는 다음과 같이 주장한다.

A. 현재 우리는 생물학적 유전과 사회적 유전을 분리할 수 없다(1-57).

B. 계급 사회에서 사회적 유산은 유전적 유산만큼이나 안정적이며 바꾸기 어렵고, 표준적으로 분배되어 있지 않다. 부와 권력과 교육은 지배 계급의 손에 압도적으로 집중되어 있기 때문에, 범죄성이나 지능과 같은 특질이 멘델의 법칙에 따라 분배되리라 기대하는 것은 어리석은 일이다(1-58). 공무원직이나 교수직 및 징역 선고의 분배는 유전학과 자유 결혼에 맡겨놓기에는 너무도 중요하다(1-59~1-60).

III. 사회적 환경과 대뇌피질. 이처럼 비고츠키는 스턴이 이론적으로 그리고 갈톤, 피어슨, 뷜러, 피터스가 경험적으로 한데 모아 놓은 모든 요인들을 올바르게 구분하기만 해도 발달에서의 핵심 역할은 유기체도 환경도 아닌, 사회적 환경임이 드러난다고 말한다(1-60). 사회적 환경은 다른 유기체와 상호작용하는 유기체로 이루어진 환경이다. 이는 지금까지는 S. 홀과 '생물발생적' 원칙이 지배해 온 아동학이 '개정'되는 중요한 지점이다. 발달에서 주요 요인이 '여기-지금'의 사회적 환경 속에서 '여기-지금'의 상호작용이라면 우리는 개체발생이 전前 역사적 계통발생이나 심지어 역사적인 사회발생을 반복하리라 기대해서는 안 된다(1-61~1-62). 그 대신 우리는 이러한 유기체간 상호작용이 어린이의 인격을 형성하도록 하는 생물학적 전제 조건을 찾아야 한다. 비고츠키는 이것이 유년기의 신경적, 자발적 생리적 기능을 형성하는 데에서 주도적 역할을 하는 부분과 동일한 부분, 즉 대뇌피질이라고 주장한다(1-63~1-65). 그는 어류와 심지어 개도 대뇌 없이 상당히 잘 기능하지만 대뇌 없이 태어난 영아는 발달하지 않음을 보여 주는 증거들을 인용한다(1-66~1-69). 대뇌피질은 계통발생적으로 늦게 발달하며, 대뇌피질에서 가장 중요한 것은 '여기-지금'의 상호작용이다. 이는 '개체발생이 계통발생을 반복한다'는 생물발생적 원칙이 그릇됨을 시사한다(1-70). 비고츠키는 이 절을 두 가지 요점으로 요약한다.

A. 아동 발달은 생물적(유기체 내적, 유기체 외적) 요인과 사회적(유기체 간) 요인이 함께 고려되었을 경우에만 연구될 수 있다(1-75).

B. 아동 발달의 여러 시기들을 구분하는 본질적 특징은 이러한 생물적, 사회적 요인들의 엮임이다. 이들은 서로 다른 두 가지 종류의 요인으로 간주될 수 없다. 첫째, 생물적, 사회적 요인들이 어린이에게 '내면화'되어 어린이 인격에 통합되고 대뇌피질에 (예컨대 말로서) 부호화되면 이 둘을 구분하는 것은 더 이상 불가능해진다. 모든 행동, 심지어 모든 생각은 생물적 매개를 거쳐야 하며 반대로 모든 생물적인 것(예컨대 생식)은 어린이의 사회적 요인(사랑과 결혼)을 거쳐야 한다(1-75~1-88).

IV. 자연적 통합체의 과학으로서의 아동학. 비고츠키는 생물적 요소, 사회적 요소 등을 구분하고 재통합하는 데에서 아동학은 매우 특별하다고 말한다(1-89). 그러나 그는 아동학이 유일한 것은 아니라고 말한다(1-90). 천문학, 지질학, 지리학과 같이 그러한 과학들이 또 있다(1-91). 예를 들어, 동물학, 식물학, 정치경제학, 역사학은 모두 개별적 학문이지만, 지리학은 지구의 어떤 지역을 설명하고 이해하기 위해 이 모든 학문들을 끌어들인다(1-92). 비고츠키는 아동학도 이와 마찬가지로 어린이 발달을 설명하고 이해하기 위하여 심리학, 교육학, 의학을 끌어 와야 한다고 주장한다(1-93). 아동학은 그것의 실천적 의미에 더하여 중요한 철학적 의미를 지닌다. 즉, 어린이들이 생물적 요소로부터 사회적 요소로 이행하는 순간을 연구함으로써 어떻게 인간의 역사가 자연적 역사의 한 부분을 이루는지를 말해 줄 수 있는 것이다(1-94~1-99). 마르크스가 말했듯이 오직 하나의 과학, 즉 '역사의 과학'만이 존재한다. 이는 전체로서의 자연의 역사, 혹은 자의식을 갖게 된 자연의 일부, 즉 인간의 역사라고 생각할 수 있다. 아동학을 연구하면서 우리는 하나가 다른 하나가 되는 계기를 연구한다.

1장 학습 계획 2번 과제 예시

2. (어떤 나라에 대한 묘사를 다룬) 지리학에 관련된 한 단원이나 장을 분석하고 다음을 기록한다.
1) 보고된 과학 자료를 확립하기 위해 어떤 과학적 방법이 사용되었는가?
2) 다양한 지구 표면들에 대한 연구에서 지리학의 다양한 관점들이 어떻게 결합되었는가?
3) 교재에 제시된 각 명제에 대한 구체적 사례를 개인적 관찰 또는 책과 다른 자료에서 얻은 정보에서 취해 제시한다.

2009개정교육과정 중학교 3학년 과학 교과서(비상교육)

*수업 개관
특정 생물의 지리적 분포를 조사해 보면 생물이 진화한다는 증거를 찾을 수 있다. 예컨대, 캥거루나 오리너구리는 호주 대륙에서만 발견된다. 갈라파고스 제도의 여러 섬에

서 부리 모양이 다른 핀치를 발견할 수 있다. 생물이 지리적으로 격리(높은 산맥, 깊은 강, 넓은 바다 등에 의해)되었을 때 그 환경에 알맞게 적응하여 다른 지역의 생물과는 다른 방향으로 진화한다.

*수업 계획
특정 대륙에만 존재하는 생물(동물, 식물)을 조사한다.
특정 지역(습지, 늪지)에 많이 존재하는 생물을 조사한다.
특정 대륙이나 지역에만 존재하는 이유를 설명한다.

1) 관찰 조사(특정 생물, 특정 생물의 부리 모양), 분류
2) 지구 표면은 크게 바다와 육지로 구분된다. 육지에 사는 생물은 넓은 바다를 건너 자유롭게 왕복할 수 없다. 육지는 위도나 지리적 특성에 따라 기후 등의 환경이 다르며, 그에 따라 식물 분포가 다르고 식물을 먹이로 하는 동물의 분포가 다르다. 이러한 격리가 오래될 경우 서로 다른 방향으로의 진화가 일어날 수 있다.
3) 코끼리는 아프리카와 아시아 특정 지역(인도와 동남아시아)에만 존재한다. 대륙별 최상위 육식 포식자가 다르다(아프리카의 사자, 아시아의 호랑이, 아메리카의 재규어). 호주에는 원래 토끼가 없다. 벌레를 잡아먹는 식충식물은 주로 습지나 늪지에 존재한다. 식충식물은 습지나 늪지에 부족한 질소 성분을 벌레를 통해 얻는다.

제2장
아동학의 방법

이 탕카(탱화)는 티베트의 섭정 산계 가쵸(Sangye Gyatso, 1653~1705)가 쓴 의술서 『푸른 녹주석(vaidurya ngonpo)』에 수록된 것이다. 적, 황, 녹, 청의 네 가지 색깔은 육체의 부분들과 '호흡'을 의미한다. 고대 그리스인과 마찬가지로 티베트인은 정신 과정을 일종의 호흡이라고 믿었다. 티베트인은 정신 과정을 생각하기, 움직이기, 말하기로 나누었다. 그림 속 나무의 세 갈래로 뻗은 가지는 각각의 과정을 알아낼 수 있는 세 가지 방법, 관찰, 접촉, 질문을 가리킨다. 이 장에서 비고츠키는 열네 가지 방법들을 나열한다. 하지만 마지막 세 가지 방법만이 아동학 고유의 것이고, 나머지는 인접 학문 영역에서 빌려 온 것이다. 그럼에도 불구하고 비고츠키는 아동학이 독립된 과학이자, 고유한 이론적, 실천적, 철학적 문제를 가진 '자연적 온전체의 과학'이라고 주장한다. 비고츠키의 말에 따르면, 가장 큰 방법적 문제는 우리가 아동학을 교육학, 심리학, 의학과 같은 다른 과학들에 적용하려 해 왔다는 것이다. 이제 우리는 거꾸로 다른 과학들은 물론 변증법의 논리까지도 아동학에 적용하는 법을 배워야만 한다.

2

수업 내용

아동학의 원칙적 개정―아동학에 변증법적 방법의 적용―관념론적 아동학과 유물론적 아동학―아동학적 관찰, 실험, 자연적 실험, 검사― 인체측정학, 신체검사, 환경적 연구, 문헌 수집, 교육학적 연구―실제 연령과 여권 연령―표준의 개념―어린이에 대한 대규모 연구―아동학 고유의 방법

학습 계획

1. 교재를 주의 깊게 읽고 요약한다.

2. 어린이의 실제 연령과 여권 연령의 불일치, 여러분이 알고 있는 어린이 발달의 표준, 대규모 현상 연구에서 발견되는 법칙의 구체적 사례를 찾는다.

2-1] 오늘날 아동학은 특히 우리나라에서 심각한 위기를 겪고 있다. 어린이에 대한 과학 전체의 기본 원리뿐 아니라 실제 내용이 우리의 눈앞에서 수정되고 있다. 이러한 아동학의 위기는 대개 세 가지 기본 계기와 연관되어 있다.

2-2] 첫째, 그것은 아동학 자체의 상태, 그 나이로 설명된다. 아동학

은 매우 어리고 아직 완전히 무르익지 않았으며 완전히 공식화되지 않았고 과학으로서의 철학적 면면이 완전히 갖추어지지 않았다. 아동학의 토대에 놓여 있는 어린이 발달에 대한 각각의 연구들과 이를 위한 사실적 자료의 수집이 매우 오래전부터 있어 왔던 것은 사실이지만, 스스로의 대상과 방법 그리고 철학적 토대를 정확히 인식하는 과학으로서 아동학 자체의 공식화는 아직 완결되지 않았다. 더 정확히 말하자면 공식화의 과정이 시작되기는 했으나 아직 끝나지 않았으며 끝에 이르기에는 아직 갈 길이 멀다.

이 원고가 집필된 1929년은 아동학이 아직 성장하고 있던 시기였다. 최초의 국제 아동학 학회가 1911년에 개최되었으므로 세계적으로 본다면 아동학은 청소년기를 지나고 있을 때였다. 러시아 최초의 아동학 연구소는 1918년에 설립되었으므로 러시아의 아동학은 학령기에 다다른 셈이었다. '최초의' 국제 아동학 학회는 최후의 학회이기도 했다. 세계대전으로 수백만의 어린이는 물론 아동학자들이 말살되었으며 서유럽에서 아동학은 완전히 소멸되었다. 러시아의 아동학은 겨우 살아남았으나 비고츠키의 지적과 같이 위기에 놓여 있었다. 모든 발달적 위기가 그러하듯 러시아 아동학은 날카로운 모순을 안고 있었다. 한편으로 아동학은 비고츠키가 말하듯, 통합적 전체에 대한 통합적 과학이다. 그러나 다른 한편으로 아동학은 블론스키가 말하듯, 오일과 식초가 섞인 샐러드 소스인 비네그레트와 같은 상태였다. 유럽의 아동학은 독일의 관념론에 토대하고 있었다. 예를 들어 스턴은 어린이가 처음부터 인격을 가지고 태어나며, 성장은 이미 선천적인 영혼을 발현시키는 것에 불과하다고 믿었다. 러시아의 아동학은 속류 유물론에 토대하고 있었다. 예를 들어 베흐테레프는 어린이의 행동이 신경학적 반응으로 설명될 수 있다고 믿었다. 비네그레트 소스와 같이, 이 두 요소들은 흔들어 섞으면 잠시 섞여 있는 듯 보일지 몰라도 곧 오일은 뜨고 식초는 가라앉아 분리된다. 비고츠키는 러시아의 아동학을 살리기 위해서 마르크스주의, 즉 전체론, 역사주의, 유물론에 토대한 아동학을 확립해야만 했다. 어린이는 불완전한 성인이 아닌 하나의 통합된 구조이고(전체론, 따라서 각 연령기는 그 자체로 하나의 게슈탈트이다), 발달은 언제나 행동의 역사로만 이해될 수 있으며(역사주의), 발달은 언제나 유물론(한편으로는 생물학, 다른 한편으로는 가족과 학교의 구체적, 유물적 사회적 관계에 뿌리를 내려야 한다는 신념)적 토대를 기반으로 한 것이다. 하지만 우리나라의 교육대학과 사범대학에서는 여전히 아동심리학, 교육학, 각 교과목의 교육과정들을 개별적으로 가르치고 있다. 교사들은 '자연적 온전체(어린이)'를 가르치면서도 정작 '자연적 온전체의 과학'에 대해서는 전혀 배우지 못하고 있다.

2-3] 블론스키는 말한다. "아동학은 이미 20세기 초에 아동심리학과 동일시되었다. 유물론적 관점의 발달과 더불어 아동학은 그 내용이 확장되어 어린이 인체측정학과 동일시되었다. 우리는 사실을 말해야 한다. 오늘날 아동학 강좌들은 종종 아동학을 매우 다양한 분야의 지식을 뒤섞은 비네그레트와 같은 것, 즉 어린이와 관련된 모든 것을 여러 과학들로부터 가져온 단순한 자료 모음으로 표현한다. 그러나 진정 이런 비네그레트가 독립적 과학인가? 물론 아니다."

2-4] 아동학에 선행한 것들과 마찬가지로 이후에는 실험 교육학에 대한 연구, 어린이 성장과 신체적 발달에 대한 연구 등이 대두한다. 이 모든 것은 미래의 아동학을 위한 사실적 자료의 축적으로 기능했다.

2-5] 앞 장에서 보았듯 아동학은 어린이 발달의 각 측면을 연구하는 다른 학문들과는 여러모로 차이 나는, 매우 고유한 학문이다. 우리가 보았듯 아동학의 고유함은 어린이를 통합된 전체로 연구하는 것으로 환원될 수 있다. 즉 어린이의 다양한 측면을 연구한 여러 과학적 자료를 통합하고, 각각의 특정한 연령기 구조, 말하자면 각각의 특정 연령기 단계의 어린이를 통합된 전체로서 나타내는 것을 목표로 삼아 어

린이를 통합된 전체로 연구하는 것이다. 이런 의미로 아동학은 방법론적 측면에서 볼 때 과학 분류상 자연적 온전체의 과학으로 알려진 특수한 무리의 과학에 속한다.

2-6] 이에 대해 스탠리 홀은 다음과 같이 말한다. "어린이에 대한 과학은 어떤 부분은 심리학, 어떤 부분은 인류학, 어떤 부분은 의학과 보건학이기 때문에, 그 어떤 범주에도 속하지 않으며 그 어느 것과도 비슷하지 않다. 의사는 몸무게와 키를 재고 귀와 눈 등을 검사한다. 언어학자는 어린이의 언어에서 인간 언어 발달을 연구한다. 그러나 이 둘 모두 서로에 대해 알고 싶어 하지 않을 뿐 아니라, '나'의 느낌 발달에 대해, 공포, 분노, 미신에 대해, 각 시기마다 다른 흥미들에 대해, 어린이 기억 발달 등에 대해 알려고 하지 않는다."

2-7] "아동학의 특이성은 그것이 새로운 방향을 향하고 있고, 수많은 과학 분과와 과학적 방법들이 하나의 대상에 집중한다는 데 있다. 이들 중 대부분, 최소한 일부는 오늘날까지 그러한 연관을 맺은 바가 없다."

2-8] 앞 장에서는 우리 과학과 비슷한 입장들의 이론적, 실용적, 철학적 바탕을 제시했다. 거기서 우리는 아동학과 과학 사이에 비슷한 점이 전혀 없다는 홀의 의견이 전적으로 옳은 것은 아님을 보여 주고자 했다. 자연적 온전체에 대한 유사한 과학들이 존재하기 때문이다.

2-9] 지금 우리에게 중요한 것은 단지 아동학의 이러한 특징과 아동학이 다른 과학과 맺는 고유한 관계를 상기하는 것이다. 이는 아동학의 발달 경로 자체가, 나름의 체계 확립과 모든 고유한 연구를 위해 이제 방법론적, 철학적 토대를 다질 필요에 도달했음을 지적하기 위함이다.

2-10] 아동학은 광대한 사실 자료들을 축적해 왔고 어린이에 대한 매우 다양한 연구 분야의 가장 고도로 분화된 연구에 토대를 두었지만, 아직 이 모든 자료를 통일된 과학 지식 체계로 통합, 형성하는 주된

과업을 수행하지는 못했다. 이 과업의 바로 이러한 지대한 특수성과 방법론적 난관으로 인해, 서구와 미국의 순전히 경험적이고 절충적인 바탕 위에 세워진 아동학은 온전체로서의 어린이를 과학적 체계 안에서 종합, 포용하는 위대한 일을 이룰 수 없었다.

2-11] 현재의 위기를 규정하는 두 번째 계기는 아동학이 언제나 문화화의 실천과 밀접하게 연결되어 있다는 것이다. 심할 정도로 아동학은 모이만과 같은 저자들에 의해 실험 교육학으로 통째로 변형되었다. 이 시대 문화화의 문제가 십중팔구 학교 교수-학습으로 환원되었다는 것을 고려하면 이는 상당히 이해할 만하다. 이와 같이 아동학은 언제나 지배적인 문화화 체계에 강하게 의존함이 드러난다. 목표와 과업을 규정하고 기본적인 문화화 형태들을 발달시키는, 아동학과 교육학 간의 이러한 단단한 연결은 지금까지도 계속 존재한다.

*E. 모이만(Ernst Meumann, 1862~1915)은 대다수의 심리학자들처럼 빌헬름 분트의 제자였다. 그는 리듬의 미학에 대한 논문을 썼고, 스위스 취리히 대학의 교수가 되었다. 비고츠키가 말한 것처럼 그는 '실험 교육학'에 집중했고, 종교, 자신이 지지했던 군국주의, 미학에 대해서도 많은 글을 썼다. 그는 간학문적 연구를 하면서도 어린이 과학에 대한 접근에서는 학문적 경계를 넘어서지 못했던 대표적인 사례이다.

2-12] 한편으로, 아동학은 항상 실체적인 어린이, 즉 발달하는 어린이뿐 아니라 문화화되는 어린이, 특정한 환경 속에서 성장하는 어린이를 연구해 왔다. 과학적 관점에서 볼 때 환경은 문화화의 기본 요소이므로, 아동학은 언제나 특정한 어린이 환경의 특정한 문화화 형태를 실제적으로 연구해야만 한다. 다른 한편으로 아동학은 어린이 발달 법칙

을 연구하면서 모종의 과학적 법칙과 원칙을 발달시키며 이는 다시 교육학적 과정의 과학성을 입증하는 근거로 사용되어야 한다.

2-13] 어린이 과학으로서 아동학은 상당히, 그 전체 발달 내내 국소적 연구 실천에서나 그 토대를 마련해 주는 과학 분과에서나 모두 문화화의 실천에 대한 이론적 일반화였다. 어린이에 대한 지식의 기본 원천과 이 발달 중인 과학의 기본 동력은 항상 교육학적 실천이었다. 그것이 바로 우리 과학의 역사가 아동학의 역사적, '선역사적' 경로의 전체 흐름에서 아동 발달 이론과 어린이 문화화의 실천 간의 긴밀한 관계를 언제나 쉽게 찾아서 드러낼 수 있었던 이유이다.

2-14] 어린이에 대한 과학과 어린이의 문화화에 대한 과학, 즉 아동학과 교육학 사이의 바로 이러한 강한 연결이 우리나라에서의 아동학 개편을 좌우해 왔다. 혁명은 모든 문화화 구조를 급진적으로 변화시켰다.

"아동학과 교육학 간의 강한 연결이 아동학 개편을 좌우했다"고 비고츠키가 말하는 것은 이 강한 연결이 느슨해질 필요가 있다는 것이다. 홀과 모이만 같은 사람들 밑에서 아동학은 이론일 뿐이었고, 가르치는 일은 그 이론의 실천이었다. 그러나 이는 신생아나 유아에 대한 아동학은 존재하지 않으며, 청소년 아동학도 사실상 중고등학교의 교육학일 뿐임을 의미했다. 아동학이 온전한 과학이 되기 위해서는 그것이 개선되어야 한다. 아동학은 자연적 온전체의 과학이 되어야 한다. 그러나 혁명이 모든 문화화 구조를 급진적으로 변화시켰다는 비고츠키의 말에는 뭔가 다른 의미가 있다. 그것은 1917년 러시아 혁명이 러시아 가정, 러시아 가족, 여성의 삶, 어린이의 삶은 물론 교사와 학생들의 삶까지 러시아 사회를 완전히 변화시켰다는 것이다. 내전과 기근이 있었고 700만의 집 잃은 어린이가 생겨났다. 그러나 또한 일하는 가족을 위한 유치원이 생겼고, 보편 교육이 가능해졌다. 다음 문단에서 잘 킨트는 보상과 벌, 즉 '조건 반사'의 틀을 벗어난 교육을 통해 새로운 형태의 뇌 구조화가 가능해질 것임을 시사한다.

2-15] "사회주의 사업 계획의 최우선 과제 중 하나는 새로운 사회주의적 인간의 양성에 대한 질문이다"라고 잘킨트는 말한다. 이에 따라 아동학은 새로운 문화화 체계를 이론화하는 과업에 당면하게 되었다. 이처럼, 실천은 극도로 중요한 일련의 문제를 과학 앞에 내밀었던 것이다.

2-16] 다른 한편으로, 과학적 이론의 진실 여부를 검증하는 것은 결국 실천이다. "인간의 생물학적 구조의 문제, 인간 정신생리학의 문제는 그 밑바닥부터 사회적 문화화의 실천 속에서 검증된다"라고 잘킨트는 말한다. 또한 "프롤레타리아 교육학은 먼저 인간 정신생리학 이해의 영역에서 혁명적 지름길을 실천을 통해 마주함을 직시해야 한다"라고 덧붙인다.

2-17] 낡은 교육학적 실천이 낡은 어린이 과학 체계에서 출현했듯이, 새롭고 혁명적인 교육학은 새로운 아동학 체계를 요구하고 낡은 것의 개정을 촉구하며 새로운 아동학의 기본적 특성을 구체화하는 과정을 추동한다. 새로운 문화화는 어린이에 관한 새로운 이론을 발생시킨다. 그러나 아동학과 교육학 간의 가장 심오한 기본적 연결은 다음과 같다. 새로운 문화화가 실은 새로운 인간을 창조하며, 그 자체로 과학이 일찍이 결코 생각도 못했고 "심지어 우리의 철학자들이 꿈도 꾸지 못했던" 어린이의 새로운 측면을 드러낸다는 것이다.

> "심지어 우리의 철학자들이 꿈도 꾸지 못했던"은 『햄릿』의 한 구절이다. 비고츠키는 『생각과 말』 7장(**7-2-4**)에서도 이를 인용했다.
>
> 햄릿: 호레이쇼, 천지간에는 자네의 철학으로 상상하는 것보다 많은 것들이 있다네(1.5.167-8).

2-18] 그리고 마지막으로, 아동학의 최근 개정의 근거가 된 세 번째

계기는 철학적 계기이다. 서구와 미국에서 발달한 아동학은 그 이론과 실제에서 모든 부르주아 문화화 체계와 불가분의 관계에 있다. 잘 알려져 있듯이 문화화는 계급 사회에서 계급투쟁을 위한 하나의 중요한 수단으로 남겨져 있다. 관념주의 철학과 연관되어 있으면서 부르주아 문화화의 이론과 실천의 요구에 중압을 겪는 아동학은 그 자체에 비과학적 요소들이 많이 있다. 이 마지막 계기에서 관념주의적 생각과 특히 부르주아 교육학의 입장에서 비롯된 많은 요소들이 속해 있는 아동학을 개정할 필요가 나타난다.

2-19] 과학으로의 입문과 과학으로서의 아동학의 가능성 자체는 아동학을 인식의 변증법적 방법에 적용할 수 있는가에 달려 있다. 이 방법을 아동학에 적용시키는 것을 특징짓는 기본적, 원칙적 계기는 다른 모든 개별 과학에의 적용과 같다. 오직 방법론적 토대로서의 유물론적 변증법만이 아동학을 변증법적 방법을 사용하여 발전된 진정한 의미의 과학이 되게 한다. 따라서 아동학이 실제로 이 근본적인 인식 방법을 숙달해야만 철학적 바탕 위에서 특정한 과학적 방법체계를 발달시킬 수 있으며, 다른 무엇보다도 진정한 의미에서의 과학으로서의 발달과 존재를 보장해 주는 기본 원칙 확립을 발달시킬 수 있다.

2-20] 아동학이 독립적인 과학이 될 수 있는지를 둘러싼 논쟁은 변증법적 기초가 없는 아동학은 사실상 독립적인 과학으로 존재할 수 없음이 드러난 상황으로부터 나왔다. 그것은 필연적으로 내적 통일성 없는 이질적인 지식들의 혼합물이 되어 버린다. 양질 전환이라는 변증법의 기본 법칙—이 법칙을 뒤집어 발달 과정에서 발생하는 질적인 고유한 내적 운동 형태를 기계적인 운동으로 환원할 수 없다—은 변증법적 인식 방법에 의존하는 모든 과학이, 새로운 발달 단계마다 발생하고 그 단계에서 생겨나는 새로운 전체를 특징짓는 새로운 특질, 새로운 규칙성, 특수한 연결을 연구하도록 이끈다. 관념주의 심리학의 이원론적 관

점과 기계적 자연과학의 원자론적 관점은, 발달의 각 연령기 단계에서, 어린이 발달의 각 측면을 구별하는 특질과 규칙을 단순히 축적하는 방식으로는 도출되지 않는 특정한 규칙에 종속되는 전체로서의 어린이에 대한 지식으로 이끌 수 없다.

비고츠키 시대에 아동학은 독립적인 과학으로 취급되지 않았다. 아동학은 교육학의 일부이거나 아동심리학 혹은 아동 발달론의 일부였다. 그 이유는 당시 사람들이 아동학을 비변증법적으로 다루었기 때문이다. 비변증법적인 아동학은 생리학과 심리학이 어떻게 내적으로 연결되는지 이해하지 못한다. 그 내적 연결을 보지 못한다면 생리학과 심리학은 비네그레트나 유액처럼 단지 기계적으로 모여 있는 것으로 보인다. 대다수의 부모들, 심지어 교사들조차 '건전한 마음과 건강한 몸'이라는 말처럼 사춘기와 학문적인 개념을 더한 것이 청소년기라고 생각한다. 중학교 시간표는 중등교육과정의 비유, 아니 어쩌면 환유이다. 그것에서 문제를 유추할 수 있을 뿐 아니라 그것이 문제의 실제적이고 구체적인 사례이기 때문이다. 중학교 시간표는 체육과 수학, 자연과학과 사회과학, 예술과 과학을 단지 기계적으로 묶어 놓는다. 이 과목들은 시간표에 의해서 외적으로 연결되었을 뿐 내적으로 연결되어 있지 않다. 단지 시종 소리와 쉬는 시간에 의해 '결합'되어 있을 뿐이다. 그러나 비고츠키는 사춘기와 학문적 개념 간에는 내적 연결 즉 발달적 연결이 있다고 말한다. 청소년기 전체가 위기라고 생각하는 것은 잘못이다. 어린이는 사춘기에 타자를 향한, 더 나아가 그 자신을 향한 비판적 추상을 배운다. 이런 '분열(일종의 자발적 자폐)'은 사춘기와 학문적 개념 간의 내적 연결이다. 예술과 과학(고차적 감정과 고차적 사고), 체육과 수학(게임 규칙과 알고리즘), 자연과학과 사회과학(환경학과 경제학) 간에도 내적 연결이 존재한다. 바로 이것이 청소년들이 학습하는 것이다. 학교 교육과정은 어린이를 연령에 따라 기계적으로 나누어 놓는다. 한 학년과 다른 학년은 내적으로 연결되어 있지 않다. 어린이는 발달적 연령이 아닌 어떤 것, 예컨대 여권 연령과 같은 것에 의해 한 반에 모이게 되는 것이다. 이 연령 집단은 단지 학사력에 따라 결합되어 있을 뿐이다. 그러나 비고츠키는 연령 간에도 내적 연결이 있다고 말한다. 이 내적 연결을 보기 위해서는 변증법이 필요하다. 특히 우리는 초등 학령기의 양적 성장(키, 몸무게)이 어떻게 중등 학령기의 질적 분화(다른 신체적 능력)로 변환되는지 이해해야만 한다. 이러한 양질 변환은 중등 학령기 내에서도 유효하다. 즉, 성장의 양적 변화(성대 길이)가 발달의 질적 변화(음성 변화)를 이끌며, 학문적 지식에서의 양적 변화(어휘 학습)는 개념에서의 질적 변화(새로운 형태의 문법, 대화, 서술)를 이끌어 낸다.

2-21] 변증법적 방법의 제1원칙은 현상을 동적으로, 발달과 변화의 과정으로, 모든 개별 현상의 의존 관계 속에서 통합적으로 연구하는 것이다. 이것이 대상을 언제나 동일한 정적인 것으로 보는 형이상학적 연구 방법과 구별되는 점이다. 이것은 아동학이 아동 발달의 진정한 복잡성과 그 기본 과정에 수반되는 모든 복잡한 변화를 연구할 수 있는 가능성을 만들어 준다. 발달에 대한 과학적 연구는 일반적으로 변증법적 이해를 벗어나서는 불가능하다. 발달 개념 자체가 반드시 현상의 보편적 변화 가능성을 내포하며 이것 없이는 발달 자체가 단지 기계적인 성장 과정으로 나타나기 때문이다.

2-22] 더 나아가 단일한 온전체의 과학으로서의 아동학의 가능성은 어린이 발달의 개별적 측면을 서로 단단하게 연결된 것으로, 기계적이 아니라 변증법적으로 연결된 것으로 연구하고자 해야만 실현 가능하다. 이것은 아동학이 다양한 지식 영역의 집합이나 파편적인 인간 연구로 끝나지 않는 것을 보증하는 유일한 길이다. 해부학자, 생리학자, 심리학자는 자신의 측면만 알 뿐, 그 온전체는 과학적으로 전혀 알려지지 않는 것이다.

2-23] 그러므로 발달 연구와 어린이에 대한 총체적인 접근에는 아동학에서의 변증법적 방법의 적용이라는 피할 수 없는 결과가 따른다.

하지만 이 방법은 연구 중인 모든 현상, 모든 상이한 측면들과 과정들의 통합체의 확립을 상정한다. 그렇지 않다면 그들 사이에 어떠한 연결을 짓기란 불가능하기 때문이다.

이제 비고츠키는 나치 심리학에 대한 비판으로 변증법적 유물론적 심리학을 주장한다. 이것은 오늘날엔 불필요한 일이다. 우리는 슈프랑거와 같은 나치 심리학자들이 믿었던 것이 옳지 않다는 것을 안다. 예컨대 슈프랑거는 여러 인종이 정말로 다른 인간 유형들을 나타낸다고 믿었고, 이런 이유로 독일인은 유태인 같은 동방인과 결혼해서는 안 되었다. 또한 우리는 나치 심리학이 정신 장애인, '지적으로 열등한' 인종(유태인, 슬라브족) 제거를 목적으로 하는 악명 높은 T4 프로그램의 바탕이 되었다는 것을 알고 있다. 그러나 비고츠키 시대 독일의 심리학은 그때까지는 지구상에서 가장 발전된 것이었다. 그럼에도 불구하고 이 '발전된' 심리학이 전체론과 관념론의 모순이라는 경계 위에 세워져 있음을 비고츠키는 지적한다. 나치의 교육 사상은 일본의 통치 아래 우리나라에도 큰 영향을 미쳤으며, 이승만 시대에도 지속되었다. 오늘날에도 친일 세력과 나치 사상은 완전히 사라지지 않고 우리 사회 곳곳에 존재한다. 나치 심리학은 비변증법적이다. 어린이를 별개의 두 구조로 환원함으로써 나치 심리학은 어린이의 신체적 발달이 심리적 발달에 화답하는 것을 가로막았으며, 또 어린이의 심리적 발달이 점점 성장하는 신체적 힘에 화답할 수밖에 없음을 설명하지 못했다. 이러한 변증법적인 화답은 특히 청소년기에 명백하다. 청소년기는 어린이의 마음과 몸이 모두 자기 해방이라는 욕구에 화답하는 시기이기 때문이다. 나치 심리학은 비유물론적이다. 한편으로, 나치 심리학자들이 원하는 것은 불변하는 '영원한 어린이'가 아니라 '역사적' 어린이이다. 즉 성장해서 강력하고 순종적인 독일인이 될 어린이를 원하는 것이다. 다른 한편으로, 나치 심리학자들은 완전히 관념적이고 낭만적으로 그려진 어린이를 원한다. 이들 심리학자들은 독일 어린이가 문명을 이끌 '세계정신'을 대변하며, 따라서 독일인에게 유럽과 유럽인, 더 나아가 전 세계를 지배할 권리가 있다고 믿었다.

2-24] 이전의 어린이에 대한 과학의 이원론적 경향과 달리 현대 아동학은 일원론적 경향으로 특징지어진다. 이전의 과학은 신체 발달과 영혼의 발달을 서로 직접 연결되지 않고 완전히 다른 세계에 속한 개별 실체들의 발달로 보았으며, 이 둘 사이에는 오직 시간적 일치라는 관계가 성립될 수 있을 뿐이다.

2-25] 이에 대한 가장 좋은 예는 성적 성숙 시기에 신체 변화와 정신 변화의 순수한 시간적 일치에 관한 슈프랑거의 학설이다. 이 저자는 둘 사이에 어떤 연결도 확립하지 않고, 둘을 자기 충족적 실체로 연구하여, 대단히 형이상학적 입장을 취한다.

*E. 슈프랑거(Eduard Spranger, 1882~1963)는 딜타이의 제자였다. 많은 관념론적 철학자들처럼 슈프랑거는 나치가 되었고, 나치는 젊음의 힘과 '의지'에 매료되어 젊음을 순수하고 완전히 분리된 본질로 보았다. 슈프랑거는 곧 히틀러의 잔인함과 어리석음에 놀라게 되었고 그들이 권력을 잡자 항의의 의미로 사직했다. 전쟁 중 독일 젊은이의 황폐함에 싫증 난 슈프랑거는 일본으로 가서 가르치는 일을 하였다. 귀국 후 그는 히틀러 살해 음모에 연루되어 막스 플랑크의 아들(피아노 줄로 교수형을 당함)과 함께 체포되었으나 일본인들이 그의 처형을 막기 위해 개입하였다. 심리학에서 슈프랑거는 형태주의자였고, 육체와 영혼(정신) 모두 구조를 갖지만 그 구조는 물질적인 것과 순수하게 문화적인 것으로 구분된다고 믿었다. 따라서 그는 다음과 같이 말했다.

"신체 유기체의 모든 기관이 전체 형태에 의해 조건 지어지고, 그 전체는 모든 부분적 힘들의 공동 작용에 의해서만 생명을 얻듯이, 영혼 또한 각각의 측면이 전체로부터 이해되고, 전체의 통합은 그 분할과 개별적 기능들로부터 이해되는 목적론적 맥락 속에 존재한다"(Spranger, Eduard(1927). *Psychologie des Jugendalters*(청소년기 심리학). Verlag Quelle & Meyer, p. 9).

우리는 이로부터 그의 전체론의 한계를 볼 수 있다. 이는 관념주의자, 전체론적 이원주의자의 한계이기도 하다. 그에 따르면, 육체는 하나의 구조이자 전체이며 하나의 형태(게슈탈트)이다. 영혼 또한 별개의 구조이자 전체이며 별개의 형태(게슈탈트)이다. 따라서 어린이는 하나의 구조가 아니라 두 개의 구조인 것이다.

2-26] 최근 여러 심리학적 아동학적 경향에서 지배적으로 나타나는, 보통 구조적 접근이라고 불리는 것에 다가가기 위해서는 발달에 대한 일원론적 이해를 토대로 해야만 한다.

2-27] 구조 개념 그 자체, 즉 기계적이거나 누가적인 것이 아닌 각 부분들의 잘 짜여진, 온전한, 총체적 통합은 필연적으로 구조의 각 측면들이 형성하는 통일과 그 부분들 간의 '본질적인' 변증법적 연결을 전제로 한다. 이로부터 최근의 변증법적 방법에 대한 요구, 구체적인 어린이, 즉 특정한 사회적 환경 속에서 성장하고 있는 어린이를 연구해야 한다는 요구가 나타난다.

2-28] 어린이를 그를 둘러싼 사회적 환경과 함께, 즉 이 환경의 구조와 환경에 대한 어린이의 태도와 함께 연구하라는 요구가 아동학에 관한 어떤 장에서도 지금 이 청소년에 관한 장에서만큼 강하게 인식된 적은 없다.

2-29] 부르주아 아동학자들, 예컨대 독일에서 가장 유명한 학자인 슈프랑거도 청소년의 인격을 특정 문화에 태생한 것으로서, 시대와 국가 등에 대한 심리학적 인상을 반영하는 특정한, 구체적인 유형으로 연구하고 있거나 어떻게든 연구하고자 애쓴다고 공공연하게 말하는 것은 흥미로운 일이다. 슈프랑거는 청소년 심리학의 과업은 일반적인 의미의 청년이 아닌 특정 시대의 청소년에 관해 연구하는 것이라고 주장한다.

2-30] 여기서 우리는 현대 아동학의 가장 큰 성취 중 하나인 역사

적 관점의 도입을 볼 수 있는데, 이것이 슈프랑거와 같은 심리학자들의 일반적인 형이상학적 관념주의 세계관과 결합된 것은 사실이다. 그럼에도 불구하고 심리학에도 역사적 계기를 도입할 필요가 있다는 이들의 말은 옳다.

2-31] 어린이와 청소년 발달에서 우리는 두 가지 기본 노선을 구별할 수 있다. 이 노선들에 따라 인격 형성과 발달이 진행되며 이 노선들의 복잡한 엮임으로부터 각 연령 단계의 모든 특이성이 나타난다. 하나는 어린이의 유기체적 성장과 성숙의 노선이고, 다른 하나는 어린이의 사회-문화적 발달과 형성의 노선이다. 어린이는 자신의 발달 과정에서 특정한 생물학적 유형으로 형성될 뿐 아니라, 특정한 역사적 시대의 모든 특징의 흔적을 그 자신 안에 담고 있는 특정한 사회적 인격 유형으로도 형성된다. 특정한 사회적 유형으로서 어린이와 청소년은 역사적으로만 이해될 수 있다. 따라서 아동학적 연구에 역사적 관점을 도입하는 것은 어린이 발달에 대한 완전하고 포괄적인 연구의 전제 조건이 된다. 아동학 이론 자체는 각각의 발달 단계마다 그 자체의 고유한 법칙이 지배하는 어린이 발달의 역사로 변형된다. "영원한 자연법칙은 점점 더 역사적인 법칙으로 변형된다"는 엥겔스의 말은 아동학에 완전히 들어맞는다. 아동학 연구의 고유성은 바로 어린이 발달영역에서 어떻게 "영원한 자연법칙이 점점 역사적 법칙으로 변형되는지" 추적하는 것이다.

2-32] 우리가 청소년을 단지 자연적인 환경에 있는 자연적인 존재로 연구한다면, 청소년에게 가장 중요한 것, 다시 말해 특정한 사회적 역사적 존재라는 것을 간과하는 위험에 처해진다. 사실, 슈프랑거는 항상 정신적 존재의 발달에서 결정적 가치가 있는 정신적 환경을 물질적 환경과 더불어 강력하게 강조한다. 정신적인 문화의 환경에 독립적 가치를 부여하는 것과 이를 물질로서 물질적 환경과 형이상학적으로 대립시키는 것은 심리학에서 현대의 전투적 관념론을 직접 반영한다. 변증법적

방법은 자연적 환경과 더불어 사회적 환경을 구별하며, 문화에서 가장 정신적인 것을 사회적 삶의 기본적인 물질적 토대 위에 세워진 상부구조로 간주한다.

2-33] 그럼에도 불구하고 슈프랑거가 청소년은 역사적으로만 이해될 수 있다고 말한 것은 전적으로 옳다. 사실, 슈프랑거에게 역사적이라는 것은 항상 순수한 정신의 영역이다.

2-34] 그는 우리가 일반적 의미의 정신적 환경 속에 살고 있는 것이 아니라, '정신' 발달의 명백한 역사적 단계와 그것의 특정한 국가적 형태 속에 살고 있다고 말한다. 이로부터 그의 모든 방법의 토대가 되는 다음과 같은 결론이 도출된다. 즉 우리는 일반적인 청소년 아동학을 기술해서는 안 되며 이 과업의 성공을 위한 전제 조건은 다양한 나라와 민족의 청소년에 대한 비교연구라는 것이다. 이로부터 최종 분석에서 평균적 혹은 이상적 유형이 결정화結晶化될 수 있을 것이다. 그는 자신의 문화 시대, 즉 독일 관념론 운동과 영국-프랑스 실증주의 영향을 지나온 시대 속의 독일 청소년의 심리를 기술한다고 말한다.

2-35] 슈프랑거가 자신이 염두에 두고 있는 것은 전후 어린이나 전쟁과 혁명기 청소년의 특징이 아닌 최근 백오십 년 동안 정립된 보다 넓은 역사적 유형이라고 말한 것은 매우 정확하다. 이 유형의 대부분이 영국, 프랑스, 미국 청소년들에게는 타당하고 의미 있겠지만 모두가 그렇지는 않다고 그는 말한다. 유태인 청소년만 하더라도 본질적으로 경로에서 벗어난 특징을 보이는데 우리는 이를 흔히 간과한다. 그러나 '러시아 정신'과 관련해서는 우리가 그와 매우 가까움에도 또한 지울 수 없는 깊은 이질감을 느낀다.

2-36] 슈프랑거 방법의 구체적 특성은 이것으로 끝이 아니다. 그는 더 나아간다. 그는 "부르주아라는 말이 최근 몇 년간 상투화되거나 정치화되지 않았다는 가정하에, 부르주아라고 부를 수 있는 교육받은 젊

은이"의 심리학만을 이 범위 안에서 연구할 것이라고 말한다.

2-37] 슈프랑거의 오류는 역사적 시기의 '정신'(시대정신-K)을 객관적, 독립적 존재로 여김으로써 역사적이고 사회적인 청소년 유형을 이 '정신'의 토대 위에서만 배타적으로 해석하려 했다는 데 있다. 더구나 역사적 관점은 슈프랑거가 세계와 인간의 관계에 대한 '영원하고 시간을 초월한' 범주에서 비롯된 유형학으로 나아가는 것을 막지 못했다. 그러나 역사적 관점의 진정한, 유물론적 이해는 변증법적 심리학의 기본 입장과 관련이 있다.

비고츠키는 어째서 정신이 객관적이고 독립적이라는 슈프랑거의 생각을 비판하는 것일까? 문화는 객관적이지 않은가? 사회와 역사 또한 심리학과 의식에 대해 독립적이지 않은가? 슈프랑거는 독일 관념론자이며, 헤겔도 그랬다. 이는 마르크스가 헤겔을 뒤집어야만 했던 이유 중 하나였다. '정신'은 심리학적 개념도 종교적인 개념도 아닌 철학적 개념이다. 헤겔에 있어 정신은 또한 역사적 개념이다. 헤겔에게 역사는 '세계정신'의 점진적 전개이다. 예를 들어 헤겔의 역사 철학은 '세계정신'이 최초로 이집트인에게 이상적 동물로 나타나고, 그 후 그리스와 로마인에게는 이상적 인간으로, 마침내 근대 독일인에게 순수 관념으로 어떻게 나타나는지 보여 준다. 이 점에서 볼 때 정신은 의식에 의해 만들어진 것이 아니라 의식에 부여된 것이라는 의미에서 객관적이며, 이러저러한 문화에 의존하지 않는다는 의미에서 독립적이다. 마르크스는 이를 뒤집어, 헤겔의 '정신'이 사실상 역사의 원인이 아닌 결과임을 보여 준다. 비고츠키는 어째서 '영원하고 시간을 초월한' 범주에서 비롯된 유형학으로 나아가는 슈프랑거를 비판하는 것일까? 결국 모든 개념은 시간을 초월한 추상화와 일반화의 예가 아닌가? 슈프랑거의 목적은 동물 연구(다윈)와 식물 연구(린네)에서 확립되어 온 계통적 분류학이 아닌 '형태학적' 분류학을 확립하려는 것이다. 그것은 슈프랑거가 사람들 간의 해부학적 차이를 확립하고자 한다는 것을 의미한다. 예를 들어 그는 자신의 저서 『인간 유형』에서 모든 인간이 '호모'라 부르는 단일 종에 속한다는 관념을 처음부터 비웃는데, 이는 그가 린네의 체계를 사실상 이해하지 못하고 있음을 보여 준다. 호모 사피엔스의 '호모'는 종種이 아닌 아니라 속屬의 이름이다. 당연히 슈프랑거는 큰 오류를 범했다. 생물학적으로 우리는 하나의 종이다. 누구든 지구상의 어떤 사람과 결혼해도 건강한 아기를 낳을 수 있다는 사실이 이것을 증명한다. 따라서 슈프랑거의 범주는 생물학적인 것이 아니다. 그 범주는 '시간을 초월한 영원한' 관념에 상응하며, 인간의 실제 삶에 근거한 것이 아니다. 그 범주는 인간에 대한 이론적(진실), 경제적(쓸모), 미적(아름다움), 사회적(사랑), 정치적(권력 의지), 종교적(신과의 합일) 유형으로서, 고유하고 구체적인 역사적 계기에서 나타나는 고유하고 구체적인 생각 활동의 산물인 개념들과는 매우 다르다.

Spranger, E.(1928). *Types of Men*(인간 유형). Halle: Max Niemeyer Verlag.

2-38] 우리가 아동학에서의 변증법적 방법의 적용에 대한 질문을 이렇게 자세히 살펴본 까닭은 이 질문이 우리 전체 과학의 철학적·이론적 토대이기 때문이다. 우리는 여전히 전체 아동학 문제의 문제를 깊이 연구하는 것과 거리가 멀고, 아동학의 변증법을 만들어 내는 위대한 과업을 마무리하려면 아직 멀었다. 그러나 아동학을 수립하는 데에서 지식의 변증법적 방법을 적용하려는 첫걸음도 아동학적 과학의 모든 기본 입지를 근본적으로, 급진적으로, 불가피하게 변화시킨다.

2-39] 특히, 아동학 연구의 전반적 방법론의 수립, 즉 어린이 연구의 구체적 장치와 수단 전체가 변환된다. 이 구체적인 아동학적 연구 방법은 아동학 자체의 기본 입장에 따라 기본적으로 두 무리로 나눌 수 있다. 즉, 하나는 아동학과 어린이를 연구하는 인접 과학 간에 공유된 주변적이고 부차적인 방법이고, 다른 하나는 어린이를 전체적으로 연구하려는 과업에 응답하는, 아동학에 고유한 방법이다.

2-40] 이제 아동학에 적용된 가장 중요한 방법들에 익숙해질 차례이다. 우리는 이 익숙함이 필요하다고 생각한다. 왜냐하면 과학적 방법에 익숙해야만 주어진 과학의 실제 내용을 충분히 진지하게 다룰 수 있기 때문이다. 우리는 다양한 유형의 아동학적 연구를 수행하는 방법론적 지침이나 기술적인 연구 규칙을 규정하지 않을 것이다. 왜냐하면 진정한 의미의 아동학적 연구 방법이나 기술은 고유한 진술을 필요로 하며, 이 방법이나 기술이 청소년의 아동학 연구와 즉각적으로 연결되지 않기 때문이다.

2-41] 우리는 아동학자들이 적합한 과학 자료를 얻기 위해 사용하는 경로와 수단들을 일반적으로 이해할 수 있게 해 주는 가장 중요한 방법들의 유형과 종류를 잠시 살펴볼 것이다. 이전에 이미 살펴본 것에서 명백히 알 수 있듯이 아동학에서 방법의 문제는 이 과학의 독특한 구조, 다른 과학과의 복잡한 관계, 그 앞에 놓인 독특한 목적과 과제로 인해 특유의 복잡성을 지닌다.

2-42] 이 복잡한 관계에서 우선적으로 도출되는 것은 아동학이 다른 과학의 방법을 사용했다는 것이다. 아동학에서는 그 고유의 방법과 함께 종종 교육학, 해부학, 심리학, 생리학, 통계학에서 사용되는 방법들이 사용된다. 현대 해부학과 생리학으로부터 얻은 방법 없이는 어린이의 성장과 신체 발달을 연구하기란 불가능한 것과 마찬가지로 심리학이 우리에게 제공한 방법 없이는 어린이의 행동을 연구하는 것이 불가능함이 명백하다.

2-43] 따라서 아동학은 종종 어린이 발달의 여러 측면을 연구하는 해당 과학들에서 발전된 과학적 방법들을 사용한다. 그러나 다른 과학의 방법을 이용함으로써, 아동학은 어쩔 수 없이 그저 다른 과학 분야에서 연구되었던 과학 자료의 요약에 불과한 것처럼 보일 수 있다.

2-44] 블론스키가 말했듯이 이 경우 아동학은 독립된 학문 분야가

아닌 이질적 지식의 비네그레트로 보일 수 있다. 그러나 다른 과학들의 예에서 보듯이, 다른 방법을 이용하는 것(예컨대, 물리학에서의 수학적 방법이나 생물학에서의 화학적 방법)이 그 과학들을 비네그레트로 만드는 것은 아니다.

2-45] 우리는 이제 아동학에서 사용된 가장 중요한 방법들을 매우 압축적으로 살펴보려 한다.

2-46] 아동학의 첫째 기본 방법은 어린이에 대한 아동학적 관찰이다. 이는 성인이 자신을 어린이라 상상하거나 유년 시절의 기억을 떠올리는 등의 본질적으로 비과학적인 기존 방법을 대체한다. 과학적 아동학이 있기 전에 일기, 특성 기록, 일지 등과 같은 것이 오래전부터 있었지만, 과학적 관찰은 이러한 일상적 관찰과는 매우 다른 것이다. 매우 다양한 관찰 수행 형태들이 존재하고, 행동과 연관된 것을 선택하고 처리할 수 있도록 해 주는 다양한 절차나 도식이 존재한다. 이 관찰 방법은 특수한 연구 주제이며, 지금 당장은 직접 다룰 수 없지만 여기에는 기록 수행, 관찰 수행, 그것의 처리를 위한 다양한 방법론적 장치들이 있다. 이런 관찰 방법의 공통되고 기본적인 이점은 연구가 수행되는 상황의 자연스러움과 그로부터 얻어지는 자료의 객관성과 타당성에 있다.

2-47] 객관적 관찰 방법은 특히 우리 아동학에서 많이 발달하였다. 객관적 관찰 방법은 М. Я. 바소프 교수에 의해 널리 사용되었다. 바소프가 사용한 형태에서 볼 수 있는 이 기법은 굳이 비유하자면 임상-아동학적 방법이라 부를 수 있는 것에 매우 가깝다. 왜냐하면 이것이 어린이가 자연스럽게 활동할 때의 행동에 대한 객관적이고 포괄적인 연구와 그 행동 분석에 토대를 두고 있기 때문이다. C. C. 몰로자비 교수가 어린이를 객관적으로 관찰하기 위하여 창안한 특별한 도식은 어린이와 그를 둘러싼 환경의 상호작용 속에서 어린이의 행동을 탐색하는 것을

가능하게 해 준다. 이 도식은 환경이 어린이의 행동에 미치는 영향을 분석하는 기본 수단을 제공한다. 이 도식은 어린이의 온전한 인격 연구라는 원리 위에 세워졌다. 이 객관적 관찰 방법은 대체로 소비에트 아동학의 업적이다.

*C.C. 몰로자비(Степан Степанович Моложавыйа, 1879~1937)는 이 강의록을 출판한 제2모스크바 주립대학교의 교수였다. 그는 어린이 공동체, 전학령기 어린이, 노동자 교육에 관하여 많은 연구를 남겼으며, 비고츠키가 말했듯이 어린이들이 환경에 어떻게 적응하는지를 연구하기 위한 관찰 도식을 창안하였다. 그는 비행 청소년들을 연구했으며, 그들을 도덕적으로 악하기보다는 혜택 받지 못한 존재로 여겼다. 아동학이 비판받으면서 그는 적응에 대한 자신의 관점을 철회하고 그것을 '평형' 개념으로 대체할 수밖에 없었다. 이는 소비에트 아동학이 환경에 대한 관점에서 본질적으로 피아제 편에 섰음을 시사한다. 그는 소비에트에서 아동학이 폐기된 직후 사망하였다.

*М. Я. 바소프(Михаил Яковлевич Басоя, 1892~1931)는 베흐테레프, 바그너, 라주르스키의 제자이자 정신신경학자였다. 그는 아동학의 창시자 중 한 명이었으며, 베흐테레프의 제자 중 처음으로 반사학에 의문을 품었다. 그는 특히 학교 활동의 '학습 속도'에 관심이 있었다.

2-48] 종종 지적을 받는 이 방법의 결점은 그 어느 과학적 지식 영역의 어떤 형태의 관찰도 비난이나 질타를 받았을 법한 것들이다. 그것은 바로 실제 사실을 관찰해야 하고, 관찰하거나 기록해야 하는 사실이 나타날 때까지 기다려야 한다. 사실을 관찰하는 데 기본적이고 필요한

그 어떤 것을 독립적으로 일으킬 가능성이 없다는 것이다. 실험적 방법은 이러한 결점이 없으며 모든 자연과학에 헤아릴 수 없이 귀중한 역할을 해 왔다. 이 방법은 무엇보다 현상의 인과적 의존성을 완전히 설명하도록 해 주고, 연구 대상인 현상을 일으키도록 해 주며, 조건에 대한 후속 분석이 가능할 수 있게 조건들을 수정하도록 해 주며, 이 영역의 지식을 더 정확하게 해 주는 측정 장치를 쉽게 적용하게 해 준다는 장점이 있다.

2-49] 애초에 심리-교육학적 실험에서 비롯된 아동학적 실험은 별도의 영역에서 수행되어야 한다. 일반적인 실험, 특히 심리학적 실험은 어린이에게 적용될 수 없다는 의견이 오래전부터 존재했다. 왜냐하면 심리학적 실험은 그 기본 목표와 과제가 체험을 연구하는 것인데 유년기에는 자기 관찰 능력이 존재하지 않기 때문이다.

앞에서 비고츠키는 아동학자가 어린이의 행동을 연구하고자 한다면, 아동학자는 심리학의 연구 방법을 사용하는 것 외에 대안이 없다고 지적했다. 마찬가지로 엔지니어가 물질의 특성을 연구하고자 한다면 엔지니어는 물리학이나 화학의 연구 방법을 사용해야 한다. 비고츠키가 실제로 말하는 것은 아동학이 자연과학이라는 것이다. 그것은 사회과학이 아니다. 사회과학에서는 그 나라의 언어를 연구하지 않고 그 나라의 역사를 연구할 수 있으며, 그 반대도 마찬가지다. 아동학은 위계적 지식 구조의 꼭대기에 위치하며, 그 위계 구조 속에서 하나의 과학은 다른 과학, 특히 더 기초적인 과학들에 의존한다. 이제 이것이 의미하는 바는 아동학이 심리학 실험에 의존한다는 것이다. 비고츠키가 말했던 것처럼 이런 심리학 실험은 자연적인 환경에서는 발생하는 않는다. 즉, 심리학 실험

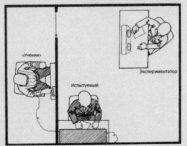

은 과학 연구실에서 일어나며, 종종 분트, 티치너, 이후의 베르트하이머, 쾰러, 코프카에 의해 수행되었던 심리-아동학적 실험(반응 시간 테스트, 무의미한 음절 암기, 수학 문제 해결 등)을 했던 똑같은 과학 연구실에서도 일어난다. 예를 들어 일반적인 심리학 실험에서는 사람을 어두운 방에 들어가게 한다. 그다음 빛을 비추거나 종을 울리거나 권총을 발사하기도 한다. 그 후 피실험자에게 무엇을 느꼈는지 물어본다.

어린이를 대상으로 이런 종류의 실험을 하는 것은 명백히 문제가 있다. 무엇보다 어린이는 어둠을 두려워한다. 그러면 어린이는 불빛이나 종소리에 주의를 기울이지 않게 된다. 게다가 어린이 가까이서 총을 쏘기는 불가능하다. 무엇보다 어린이들은 자신의 감정을 묘사하는 것에 능숙하지 않다. 사실 언어는 감정을 묘사하는 데도 썩 좋은 수단은 아니다. 우리는 생각과 말을 전하는 방식으로 감정을 전할 수 없다. 다음 단락에서 비고츠키는 이런 문제에 대해 멋진 해결책이 있다고 말한다. 당시에 비고츠키가 고안한 '기능적 이중 자극법'은 이런 문제를 모두 해결한다. 그리고 그것은 일종의 자연적인 실험이다. 왜냐하면 우리가 가정에서 자녀를 키울 때, 학교에서 교육을 시킬 때 우리가 하는 것을 반복하는 것이기 때문이다. 우리는 옷을 입거나 읽기를 배우는 것 같은 문제를 아이들에게 제시하고, 그런 문제를 해결하는 다양한 수단들을 제공해 준다. 그리고 아이들이 그 문제를 해결하려고 시도할 때 어떤 일이 일어나는지 관찰하는 것이다. 사실, '기능적 이중 자극법'은 근접발달영역ZPD의 전조이다. 왜냐하면 그것은 생각과 같은 숨겨진 심리 기능을 표면으로 가져오는 방법이기 때문이다. 이런 기능들이 숨겨져 있는 이유는 때로는 그 기능들이 너무 발달(유창한 말하기, 유창한 읽기)되었기 때문이다. 그러나 때로는 아직 발달되지 않았기 때문에 그 기능들이 숨겨져 있기도 하다. 근접발달영역은 이를 드러내기 위해 고안된 것이다.

2-50] 그러나 이런 관점은 실험적 연구의 실천에서만큼이나 이론적으로도 부정되었다. 이들은 실험이 유년기에 완전히 적용될 수 있고 연

구 방법으로서 훌륭한 결과를 제공한다는 것을 나란히 보여 준다.

2-51] 객관적 심리학의 탄생은 유년기에 대한 심리학적 실험의 적용 가능성에 대한 질문을 근본적으로 바꾸었다. 전적으로 자기 관찰에 의존하는 주관적 심리학에서는 어린이가 어떤 체계적인 자기 관찰을 할 능력이 없다는 점에서 어린이에 대한 실험은 거의 불가능한 것이었다. 다른 경로를 취한 객관적 심리학은 어린이 연구를 목적으로 하는 아동학 연구에서 실험을 광범위하게 사용하였다. 이와 더불어 발생적 연구에서 심리학적 실험의 필수 불가결한 역할이 발견되었다. 인격과 개별 심리 기능 발생의 일련의 전체 단계는 단순한 관찰과 더불어 연구자의 시야에서 완전히 사라졌고, 많은 발생적 법칙들은 복잡한 부가적 계기들의 더미 속에 묻혀 없어져 버렸다. 이 경우 실험은 발생적 법칙의 연구에 가장 깊이 직접적으로 파고드는 데 도움이 된다.

2-52] 두 방법을 종합한 아동학 고유의 방법에는 자연적 실험 방법이 있다. 이는 라주르스키 교수가 소개했고 우리에게 널리 알려져 있다. 우리는 앞에서 이미 실험법과 관찰법이 각각의 장점과 단점들을 가지고 있음을 말했다. 이 두 방법의 장점을 취하고 단점을 버리는 것이 자연적 실험의 목표이다.

*А.Ф. 라주르스키(Алекса́ндр ФёдоровичЛ азу́р -ский, 1874~1917)는 베흐테레프와 파블로프의 제자였으며 후에 바소프의 스승이 된다. 그는 의학을 공부한 후 생리학 분야를 연구했으며, 독일의 분트, 스텀프와 함께 연구하는 동안 인격에 관심을 가지게 되었다. 그 결과 그의 연구는 상당히 독일 관념론의 영향을 받아 심리학의 연구 대상이 영혼이라 말하기도 하였다. 라주르스키가 1910년에 저술한 교육심리학에 관한 책에는 그의 '자연적 실험(어린이가 학교 과제를 수행하는 모습을 관찰)'이라는 생각이 드러나 있다. 그러나

그의 학문적 연구는 후에 사변적이라는 비판을 받았으며 결국 그는 학계를 떠나 정신과 의사가 되었다. 비고츠키와 루리야는 그들이 가르칠 때 사용한 라주르스키의 교재 서문에 비판적이면서도 매우 존경심을 담은 글을 쓴 바 있다.

2-53] 그 이름에서 알 수 있듯이 이 실험의 본질은 어린이의 일상적 행동을 내용으로 하는 이 실험이 최대한 자연적인 조건에서 수행되고, 실험 대상은 의식하지 않는, 실험자만의 실험이라는 점에 있다. 이 방법의 생생함과 자연스러움은 관찰법과 공통되며, 해당 현상을 이끌어 낼 가능성은 실험법과 공통된다. 이 방법의 저자는 이것이 어떤 특별하고 새롭게 고안된 방법이라고 주장하지 않는다. 이 방법은 우리가 삶과 실천에서 매일 사용하는 기법과, 실험적 아동학과 교육학에서 나타난 자연스러움을 추구하는 경향을 과학적으로 정교화한 결과이다.

2-54] 연구되는 현상이 고차적이고 복잡할수록 적용되는 연구 방법은 더 용이하고 일상생활에 밀접해야 한다고 라주르스키는 말한다.

2-55] 어린이 연구에 종합적 방법을 도입하려는 또 다른 시도는 스위스 연구자 피아제가 개발한 임상적 방법이다. 저자(피아제-K)는 한편으로는 검사 방법, 다른 한편으로는 순수한 관찰 방법을 임상적 방법에 대비시키고, 그 중요성을 입증하려고 한다.

2-56] 피아제는 이 방법론을 개발했을 뿐 아니라 어린이의 생각, 말, 세계관 발달 연구에 이 방법이 적합하다는 것을 훌륭하게 입증하는 데 성공했다. 특히 임상적 방법은 비교 자료를 처리하는 데, 즉 비정상아, 장애아, 정신지체아 등의 연구에서 큰 의미를 지닌다.

2-57] 우리가 나중에 이야기할 검사 방법은, 어린이들을 특정 척도와 관련짓고 그 결과를 통계적으로 처리할 수 있도록 하기 위해, 정확하게 동일한 조건하에서 어린이를 연구하는 것을 중심 과업으로 설정

한다. 이는 발달하는 어린이에게서 펼쳐지는 과정들을 깊이 연구하는 데 순수 관찰 방법만큼 적합하지 않다.

2-58] 임상적 방법은, 정신의학자가 이런저런 정신병적 증상들을 연구하듯이, 어린이와 관련된 현상들을 연구하고, 그것들을 특정한 통합체로 환원하고자 한다.

2-59] 임상적 방법은 각 발달 단계에 있는 어린이의 실제적이며 긍정적인 고유성을 연구할 수 있게 해 주는 엄청난 이점이 있다. 일련의 모든 아동학적 방법들의 커다란 결점은 다음과 같다. 그 방법들은 기본적으로 어린이 인격의 '음화 사진'을 제공하는, 즉 어린이에게 무엇이 없는지, 어른과 어떻게 얼마나 다른지를 확립하는 방법들이다(얼마나 조금 기억하는지, 얼마나 조금 알고 방향을 정하는지 등등). 임상적 방법은 어린이 인격의 '양화 사진'을 제공하는 것을 과업으로 한다. 즉 어린이의 생각과 어린이 인격의 다른 측면들의 모든 긍정적 고유성을 드러내어 포착하고자 한다. 이러한 커다란 가치와 더불어, 그에 못지않은 두 번째 가치는 그것이 매우 기초적으로 종합적 방법의 하나에 속한다는 데 있다. 즉 아동학의 기본 과업에 가장 적합하다.

음화 사진은 필름 카메라로 사진을 찍었을 때 흑과 백이 반대로 표현되거나 색이 보색으로 표현되는 화상畫像이다.

2-60] 끝으로 마지막 무리는 오늘날 아동학에 광범위하게 퍼져 있는 검사 방법을 포함한다. 이 방법은 여러 분야에 걸쳐 이용되어 왔으며, 특히 아동학에서는 지적 재능과 정신 발달 연구에, 정신공학에서는 직업 적성과 선택을 결정하는 데, 교육학에서는 학업 성취도를 결정하는 데

이용되어 왔다. 이에 따른 다양한 수많은 검사 체계와 방법이 있다.

2-61] 해결을 요하는 특수한 문제를 제시한다는 생각, 즉 검사라는 아이디어는 미국 심리학자 카텔의 것이다. 그는 열 개의 기본 실험에 토대하여 인격의 윤곽을 그리고자 했다.

*J. M. 카텔(James McKeen Cattell, 1860~1944)은 W. 분트의 제자로 지능 검사 이론을 연구했다. 우생학의 강한 신봉자로, 자녀들에게 교수와 결혼하는 사람에게 1천 달러를 주겠다고 할 정도였다. 심리 측정에 관한 그의 많은 연구는 지능과 인격이 유전된다는 것을 입증하는 데 있었다. 카텔이 가르쳤던 컬럼비아 대학교의 모든 신입생들은 의무적으로 그의 초기 지능 검사 중 하나를 받아야 했다. 카텔에게는 불행한 일이었겠지만, 그의 박사과정 학생이었던 C. 웨슬러는 카텔의 지능 검사 결과와 컬럼비아 대학교 학생들의 미래의 학업 수행이 전혀 관련성이 없음을 입증했다. 이는 심리 측정 검사가 일반적으로 안고 있는 큰 문제이다. 검사는 이미 습득된 지식만을 검사할 뿐 미래의 학업 수행을 예측하지 못한다는 것이다.

2-62] 이 시도는 왼손과 오른손의 악력을 측정하거나, 피부 민감도를 측정하는 등의 가장 원시적인 기능을 다루는 실험이었기 때문에 성공하지 못하였다. 나중에 이 생각은 비네로 이어졌다. 그는 어린이 발달의 다양한 측면들을 검사하여 어린이의 일반적인 정신적 면모를 확립하도록 해 주는, 소위 종합적 실험을 구축하였다.

*A. 비네(Alfred Binet, 1857~1911)는 최초로 실용적 IQ 검사를 창안한 독학 심리학자이다. 그는 두 딸('객관주의적' 마거리트와 '주관주의적' 아만다)의 발달에 대해 기술하면서 지능에 관심을 가지게 되었다. 1904년, 그가 속했던 '아동심리 연구를 위한 자유 사회' 모임은 학교에서 치료

상의 도움을 필요로 하는 어린이를 결정하기 위한 정신적 척도를 만들어 달라는 요청을 받았다. 그는 30개의 척도를 개발했는데, 예를 들자면 눈으로 광선 따라가기, 명명된 신체 부위를 가리키기, 문장과 숫자를 따라 말하기, '집', '포크', '엄마'와 같은 단어를 정의하기 등이었다. 이를 통해 그는 피험자의 점수와 동일 연령대의 평균점수 간의 관계를 계산하였다. 비네 자신은 그 검사의 한계점을 강조했다. 왜냐하면 소위 말하는 '일반적 지능'이라는 것은 없다고 생각했기 때문이다. 그리고 그 검사를 특정 과업에서 특별한 도움이 필요한 어린이를 진단하는 데에만 사용하기 원했다. 그러나 미국의 H. H. 고다드는 비네의 테스트가 백인의 우월성을 입증할 것이라고 확신하였다. 비네는 이를 '야만적 비관론'이라고 비난하였다. 비고츠키는 비네 테스트가 실제로 무엇을 어떻게 측정하는지, 무슨 의미가 있는지 알 수 없다고 쓴 바가 있으며, 아마 비네도 이에 동의했을 것이다.

2-63] 이 연구 방법은 기본적으로 그 목적이 실험과 다르다. 이 연구의 목적은 진단이다.

2-64] 현재 이용되는 모든 검사는 통틀어 기본적으로 세 무리로 나뉜다. 첫째 무리는 어린이와 청소년의 지적 재능을 조사하는 검사들이다. 둘째 무리는 어린이의 정신적 발달을 조사하고 수년간 이 과정을 추적하는 검사들이다. 끝으로, 셋째 무리는 학업 성취도를 측정하고 기록하는 것을 목표로 하는 최신 검사들이다. 양적 검사와 질적 검사를 구분할 필요가 있다. 전자는 결과의 수적 표현인 측정에 토대하고, 후자는 질적 특성들의 규정과 발견에 토대한다. 첫 유형의 검사의 예로는 일반적으로 비네 혹은 로솔리모 검사로 알려진 것들이 있으며, 질적 검사의 예로는 기억 유형(시각적, 청각적, 운동적)이나 어린이 생각 발달 단계(구체적, 행위적, 기호적 그리고 관계적)에 대한 연구를 들 수 있다.

*Г. И. 로솔리모(Григорий Иванович Россоли
мо, 1860~1928)는 체호프의 동료이자 가까운 친구
였다. 유명한 신경학자인 그의 신경병리학적 검사
는 오늘날에도 여전히 사용되고 있다. 그는 장애학
과 아동학의 설립자였으며, 의지, 주의, 상황 파악,
시각적 기억, 언어적 기억, 수리적 기억, 이해, 포함관계, 조합, 재치, 상
상, 관찰력을 평가하는 설문을 기반으로 '심리적 프로필' 체계를 고안
했다.

2-65]　이제 마지막으로 다른 모든 방법들보다 먼저 개발된 앙케트
법이 있다. 이 방법의 핵심은 일정한 설문지를 통해 어느 정도 유의미한
수의 사람에게 설문을 실시한 다음, 그 자료를 처리하여 어떤 일반적
결과를 얻는 것이다. 이 방법은 깊이가 부족하고 분석이 부재하다는 단
점이 있다.

　비고츠키가 언급한 앙케트법methode d'inquete은 뒤르켐이 최초로 사
용한 방법이다. 잘킨트가 이 방법을 주로 사용하였는데, 그의 설문은
몇 개의 신문을 구독하는지, 어린이들이 속옷을 몇 번 갈아입는지, 방
의 크기는 어떠한지 따위의 질문으로 구성되었다.

2-66]　리보는 앙케트법이 수에 근거하며, 보통 선거를 심리학 문제
에 적용한 일종의 국민 투표라고 말한다. 그러나 이 방법이 과학적 방법
의 무리에서 수행했고 지금까지 수행해 온 역할은 바로 과학적 작업의
역할, 대략적 가늠 수단으로서의 역할이다. 이로 인해, 스탠리 홀이 말
했듯, 겉핥기식 방법이 된다.

*T.-A. 리보(Théodule-Armand Ribot, 1839~1916)는 프랑스의 과학적 심리학의 창시자였다. 그는 비네와 마찬가지로 주로 영국의 경험론적 심리학(흄, 로크, 베인, 존 스튜어트 밀)을 독학하였으나, 비네와 달리 학문적으로 매우 성공하여 마침내 프랑스 대학에서 최초의 심리학 교수가 되었다. 프랑스에서 리보의 성공은 분명히 그의 접근 방법의 냉정한 합리주의에 기인했을 것이다. 그는 심리학이 여전히 철학, 심지어는 신학의 일부였던 시기에 정신의 생리적 특성을 강조했다(사실 리보 자신이 학생으로서 철학을 공부했다). 이러한 합리주의로 인해 리보 심리학의 많은 부분이, 예컨대 그의 상상과 이성의 발달을 비교한 곡선(『어린이의 상상과 창조』 1-4-5 참조)과 같이, 단순한 사변에 불과하다. 그는 염세주의자였으며, 어린이의 이상주의와 상상은 성인의 사실주의와 합리주의에 의해 부정되고 파괴될 운명이라고 믿었다(G. 스탠리 홀에 대해서는 1-18 참조).

2-67]　아동학 연구의 고유한 영역, 그 특별한 방법이 사용되는 영역은 신체적 발달 연구, 어린이를 둘러싼 사회적 환경 연구, 어린이 문서와 창작물의 수집, 어린이에 대한 교육학적 연구이다. 어린이 신체 발달에 대한 연구는 인체측정학에 의존한다. 즉 키, 몸무게, 각 기관과 신체 부분의 크기, 이러저러한 신체적 발달 측면을 특징짓는 개별 전조들 간의 관계를 나타내는 모종의 지표와 같이 몸의 신체적 발달과 구성을 나타내는 주요한 전조에 대한 측정에 의존하는 것이다. 동일한 연구에 대한 또 다른 측면은 신체검사이다. 즉 상호 연결된 개별 기관과 체계에 대한 특수한 의학적 연구 방법을 통해 실행된, 유기체의 신체적 상태와 건강에 대한 연구이다. 인체측정학과 마찬가지로 신체검사 연구도 유기체의 구조, 그 구성과 상태(정역학)뿐 아니라 신체 발달의 역동성을 설명하기 위해 반복적인 측정과 결과 비교를 필요로 한다.

신체검사와 인체측정학은 둘 다 인체를 관찰하고 측정한다는 점에서는 동일하다. 이 둘의 차이는 그 목적에 있다. 신체검사는 시간의 흐름에 따른 변화를 연구하는 것이 목적이며 따라서 몸의 어떤 특징에 초점을 두는 경향이 있다. 예를 들어, 오른쪽은 케틀레가 그린 머리 크기에 대한 차트(1870)이며 어린이가 성장함에 따라 머리와 몸의 비율이 어떻게 달라지는지를 보여 주고 있다.

인체측정학의 목적은 인류 간의 차이점을 확고히 하는 것에 있다. 이것은 많은 사람들의 신체를 측정하여 비교함을 의미한다. 아래 사진은 나치 과학자가 1932년 시킴에서 실시한 인체측정 조사를 보여 준다. 나치는 어떤 이유에서인지 중국인, 한국인, 일본인과는 달리 티베트인들이 백인이라고 확신하고 있었기 때문이다. 이와 같이 목적에 따라 서로 다른 방법들이 생겨났으며, 신체검사는 동적, 통시적 방법인 반면에 인체측정은 정적, 횡단적 방법이다.

2-68] 사회 환경에 대한 연구는 무엇보다 중요하고 아주 복잡한 작업이다. 그것은 경제적, 문화적, 일상적 계기 등 외에도, 어린이와 그의 성향을 둘러싼 사회적 환경의 편린인 복잡한 사회적 계급 구조에 대한 연구를 필요로 한다. 이 사회적 환경 또한 '더 큰 사회적 환경'에 대한 일반적 분석 없이는 불가능하다.

2-69] (어린이가 만든-K) 문서와 창작물 모음은 필연적으로 분석과 해석을 전제로 한다. 즉 징후와 전조가 되는 그 자료들에 대한 과학적 설명을 통해 어린이 발달 모습을 조명할 수 있다.

2-70] 끝으로 교육학적 연구는 어린이의 문화화 및 교수-학습 역사

와 어린이가 교수-학습 과정에서 도달한 수준을 밝히는 것을 그 과업으로 삼는다.

2-71] 이 모든 방법들은 아동학에서 그 근본 토대에 따라 매우 독창적으로 적용되며, 이 과학의 근본 과업과 고유한 방법에 직접적으로 의존한다.

2-72] 아동학의 기본 과업은 어린이의 발달이 통과하는 국면과 시기들을 연구하는 것이다. 이러한 시기들을 확립함으로써 아동학은 어린이의 여권 연령과 실제 연령을 구분할 수 있게 될 것이다. 이 두 연령은 일치하지 않는다.

2-73] 이것이 의미하는 바는 여권 연령이 동일한 두 어린이가 사실은 서로 다른 발달 국면에 놓여 있을 수 있으며, 그에 따라 그들의 실제 연령이 완전히 다를 수도 있다는 것이다. 따라서 아동학자들은 어린이의 해부학적, 생리학적, 심리학적, 문화적 실제 연령을 구분한다.

2-74] 해부학적 발달에서 어린이는 복잡한 형태학적 변화와 형성 과정을 통과한다. 모든 어린이가 이 과정의 다양한 국면들을 동시에 통과하는 것은 아니다. 해부학적 연령에서 차이가 나타나는 사례는 이른바 어린이의 뼈 연령이다. 연구에 따르면 어린이 연골의 골화 과정은 엄격한 규칙성을 가지고 동일한 순서로 동일한 국면을 통과한다. X선을 이용하여 동일한 연령의 어린이들의 연골 골화를 조사하면, 여권 연령이 동일한 어린이들의 뼈 연령이 모두 동일한 것은 아니라는 것을 알 수 있다. 몇몇은 앞서고 몇몇은 뒤처진다. 실제 연골 골화 과정이 동일한 지점에 도달하지 않은 것이다.

> 앞서 비고츠키는 정신 연령과 여권 연령을 구분하였다. 이 문단에서는 조금 다른 이유로 뼈 연령과 여권 연령을 구분한다. 뼈 연령은 발달보다는 성장의 좋은 예이다. 물론 비고츠키가 여기에서 지적한 것처럼

뼈 연령은 양적 증가와 질적 변형을 동시에 포함한다. 연골이 골화되며 뼈의 밀도가 변하기 때문이다. 또한 뼈 성장은 환경에 의존한다. 예를 들어 칼슘을 충분히 섭취하지 않는 경우 골다공증으로 고생하거나 생활 습관에 따라 무릎 관절염을 앓을 수 있다. 하지만 뼈 성장은 말 발달과 달리 사회적 발달 상황에 직접적으로 의존하지 않는다. 아래의 표가 보여 주듯이 뼈 성장은 25세가 될 때까지 계속되지만 비고츠키의 연령 구분에 따르면 아동학의 시기는 18세로 끝이 난다.

시기	뼈의 변화
2개월 된 태아	긴 뼈의 골화가 시작
4개월 된 태아	일차골화중심이 뼈의 골간(중간 부분)에서 나타남
출생부터 5세까지	골단핵이 골단(뼈끝 쪽)에서 나타남
5세부터 12세의 소녀, 5세부터 14세의 소년	골화가 골화 중심에서 빠르게 퍼지며 다양한 뼈들이 골화됨
17세부터 20세	상박의 뼈와 견갑골이 완전히 골화됨
18세부터 23세	하박의 뼈와 관골이 완전히 골화됨
23세부터 25세	흉골, 쇄골, 척추가 완전히 골화됨
25세까지	거의 모든 뼈가 완전히 골화됨

2-75] 실제 생리학적 연령도 마찬가지다. 예를 들어 7~8세 혹은 12~14세의 동일한 여권 연령의 어린이 집단을 대상으로 연구하면 이 집단 내에는 실제 생리학적 연령이 서로 다른 어린이들이 항상 존재함을 발견하게 될 것이다. 예컨대 일부 어린이는 성적 성숙 과정을 아직 시작하지 않았지만, 다른 어린이는 경험하고 있고, 나머지는 이미 경험했다. 또 어떤 어린이는 젖니가 영구치로 바뀌는 이갈이를 아직 시작하지 않았는데, 다른 어린이들은 이것이 진행 중이고, 나머지 어린이들은 이미 영구치 유년기 국면에 진입했다. 보다시피 실제 생리학적 연령은 또다시 여권 연령과 일치하지 않는다. 특정 국면을 통과하지만 연대기적 발달과 항상 일치하지는 않는 어린이의 심리학적 발달도 이와 같다.

따라서 심리적 측면에서 동일한 연령의 어린이 집단에 대한 연구 또한 이들의 실제 지적 연령이 동일하지 않다는 것을 보여 준다.

2-76] 마지막으로, 문화적 행동 방식과 수단의 숙달 정도에 상응하는 어린이의 문화적 연령도 여권 연령과 판이하게 다를 수 있다. 그렇기 때문에 아동학자에게는 특정 어린이의 실제 연령과 여권 연령과의 불일치 정도를 매번 확립하는 것이 매우 중요하다.

2-77] 그런 다음 이 불일치를 설명할 수 있는 것은 무엇인지, 이 불일치를 발생시키는 것은 무엇인지에 관한 질문이 제기된다. 어린이의 실제 연령, 즉 발달 과정에서 어린이가 도달한 실제 단계는 세 가지 기본 계기에 의해 결정된다. 첫째는 해당 어린이의 유전, 즉 모든 발달 과정이 시작되는 맹아이다. 불리한 유전은 흔히 어린이의 실제 발달을 심각하게 지연시키고, 그 결과 여권 연령과 실제 연령의 괴리를 더 크게 만든다.

2-78] 어린이의 실제 연령을 규정하는 두 번째 요인은 환경, 즉 어린이의 유전적 맹아의 발달과 성숙이 일어나는 조건들이다. 발달에 영향을 미쳐 발달을 늦추거나 촉진하는 환경 또한 연대기적 연령과 실제 연령간의 크고 작은 불일치를 야기하는 원인이다.

2-79] 끝으로, 이 경우 유전과 환경의 영향은 움직이지 않는 정적인 유기체가 아니라 움직이면서 발달하는 유기체에 전해지기 때문에, 이 영향들이 무엇보다 어떤 발달 계기에 작용하는가에 의존하는 것은 지극히 당연하다. 주어진 똑같은 유전이 유아기와 학령기에 서로 다른 영향을 미치고, 동일한 환경 조건이 태내 발달과 성적 성숙에 서로 다른 영향을 끼친다.

2-80] 따라서 어린이의 실제 연령은 유전과 환경뿐 아니라 세 번째 원인인 시간, 즉 어린이의 연대기적 연령의 함수가 된다. 따라서 유전, 환경, 연령은 총체적으로 어린이의 실제 연령을 결정하는 세 요인이다.

2-81] 어린이의 실제 연령을 판단하기 위해 아동학은 다른 과학과

마찬가지 수단을 사용한다. 즉, 어린이 발달의 표준을 확립하는 것이다. 표준이란 일정하게 정해진 숫자 값을 말하며, 특정 조건하에서 어떤 과정의 수준을 특징짓는다. 만약 체온을 측정하여 온도계가 38°를 가리키면 이것은 질병의 징후임을 알 수 있다. 이를 건강한 사람의 체온과 비교하여 표준값과 차이 나는 정도를 통해 체온 상승을 측정하기 때문이다.

2-82] 따라서 아동학은 어린이 발달의 집단적 표준을 확립함으로써 어린이 발달이 전형적으로 통과하는 단계를 확립한다. 이러한 어린이 발달의 표준이나 유형을 통해 우리는 각각의 개별 어린이를 이미 확립된 기본 유형에서 어느 정도 벗어난 변이로 고찰할 수 있게 된다. 이러한 편차는 개별적 발달과 집단적 발달의 비교를 가능하게 해 준다.

2-83] 아동학은 소규모 관찰로는 불규칙적으로 보이지만 대규모 관찰을 수행할수록 더 분명하게 규칙성이 드러나는 현상을 뜻하는 큰 수의 법칙에 의존한다. 이 큰 수의 법칙은 첫눈에 우연으로 여겨지는 현상들의 규칙성을 가장 잘 밝혀 준다.

2-84] 하나의 동전을 던져서 떨어질 때 윗면에 독수리가 나오거나 막대가 나오는 것이 몇 번인지 관찰한다고 가정해 보자. 몇 번의 관찰로는 동전 던지기는 완전히 무작위적이고 불규칙적으로 보일 것이다. 하지만 관찰 횟수를 증가시키면 다음과 같은 사실을 발견하게 된다. 관찰 횟수가 증가할수록 결과의 규칙성이 증가한다. 양쪽의 숫자는 모두 50%에 근접하게 된다. 즉, 확률 이론으로 예상되는 수학적 규칙성이 나타난다.

본문의 '막대'는 동전 숫자 면의 1을 가리키는 것으로 보인다.

구소련의 동전, 뒷면(왼쪽)과 앞면

2-85] 변화무쌍한 대규모 현상에 대한 연구를 취급할 때면 과학은 언제나 이렇게 나아간다. 아동학은 어린이 집단을 연구함으로써, 오직 대규모 자료를 심도 있고 정교하게 분석해야만 추적할 수 있는 어린이 집단의 발달을 지배하는 규칙성을 포착하는 능력을 얻는다. 어린이 집단을 연구함으로써 아동학은 어린이 발달의 표준을 확립할 수 있게 되고, 표준을 확립함으로써 진단, 즉 특정한 경우의 발달적 특성과 수준을 밝힐 수 있게 된다.

2-86] 이와 같이 어린이 집단에 대한 연구는 개별 어린이의 발달을 측정하는 척도가 된다. 어린이 발달의 표준은 진단을 위한 토대이다.

2-87] 다른 과학 분야의 방법을 사용한다는 사실에도 불구하고 아동학을 독립 과학으로 만드는 두 가지 계기가 있다. 첫 번째 계기는 비록 다른 과학 분야의 방법을 사용한다 할지라도 아동학은 아동학으로 존재한다는 것이다. 주어진 방법이 (다른-K) 독립 과학과 다른 목적으로 사용되기 때문이다.

2-88] 물리학이 물리학적 문제를 해결하기 위해 수학적 방법을 사용하는 것처럼, 아동학은 아동학적 문제를 해결하기 위해 해부학, 생리학, 심리학에서 개발된 방법을 사용한다.

2-89] 심리학자와 아동학자가 7세 어린이의 기억을 연구한다고 생각해 보자. 물론 그들은 동일한 방법을 사용해야 할 것이다. 기억은 모든 심리학적 현상과 마찬가지로 오직 심리학적 방법으로만 연구될 수 있기 때문이다. 그러나 7세 어린이의 기억을 연구하는 심리학자는 바로 특정한 발달 단계에 있는 기억 현상을 연구할 것이다. 그는 자신이 획득한 사실을 기억에 대한 다른 데이터와 비교하고 체계화하며 그가 도출한 법칙은 기억 활동에 대한 심리학적 법칙이 될 것이다.

2-90] 아동학자는 다른 방향으로 나아간다. 똑같이 7세 어린이의 기억을 연구하면서 아동학자는 획득한 자료를 기억이 아니라 7세 어린

이에 대한 자료와 비교하고 체계화하며, 그가 도출한 법칙은 어린이 발달의 아동학적 법칙이 될 것이다.

2-91] 여기서 아동학은 모든 자연적 온전체에 대한 과학이 어떤 특화된 과학적 방법을 적용할 때 겪는 것과 완전히 똑같은 처지에 놓인다. 지리학자는 동물학과 식물학이 제공한 방법 이외의 방법으로는 식물이나 동물을 연구할 수 없다. 하지만 그럼에도 불구하고 이 학자는 이러한 방법들을 사용해서 지리학적 지식을 확장한다. 그가 확장한 것은 식물이나 동물이 아닌 지구 표면에 대한 정보이다. 이 두 경우에서 목표 설정과 과학적 연구 과업은 다르다는 것이 입증된다.

2-92] 여러 과학 분야들의 방법을 차용하고 있음에도 불구하고 독립 과학으로서 아동학의 고유성을 규정하는 두 번째 계기는, 아동학이 다른 과학의 도움으로 얻어진 개별 자료들을 통합하고 일반화하여 결합시키는 자신의 고유한 방법을 창조하고 개발한다는 사실에 있다. 아동학 고유의 방법, 즉 일차적 방법을 이용하여 얻어진 자료들을 가공하는 이차적 방법은 바로 발생적 방법, 비교의 방법, 종합의 방법이다.

2-93] 아동학 고유의 방법은 아동학 고유의 규칙성을 드러내는 역할을 하며, 이 규칙성은 연령기를 질적으로 고유한 실제적 통일체이자, 특별하고 특수한 구조로 특징짓는다. 우리가 앞에서 언급한 아동학 연구의 개별 방법들이 실제 어린이 발달이 보여 주는 복잡한 과정을 분석하는 과업에 합당하다면, 아동학 고유의 방법은 이 과정의 진정한 종합이라는 과업을 해결한다. 이 방법들을 통해 아동학자는 개별 요소로 분해되거나 환원될 수 없는 새롭고 특별한 자질을 확립한다. 그리고 이 자질이 어린이 발달의 각 연령 단계별 구조를 특징짓는다.

2-94] 발생적 방법은 획득한 모든 자료를 발생적 순서로 배열한다. 다시 말해 모든 자료를 서로가 서로의 원인이 되는 하나의 발달 과정의 개별 계기들로 제시하고자 한다. 홀에 따르면 아동학자들은 논리적 설

명보다 발생적인 설명을 우위에 둔다. 아동학자는 어디에서 어디로, 즉 해당 현상이 무엇에서 생겨나서 무엇으로 바뀌려 하는가라는 문제에 관심이 있다.

2-95] 이 방법들 중 또 다른 하나는 비교 방법이다. 그로스가 지적하듯, 이 방법은 모든 비교의 방법들과 마찬가지로 다양한 유형의 발달 과정에 존재하는 유사성뿐 아니라 개별적인 발달 유형을 구분해 주는 차이와 고유성을 확립하고자 한다. 동물 발달과 어린이 발달, 원시적 인간의 발달과 어린이 발달, 정신 병리학 자료와 아동심리학 자료를 비교하면서 아동학은 언제나 별개의 두 과업을 해결하고자 했다. 그것은 이 발달 유형들 모두에 존재하는 공통적인 것을 구분하고, 더 중요하게는, 어린이 발달 자체를 특징짓고 그것을 다른 어떤 발달 유형과도 다르게 만들어 주는 고유하고 특수한 것을 확립하는 과업이다.

*K. 그로스(Karl Groos, 1861~1946)는 독일의 철학, 비교 심리학 교수로 스위스에서 가르쳤다. 비고츠키가 말하듯 그는 동물의 심리 기능과 인간의 심리 기능 형태를 비교하는 데 흥미를 가졌다. 그는 비고츠키가 3장에서 언급하는 놀이에 대한 연구로 잘 알려져 있다. 그는 '도구주의자'로서 놀이가 기능을 가져야 한다고 믿었다. 그는 동물과 인간의 놀이에 대해 두 권의 책을 썼으며, 동물의 놀이는 진화적 기능을 지니고 인간의 놀이는 미적 취향을 형성한다고 주장했다. 여기서 우리는 그로스가 비고츠키의 요점, 즉 비교할 때는 유사점은 물론 차이점에도 주목해야 한다는 것을 잘 드러내고 있음을 볼 수 있다.

2-96] 끝으로 세 번째로 중요한 아동학의 방법은 종합의 방법이다. 이 방법의 본질은 다른 방법들의 도움으로 획득된 이질적 자료들을 함

께 모아 비교하고, 이 모든 자료들을 종합하고 이 종합을 기반으로 고유한 실제 통합체로서 각각의 개별 연령마다의 전체적이고 일관된 특징을 얻어 내는 데 있다.

2-97] 해부학은 유아기의 형태학적 특징들을 확립하며, 생리학 연구는 소화, 혈액순환, 수면과 기타 유사한 유아 기능들의 모든 특성을 기술했고, 심리학은 유아의 지각과 행동을 상세히 기록했다고 가정해 보자. 아동학 앞에는 이 모든 이질적 자료들을 하나로 모으고 유아의 특징을 창조하는 과업이 놓여 있다. 아동학의 고유한 과업은 이 종합에 있다.

2-98] 그러나 이 종합의 과업을 순전히 기계적인 방식으로 이해하는 것, 즉 서로 다른 측면에서 어린이를 연구하는 이질적 과학 분야에서 얻은 자료의 단순한 합으로 여기는 것이야말로 최대의 실수일 것이다. 아동학은 생물학이 화학에 의지하듯 개별 과학들에 의지하며, 물리학이 수학적 방법을 사용하듯이 개별 과학들의 방법들을 사용한다. 그럼에도 불구하고 아동학 고유의 과업은 어린이 발달에 대한 부분적인 관점들을 극복하고, 우리가 어린이 발달 과정이라고 부르는 객관적인 실제 통합체에 부합하는 진정한 변증법적 종합을 창조하는 것이다.

다음 문제에 대한 답을 쓰고, 그 근거를 제시하시오.

1. 어린이 발달을 특징짓는 가장 중요한 항목들을 열거하고 설명한 후, 각 상황을 잘 보여 주는 구체적인 예를 쓰시오.

2. 어린이 발달에 미치는 사회적 요인의 영향을 아동기의 가소성과 관련지어 설명하시오. 사회적 요인의 영향은 어린이 발달 시기에 따라 어떻게 변하는가?

3. 아동학의 가장 중요한 방법들을 나열하시오.

4. 아동학과 어린이를 연구하는 다른 과학들 간의 관계는 무엇인가?

5. 어린이 발달에서 대뇌피질의 역할은?

6. 어린이 발달의 표준은 무엇이며, 어떻게 확립되는가?

7. 1장에 제시된 어린이 발달의 모든 특징은 교육에 어떤 의미를 갖는지 상세히 서술하고 근거를 제시하시오.

● 아동학의 방법

비고츠키는 아동학 자체가 성장해야 한다고 말한다. 첫째, 아동학은 다른 과학에 이론적으로 의존한다는 관점을 버리고 자신만의 고유한 이론을 확립해야 한다. 아동학이 아동심리학에 의존하는 한 아동학은 심리학을 유물론과 관념론으로 나누는 이론적 위기에서 벗어날 수 없을 것이다. 둘째, 아동학은 실천적 문제를 해결하는 교육학에 의존하는 것을 버려야 한다. 아동학이 교수법에 국한되는 한 유아기나 초기 유년기, 전학령기 아동학은 존재할 수 없기 때문이다. 셋째, 아동학을 철학적으로 자본주의 국가의 부르주아 문화화에 묶어 둔 끈을 잘라야 한다. 부르주아 문화화에 묶여 있는 한 아동학은 본질적으로 중산층 가족의 삶과 학교 교육을 위한 과학이 되어 버릴 것이다. 이는 비고츠키가 명백히 상반되는 두 가지 목표를 달성해야만 함을 의미한다. 한편으로 그는 기본적인 이론적 전제, 즉 특히 독일 아동학에서 확립된 다양한 방법과 기본 결과를 제자들에게 보여 주어야 한다. 다른 한편으로 그는 아동학 고유의 이론, 고유한 실천적 문제, 아동학에 특화된 고유한 방법으로 소비에트 아동학을 완전히 새롭게 시작해야 한다. 비고츠키는 첫째 목표를 위해 아동학을 다른 학문 특히 아동심리학과 교육학의 방법에 적용하고, 둘째 목표를 위해 아동학 자체에 새로운 방법 즉 변증법적 방법을 적용한다.

비고츠키는 불행히 오늘날에도 여전히 문제가 되는 독일 아동학을 변증법적으로 비판함으로써 양립 불가능해 보이는 두 목적을 화해시킨다. 이론적 수준에서 보면 독일 아동학이 창조했던 것은 과학이 아니라 본질적으로 양립할 수 없는 이론적 전제, 방법, 결과들이 뒤섞인 샐러드드레싱과 같다고 비고츠키는 말한다. 이는 마치 가르치기 위해 구성주의를 배우고, 평가하기 위해 행동주의를 배우고, 상담과 윤리 교육을 위해 인본주의를 배우는 우리나라 교육대학의 교육과정과 같다. 실천적 수준에서 어린이를 '건전한 정신과 건강한 몸'으로 분리함으로써, 정신 발달과 생리적 발달이 어떻게 연결되고, 어떻게 서로를 발달시키는지 아는 것은 거의 불가능하게 된다. 이것은 오늘날 우리나라 모든 학교의 거의 모든 시간표에서 볼 수 있다. 마지막으로 철학적 수준에서 아동학을 비고츠키가 '전투적 관념론'이라 부른 것으로 환원함으로써, 어린이의 사회적 발달이 어린이의 생리적 발달과 '정신적' 발달을 어떻게 단일한 전체 속에 포함할 수 있는지 이해하는 것은 완전히 불가능하게 된다. 예를 들어 최근 2015 개정교육과정은 '자주적인 사람', '창의적인 사람', '더불어 사는 사람', '교양 있는 사람'이라는 네 가지 인재상을 설정하고, 이들이 서로 아무런 관련이 없는 것처럼 취급한다. 그러나 변증법적 유물론적 아동학은 문화화가 어떻게 사회성에 기반을 두는지, 창조성이 어떻게 문화화로부터 출현하는지, 그리고 개인주의적 자기 긍정도 전적으로 자기 자신에만 의지하는 것이 아니라 어린이의 지성과 창조성에 의존해야 한다는 것을 보여 줌으로써 네 가지 인재상이 서로 연결되어 있음을 보여 준다.

I. 이론, 실천, 철학. 비고츠키는 위기에 처한 아동학을 소개하며, 그 위기의 세 가지 원천을 말한다(2-1).

　A. 비고츠키는 이론적 위기를 통해 지난 수업을 복습한다. 아동학은 아직 매우 새로운 '자연적 온전체의 과학'이므로 여전히 다른 과학으로부터 독립적이지 못하다. 아동학만의 연구 주제가 있음에도 불구하고 방법적 측면에서는 여전히 다른 과학에 의존하고 있는 것이다. 우리는 이 장의 마지막에서 이에 대한 이야기를 더 들을 수 있을 것이다(2-2~2-10).

　B. 비고츠키는 아직까지 오래된 교수 형태와 긴밀히 묶여 있는 아동학의 실천적 위기에 대해 논의한다. 러시아 혁명은 새로운 아동학의 형태를 가능하게 했고, 이 새로운 아동학이 새로운 사회의 새로운 교수 방법을 가능하게 할 것이다. 혁명 이전 사회에서는 교육이 사회적 이동의 중요한 수단이었기 때문에, 교사는 학교를 그만두고 미용사가 되기를 원하는 소녀를 설득하여 학교에 남기기를 원할 것이다. 그러나 '노동학교', '활동복합체'가 존재하고 노동자들이 적어도 명목상 지배계급인 소비에트에서는 상황이 매우 다르다(2-11~2-17).

　C. 비고츠키는 관념적이고 이원론적인 동시대 아동학의 철학적 위기에 대해 논의한다. 이원론은 정신과 신체가 서로를 발달시킨다는 전체론적 관점이 아닌 '건전한 마음과 건강한 몸'이라는 관념적 구분을 토대로 한다. 또한 동시대의 아동학은 변증법적이지 않다. 예를 들어 독일과 미국 심리학은 청소년기의 '부정적 국면'을 사라져야 할 것으로 본다. 하지만 비고츠키는 청소년기를 변증법적으로 바라본다. '부정적 국면'이 아니라 전체적 위기로서 일종의 간인격적 혁명이라고 보는 것이다(2-18~2-20).

II. 아동학에 변증법 적용하기. 이제 비고츠키는 변증법이 없다면 아동학자들은 어린이 발달의 여러 가닥들 간의 내적 연결을 찾지 못하고, 단순히 기계적으로 연결할 수 있을 뿐이라고 주장한다(2-1). 학교 시간표의 과목이 기계적으로 조합되어 있는 것처럼 아동학도 어린이 해부학, 어린이 생리학, 어린이 심리학의 기계적인 혼합물이 될 것이다(2-22). 예를 들어 청소년기에 대한 슈프랑거의 연구에서 '힘'과 '의지'는 본질적으로 완전히 다르다. 청소년기의 한편으로 성적 성숙, 다른 한편으로 자아 개념, 생애 계획, 야망의 발견 간에는 어떠한 내적 연결도 없다(2-24~2-25). 슈프랑거는 추상적인 어린이가 아닌 특정 문화에 속한 어린이에 대한 연구를 제안한 최초의 아동학자였지만(2-26~2-34),

슈프랑거에게 문화란 인종과 민족이었다(2-35). 비고츠키는 슈프랑거에게 인종과 민족은 무한하고 영원한 본질이었기에 아동학은 또다시 역사적 변화를 역동적으로 다루지 않게 되었다고 지적한다(2-37). 역사적 변화를 역동적으로 다루기 위해서 아동학은 독일의 '전투적 관념론' 그 이상을 요구한다. 즉, 살아 숨 쉬는 어린이에 대한 자료를 수집, 분석, 해석하는 방법이 요구된다(2-38). 비고츠키는 이런 방법을 두 무리로 나눈다(2-39). 교육학, 의학, 심리학, 사회학처럼 다른 과학과 공유되는 방법(2-46~2-91)과 아동학 자체에 적합한 방법이다(2-93~2-98).

III. 다른 과학과 공유하는 문제와 접근법. 비고츠키는 첫 번째 무리인 다른 과학으로부터 비롯된 문제와 접근법을 열거한다(2-43~2-45).

  A. 자연적인 상태에서의 관찰(예컨대, 부모나 교사의 관찰). 이는 소비에트의 몰로자비와 바소프에 의해 널리 사용되었던 방법이다(2-47). 비고츠키는 이 방법이 유년기에 대한 비과학적인 회상이나 가상적 재구성보다 더 객관적이고 신뢰할 만하다고 지적한다(2-46). 그러나 회상이나 재구조화와는 달리 '핵심적 사실'은 필요하다고 해서 만들어질 수 있는 것이 아니다. 연구자는 자연적 관찰로 이를 의도적으로 끌어낼 수 없다.

  B. 실험(예컨대, 비고츠키의 블록 실험). 이전의 심리학적 실험들은 내관에 의존하였기 때문에 어린이에게는 적용할 수 없다고 생각되어 왔다. 그러나 비고츠키는 잘 설계된 실험(예컨대, 기능적 이중자극법)은 내관이 요구되지 않으며, 실험자로 하여금 자연적으로 사라지는 단계(예컨대, 자기중심적 말)를 관찰할 수 있게 해 준다고 말한다(2-50~2-51).

  C. 자연적 실험(예컨대, 숙제나 집안일 혹은 게임). 이는 A)와 B)의 종합으로, 연구자에게는 실험이지만 실험 대상에게는 실험이 아니다(2-52~2-54).

  D. 임상적 검사(예컨대, 어린이의 현실 개념을 규정하기 위한 피아제의 1:1 면접 체계, IQ 검사 등). 이는 손상학에서 널리 사용된다(2-55~2-59).

  E. 검사(예컨대, 카텔, 웨슬러, 비네의 '성격 검사'). 비고츠키는 대단위 검사의 세 가지 다른 목적(지능 영재성, 발달 관찰, 학교 성취도)과 두 가지 결과 유형(양적, 질적)을 지적하였다(2-60~2-64).

  F. 앙케트(설문). 이는 설문지를 사용한다(2-65~2-66).

  G. 체격 검사. 한 개인에 대한 장기간 임상 조사(2-67).

H. 인체측정학. 전체 인구에 대한 양적 연구(2-67).

I. 사회적 환경에 대한 연구. 잘킨트가 선호했던 방법으로 어린이의 사회-경제적 상황, 계급 환경, 삶의 조건에 대한 연구(2-68~2-69).

J. 문서 수집. 어린이의 미술작품이나 일기, 그 밖의 다른 문서의 축적 및 자료화(2-69).

K. 양육과 교육 연구. 스턴이 세 명의 자녀를 대상으로 수행한 일종의 기록 연구 혹은 『생각과 말』 6장에서 사용된 일종의 교실 연구(2-70).

IV. 아동학 고유의 문제와 접근법. 비록 앞서 제시된 아동학의 모든 문제와 접근법이 다른 과학들과 공통되기는 하지만 아동학은 새로운 요구를 제시한다. 비고츠키는 다소 갑작스럽게 아동학에 고유하면서도 중심적인 문제를 소개한다. 이는 '어린이의 발달이 통과하는 국면과 시기'들을 연구하는 것이다(2-71). 그는 어린이의 발달 연령이 여권 연령과 같지 않음을 지적한다(2-72~2-73). 심지어 어린이의 여러 가지 해부학적 체계들도 서로 다른 비율로 성장한다. 같은 연령의 어린이일지라도 그들의 '뼈 나이'는 매우 다를 수 있다(2-74). 마찬가지로 생리학에서도 사춘기와 치아 교체 연령 차이에서 이 사실을 확인할 수 있다(2-75). 해부학과 생리학에서 사실인 것은 당연히 문화적 연령에서도 진실이다(2-76). 비고츠키는 어린이의 발달 연령이 여권 연령에 뒤처지는 것을 유전이 설명하기는 하지만 이 유전 요인이 항상 환경에 의해 조건 지어진다는 사실을 지적하며, 무엇보다 유전과 환경이 어떻게 동시에 작용하는지 지적한다(2-77~2-81). 발달 연령은 여권 연령으로 규정될 수 없으므로 (예컨대 말 발달, 심리 과업, 신체검사와 같은) 모종의 발달의 기준이 요구된다. 발달이 단순히 발달 기준으로 규정된다면 이는 순환론적이다. 기준이 발달을 규정하므로 기준이 발달을 '예언'하는 것이다. 이를 방지하기 위해 아동학은 대규모 모집단을 통해 도출된 일반 규준을 이용한다(2-82~2-87). 비고츠키는 아동학을 독립적 과학으로 확립한 두 '계기'를 제시하며 이 장을 마무리한다. 첫째, 아동학이 (예컨대 유년기를 구분하기 위해 의학과 교육학을 이용하듯이) 다른 과학을 이용하는 것은 아동학 고유의 문제를 해결하기 위한 것이다. 둘째, 아동학은 아동학 고유의 세 가지 방법을 가지고 있다.

A. 발생적 방법. 이는 현상이 어디에서 시작되어 어디에서 끝나는지에 대한 질문에 답하기 위해 대상을 종적으로 연구하는 방법이다. 예를 들어 어린이의 발화를 매주 측정하여 말 발생을 추적할 수 있다(2-94).

B. 비교 방법. 이는 인간과 동물, 서로 다른 문화의 인간들, 서로 다른 연령의 어린이

들을 비교하는 방법이다(2-95). 예를 들어 우리는 서로 다른 사회에서의 어린이들의 명명법을 비교하거나 세 살과 일곱 살 어린이의 이름을 바꾸어 부르는 능력의 차이를 비교할 수도 있다.

  C. 종합적 방법. 이는 우리가 '삼각법'이라 부르는 것으로서, 어떤 현상에 대해 입체적인 관점을 획득하기 위해 다각적이고 때로 양립 불가능한 자료들을 종합적으로 고찰하는 방법이다(2-96~2-97). 예를 들어 어린이 청각장애 연구는 의료 기록, 육아 일기, 심리 검사를 종합적으로 연구한다. 그러나 비고츠키는 종합적 연구가 지식들을 조각조각 이어 붙인, '수평적' 지식 구조가 아니라고 경고한다. 바른 종합적 연구는 생화학이 화학을 토대로 세워지고, 물리학이 수학을 토대로 세워지듯이 '수직적' 지식 구조를 지닌다(2-98).

제3장
어린이 발달의 주요 시기에 대한 짧은 개관

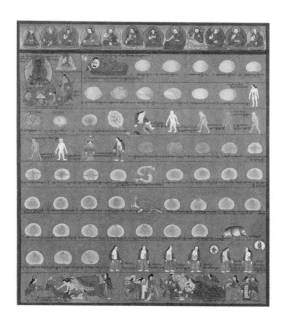

이 그림은 『푸른 녹주석(vaidurya ngonpo)』의 또 다른 탕카이다. 시신을 잘라 새에게 먹이로 주는 장례 관습이 있었던 티베트인들은 임신 중 사망한 여성의 태아를 주의 깊게 관찰했다. 그 결과 그들은 이미 17세기에 비고츠키가 이 장에서 논하는 주요 이론, 즉 태내 발달과 태외 발달이 빠른 속도로 진화의 단계를 단순히 '재현'한다는 이론을 펼쳤다. 티베트인들은 6주 된 태아는 물고기(그림 다섯 번째 줄)와 유사한 반면, 10주 된 태아는 거북이(여섯 번째 줄), 18주 된 태아는 돼지(일곱 번째 줄)와 닮아 있다고 말한다. 비고츠키는 이런 논쟁, 즉 개체발생이 계통발생을 반복한다는 것을 거부한다. 그는 진화는 불규칙하고, 예측할 수 없으며, 위기로 가득 차 있기 때문에 발생학보다는 진화가 어린이 발달의 모델로 더 나은 것이라고 생각한다.

3

수업 내용

어린이 발달에서 태내기와 태외기의 길이에 대한 질문—태내 발달기—유아기—초기 유년기—전학령기—학령기

학습 계획

1. 주어진 교재를 주의 깊게 읽은 다음, 전체 강의를 개관하고 계획을 수립한다.

2. 주어진 교재의 기본 명제를 이해하기 위해, 주어진 교재의 개요화된 도식에 기초해서 유아기, 전학령기, 학령기에 대한 구체적인 사례를 제시하면서 간략하게 설명한다.

3-1] 어린이 발달의 첫 시기는 태내 발달기이다. 그러면 무엇보다 먼저 태내기의 길이에 대한 질문이 생겨난다. 몇몇 저자들은 여러 포유동물과 알을 낳는 새의 태내 유년기(임신)의 길이를 비교하여 인간의 태아기가 다른 동물에 비해 더 길다는 결론을 도출했다.

3-2] E. 아르킨이 제시한 아래 표는 인간 배아의 태내 발달 기간이 대부분의 동물과 얼마나 다른지 보여 준다.

*Е. А. 아르킨(Ефим Аронович Аркин, 1873~1948) 은 스위스에서 소아과 의사가 되기 위한 공부를 하고, 러일전쟁 때 블라디보스토크에서 복무하며 난민 어린이들을 돌보았다. 이로 인해 전학령기 연구에 흥미를 갖게 된 그는 1924년 비고츠키가 일하던 제2모스크바주립대학에서 전학령기 교육학과를 최초로 설립했다.

3-3] 포란기간 또는 임신기간

1. 뱀	12일	8. 늑대	10주
2. 닭	21일	9. 양	21주
3. 오리	21일	10. 소형 유인원류	39주
4. 쥐	24일	11. 인간	40주
5. 토끼	32일	12. 낙타	11개월
6. 고양이	8주	13. 코끼리	24개월
7. 개	9주		

이 표는 아르킨의 유치원 관련 저술에서(이 책의 맨 끝에 제시된 참고 문헌 목록 참조) 인용되었다.

3-4] "인간은 태어나는 것을 주저한다"고 주장하면서 이 표에서 인간이 좀 더 복잡한 유기체로서 더 긴 발달 기간을 요구한다는 지표를 보는 저자들과는 달리, "인간은 서둘러 태어난다"고 주장하며 동일한 수치로부터 반대의 결론을 도출하는 경향을 가지는 다른 저자들이 있다. 그 자체가 다양한 요인의 매우 복잡한 상호작용의 표현인 절대적 수치를 비교하는 대신 상대적 수치로 눈을 돌려, 포란 또는 임신의 절대 기간이 아닌 특정 동물의 전체 일생에서 태내 발달기가 차지하는

비율을 비교한다면 동일한 사례에서 대치되는 결론이 도출될 수 있다.

> 인간과 유인원의 차이점과 유사해 보이는 개와 늑대의 차이점에 주목하자. 개의 수명은 사육 상태에서는 10~13년 정도이지만, 늑대는 야생에서 그 절반 정도의 수명을 가진다. 사육 상태의 침팬지는 인간만큼 오래 살지만, '야생' 인간은 야생 침팬지의 수명 정도로 산다. 개와 늑대, 인간과 유인원의 실제 차이점은 문화이다. 자연은 우리에게 한 번의 삶을 주지만, 문화는 우리에게 두 번의 삶을 준다.

3-5]　II. 블론스키는 다음과 같은 비교 계산을 제시한다. 고양이, 개, 아라비아 말, 사람, 코끼리 등을 비교할 때, 사람의 수명에 해당하는 75세의 기대 수명을 각각의 동물에게 대입하면 이에 따른 각 동물의 태내 유년기 역시 달라진다. 고양이의 임신기간은 50주, 개는 40주, 코끼리는 15개월, 말은 20.5개월이 된다(우리가 이러한 수치를 얻게 되는 것은 고양이는 사실 12년을 살고, 개는 15년, 말은 40년, 코끼리는 120년을 살기 때문이다).

> 개의 임신기간은 9주이고, 개의 수명을 15년이라 하면, 15년:9주=75년:x 로 계산할 수 있다. 이를 계산하면 x=45주로 본문에서 비교츠키가 언급한 40주와 일치하지 않는다. 그러나 40주이든 45주이든 인간의 임신기간인 40주보다 길다.

3-6]　블론스키는 다음과 같은 결론을 내린다. 이러한 수치들을 비교해 볼 때 사람은 비교적 짧은 태내 유년기를 보낸다. 즉 "인간은 서둘러 태어난다."

3-7]　언뜻 보기에 이상한 이 현상을 우리는 어떻게 설명할 수 있을까? 이를 설명하기 위해 비교를 확장해서 인간과 다른 동물들의 태내

유년기와 태외 유년기를 비교해야 한다. 고양이의 태외 유년기는 1년, 개는 2년, 말은 8년, 코끼리는 35년이다. 각 동물들의 유년기에 대한 생애의 비율은 개 7.5, 고양이 12, 말 5, 코끼리 3.4, 인간은 겨우 3이다. 결론은 분명하다. 인간은 상대적으로 가장 긴 태외 유년기를 가지면서 가장 짧은 (태내-K) 유년기를 갖는다.

3-8] 이러한 태내 유년기와 태외 유년기 사이의 관계는 하나와 다른 하나의 상대적인 지속 기간을 비교할 때 특히 명확해진다. 만약 우리가 비교한 모든 동물의 태외 유년기를 인간의 25년으로 환산했을 때의 동물의 태내 유년기는 엄청난 숫자로 표현된다. 즉, 인간의 태내 유년기가 40주인 반면 개는 112.5주, 말은 137.5주, 고양이는 200주, 코끼리는 343주가 된다.

> 코끼리의 태외 유년기인 35년을 인간의 태외 유년기 25년으로 환산해 보면, 코끼리 35년:25년=24개월:x, 따라서 x = 약 17개월(68.6주)이 된다. 코끼리를 인간으로 치자면 임신기간이 약 69주가 되는 셈이다. 이는 본문에서 비고츠키가 언급한 343주와 일치하지 않지만, 343주이든 69주이든 인간의 임신기간인 40주보다 길다.

3-9] 이 결과를 어떻게 설명할 것인가? 태내 유년기는 주로 신체 형성 시기이며 인간은 다른 동물에 비해 이 과정이 상대적으로 더 빠르게 일어난다는 것을 기억하자. 태외 유년기는 성장의 시기이고, 유전적 선천적 자질이 변화하는 시기이자, 그 자질들이 환경 속에서 생존 조건에 적응하는 시기이며, 이 과정은 다른 동물들보다 인간에게서 더 느리게 더 오랫동안 진행되는 것으로 보인다.

3-10] 이 상황을 명확히 하기 위해 이러한 유년기의 길이가 일반적으로 가리키는 것이 무엇인지에 대한 질문에 대해 좀 더 설명할 필요가 있다. 가장 단순한 유기체와 가장 복잡한 유기체를 살펴보면 유년기

의 길이는 유기체 복잡성의 증대에 비례함을 보게 된다. 일반적으로 더 복잡한 유기적 형태가 더 긴 발달 기간을 필요로 한다는 것은 분명하다.

3-11] 이런 식으로 태외 유년기를 한편으로는 유기체에 상응하는 복잡성의 결과이자 그 적응 형태라 말할 수 있을 것이다. 다른 한편으로는 상대적으로 단순하고 변화가 적은 환경에 사는 동물과 복잡하고 급격히 변화하는 환경에 사는 동물을 비교해 보면, 유년기의 지속 기간이 환경의 복잡성 및 가변성과 더불어 증가한다는 것을 알 수 있다. 따라서 물고기는, 어떤 저자들이 믿고 있듯이, 가장 지속적이고 단일 유형의 변화하지 않는 수중 환경에서 살고 있으므로 엄격한 의미에서 어떠한 유년기도 가지고 있지 않거나 가장 최소화된 유년기를 갖는다.

3-12] E. 커크패트릭은 말한다. "물고기는 유아기가 없다. 이 시기에도 물고기의 외형은 어른 물고기와 같다. 물고기는 어떠한 문화화 없이 어른 물고기가 하는 모든 것을 할 수 있다."

3-13] 따라서 우리는 다음과 같이 결론지을 수 있다. 유년기의 길이는 유기체의 복잡성과 그 유기체가 살아갈 환경의 복잡성의 함수이다. 어렵지 않게 그 예를 찾을 수 있다. 인간의 아이와 다른 동물의 새끼, 예컨대 병아리를 비교하면 인간의 아이가 대부분의 다른 동물들, 예컨대 병아리보다 적응 능력이 훨씬 적고, 훨씬 무력하게 태어난다는 사실을 발견하게 된다. 닭은 알을 깨고 나오자마자 제 발로 서고 이동하며 제 앞에 놓인 곡물을 쪼아 먹는다. 삶에 거의 적응되지 않은 인간의 아기는 적당한 보살핌이 없다면 단 하루도 살 수 없을 것이다.

3-14] 만약 어린이를 닭보다 무력한 강아지, 새끼 고양이 또는 인간과 가까운 다른 동물들과 비교한다면, 여기서 우리는 인간의 자손이 강아지와 새끼 고양이보다 못하다는 것을 또다시 확인하게 된다. 즉, 인간 자손은 무력한 상태가 더 오래 지속되며, 그 후에야 걷기, 스스로 먹

기 등과 같은 것을 숙달한다.

3-15] 이것은 언뜻 보기에는 역설적인 사실이지만, 만약 우리가 인간 행동의 복잡성, 인간이 살아야 하는 환경의 복잡성과 가변성을 고려한다면 아주 쉽게 설명할 수 있다. 닭의 환경 조건과 행동 양식은 상대적으로 간단하고 일관되며 세대 간 변하지 않는다. 따라서 그것은 물려받은 유전, 생득적 행동 양식, 또는 본능에 의존하며, 이것들은 아주 초기부터 기능하고 작동할 수 있다. 인간은 그렇지 않다.

3-16] 인간이 살아가는 환경의 엄청난 복잡성과 가변성은 인간으로 하여금 개별화된 존재 조건과 환경에서 일어나는 변화에 유전적 행동 형태를 적응시킬 것을 요구한다. 그리고 인간이 병아리보다 더 무력한 상태로 태어나는 것이 인간에게 유리한가 불리한가, 이러한 상황이 생물학적으로 이로운가 해로운가, 그것은 병아리보다 고등한 발달 형태를 나타내는 것인가 저차적 발달 형태를 나타내는 것인가 하는 질문을 제기한다면, 우리는 다음과 같이 대답할 것이다. 그것은 인간에게 유리하며, 생물학적으로 최대한 유익하며, 최고의 발달 단계를 의미한다. 왜냐하면 이 모든 것 뒤에는 그 자체로 생존 투쟁에서 가장 중요한 수단 중 하나이며 유기체의 가장 중요한 적응 방법의 하나인 유기체의 가소성이 숨어 있기 때문이다.

3-17] 우리는 이런저런 환경의 영향하에서 스스로 변화되어 자신의 기능을 변화시킬 수 있는 유기체의 특성을 가소성이라 부른다.

3-18] 질문은 이것이다. 유년기의 생물학적 기능은 무엇인가? 다시 말해 인간 발달의 이 시기와 전체 인간 삶의 관계는 무엇일까? 이 질문에 대해 많은 심리학자들은, 유아기는 가소성 즉 환경의 영향에 따른 가변성의 시기이며 그에 따라 새로운 발달, 더 복잡하고 더 완전한 형태의 적응의 시기라는 완벽하게 정당한 답을 내놓는다.

3-19] 다른 심리학자들은, 비슷한 의미에서, 유년기는 배우는 시기

즉 새로운 행동형태를 획득하고, 주변 환경 조건의 영향을 받는 생득적, 유전적 반응들의 변화를 획득하는 시기라고 말한다.

비고츠키는 유기체가 가소성이 있다고 믿는 심리학자들과 가소성이 있는 것은 유기체가 아니라 그 '반응'이라고 믿는 심리학자들을 구분하고 있다. 하지만 비고츠키는 전성설론자도 아니고, 모든 세대가 새로이 반응을 배울 수 있지만 같은 반응을 배울 뿐이라 믿는 행동주의자인 재형성론자도 아니다. 비고츠키는 오늘날 우리가 후성설이라 부르는 신형성을 믿는다. 발달이란 새로운 도전에 대한 반응으로 새로운 형태가 발달하는 것을 의미한다. 하지만 이 새로운 형태가 어떻게 생겨나는가? 새로운 형태가 유기체에서 오는 것이라면 인간에게 문화화는 필요하지 않을 것이며, 환경에서 오는 것이라면 적응은 필요하지 않을 것이다. 새로운 형태는 유기체가 할 수 있는 것과 환경이 제공하는 것의 간극에서 생겨난다. 그리고 그것이 바로 인간이 준비되지 않은 채 태어나는 이유이다. 인간은 이미 적응했거나 적응하고 있는 것이 아니라 다만 적응 가능한 상태로 태어나며, 이것이 빨리 태어나려고 '안달'하는 이유이다. 자궁 속의 인간은 일관된 환경에 놓여 있기에 적응이 필요하지 않다. 이 새로운 형태는 비고츠키가 말하는 적응능력이 있는 유기체와 적응 가능한 행동 사이의 연속성을 설명해 준다. 뇌 속에서 유기체의 적응과 행동의 적응은 동일한 것이다. 이 관점에서 보면 태내 발달은 진정한 발달이 아니다. 그것은 진화적 발달의 산물일 뿐이다.

3-20] 이 점을 고려하면, 왜 인간이 그 생물적 역사적 진화 과정 속에서 다른 어떤 동물 유형보다도 긴 유년기를 통해 환경에 대한 적응 과정을 거쳐야 했는지 완전히 명백해진다. 덜 분명한 채 남아 있는 질문은 상대적으로 짧은 인간의 태내 유년기를 설명할 수 있느냐 하는 것이지만, 방금 우리가 말한 관점에서 인간의 상대적으로 짧은 태내 유년기를 설명할 수 있을 것으로 보인다.

3-21] 이를 설명하기 위해서는 먼저 태내 발달이 어린이가 어머니의 자궁 안에서 성장하며 외부 환경과 직접 접촉하지 않는 특수한 발달 형태임을 기억하자. 따라서 이 발달은 유기체 내적 매개(양수-K) 속에서, 즉 유기체의 유전적 형질에서 기인한 동일하고 일관된 조건하에서 전개된다. 그러므로 태내 유년기는 최소 가소성, 즉 그 과정의 변화가 가장 적으면서 최대로 자동화된 시기이다. 이 시기는 유기체 형성의 기본 단계를 자동적으로 거치므로 위에서 언급된 유년기 지속 기간에 영향을 미치는 모든 요인들은 태내 발달에 그다지 강한 영향을 주지 않는다.

3-22] 우리는 우리 시대의 아동학에 어린이 발달 과정에 대한 오해가 있다고 믿는다.

3-23] 본질적으로, 환경에 최소한으로 의존하고 배아 세포에 내재된 내적 잠재성에서 기인하는 모종의 자동화 과정으로 진행되는 태내 발달이 보통 그러한 발달의 모형으로 취해진다. 아동학자들은 이 과정을 모든 발달의 모형 혹은 원형으로 받아들인다. 그러나 우리는 이것이 아무런 합당한 근거가 없다고 생각한다.

3-24] 우리는 태내 발달을 본래 의미에서의 발달 과정으로 이해하기보다는, 어느 정도 지속되는 발달 기간의 결과로서 상당 부분 이미 확립되어 반복되는 이미 완료된 유형의 발달 과정으로 간주하고자 한다. 고정되고 자동화된 발달 형태라 말할 수 있는 것이 없는, 동물 종이 죽고 죽이는 생존과 선택의 투쟁 과정에서 발생하는 동물 종의 진화 과정을 떠올려 보면, 그리고 자동화된 혹은 사전에 확립된 유형에 상응하지 않는 그 이후의 역사적 발달을 또한 떠올려 보면, 방법론적 관점에서 진정한 발달 유형은 어린이 태외 발달에서 나타나는 유형이고, 태내 발달 유형은 법칙이라기보다는 예외로 간주할 충분한 이유가 있다고 우리는 생각한다.

3-25]   우리의 관심을 끄는 문제에 대한 설명에 관해, 우리는 앞서 인용된 계산을 제시한 블론스키와 이런 점에서 다르다.

3-26]   이 저자는 "이 모든 것이 의미하는 것은 무엇인가?"라고 묻는다. "태외 유년기는 주로 어떻게 나타나는가? 태외 유년기는 이미 어느 정도 형성된 유기체가 성장하는 시기이다. 이것은 태내 유년기와 어떻게 다른가? 태외 유년기 또한, 특히 초기에는, 유기체 형성 시기를 포함한다. 따라서 우리는 다음과 같이 가정할 수 있을 것이다. 인간은 다른 동물들보다 비교적 빠르게 형성되지만 그 성장 시간은 훨씬 더 길다."

3-27]   이 저자가 이 설명 역시 전적으로 옳은 것은 아니라고 덧붙였으며, 성장과 형성, 즉 양적 계기와 질적 계기를 대치시킬 수 없다고 한 것은 사실이다. 그는 말한다. "그러나 지금 문제는 그게 아니라, 인간이 그 형성 단계에 이르러 아찔한 속도로 전력 질주하는 것을 분명히 드러내는 것이다."

3-28]   하지만 이렇게 여지를 남기고 있음에도 불구하고, 위의 설명은 전적으로 타당해 보이지는 않으며 그 이유는 다음과 같다. 여기서 우리는 더 복잡해 보이는 유기체가 더 짧은 형성 시간을 필요로 한다는 모순적인 사실에 직면한다. 실제는 그렇지 않다. 우리는 여기에서 다시 한 번 절대 수치를 고려해야 한다. 이 수치는 태내 발달기에 인간 유기체 형성 기간이 동물보다 훨씬 더 길고 더 짧지 않다는 것을 명확하게 보여 준다. 이런 의미에서 인간의 성장은 동물보다 오랫동안 지속되지만 그 형성은 더 짧다는 것은 우리가 볼 때 옳지 않다. 왜냐하면 성장 과정, 즉 유기체 물질의 양적 증가가 태내 발달기만큼 그렇게 강하게 나타나는 시기는 없기 때문이다.

3-29]   만약 출생 순간부터 성숙할 때까지의 전체 성장 과정을 비교한다면, 그 기간 동안 신생아의 체중은 스무 배가량 증가함을 알 수 있다. 그리고 성장은, 낱말의 뜻 그대로 본다면(키-K), 단지 몇 배에 불과

하다. 만약 우리가 미세한 수정란 세포와 신생아, 즉 태내 발달기까지 전체 성장 과정을 비교한다면 이 성장의 양은 거대한 천문학적인 숫자에 달할 것이다.

> 수정란의 크기는 약 0.1mm이므로 신생아의 키인 50cm 정도까지 자라기 위해서는 5,000배의 성장이 필요하다.

3-30] 이와 같이, 우리 관점에 따르면 어린이 태내 발달의 상대적 짧음은 형성이 성장보다 더 적은 시간을 필요로 하기 때문이 아니라, 오히려 우리 앞에 놓인 것이 이미 최종 형태가 결정된 본질적으로 완성된 발달 과정, 즉 모든 진행 과정의 매 단계뿐 아니라 전체 단계의 순서가 자동화되고 미리 결정된 것처럼 이미 정해진 길을 따라 복제되는 과정이기 때문이다. 끝으로 이 과정들은 매우 특수하고 가장 안정적인 유기체 내 환경 속에서 진행된다.

3-31] 이제 어린이가 발달하면서 통과하는 가장 중요한 시기를 생각해 보자. 이것은 우리가 청소년기와 성적 성숙기를 제대로 이해하려면 반드시 해야 하는 일이다. 우리는 그 이전에 어떤 일이 벌어졌고, 어린이가 어떤 경로를 지나왔고, 어린이에게 무엇이 남아 있는지 알아야 한다.

3-32] 전체 유년기는 크게 두 시기로 나뉠 수 있다. 온전한 의미에서의 유년기와 성적 성숙과 성적 원숙 시기인 청소년기와 청년기이다. 이 두 번째 시기는 우리 강좌 전체의 주제이기 때문에, 그것에 대해 지금 당장 이야기하지는 않을 것이다. 우리는 온전한 의미에서의 유년기에 관심이 있다.

3-33] 유년기의 발달 과정은 많은 요소와 징후들로 이루어진 고도로 복잡한 과정이기 때문에 유년기를 여러 시기들로 구분하려는 다양한 시도들이 존재하는 것은 그다지 놀라운 일이 아니다.

3-34] 유년기 시기를 구분하는 근거로 여러 저자들이 다양한 징후를 제시한다는 점을 말할 필요가 있다. 유년기를 치아 없는 시기, 젖니 시기, 영구치 시기로 구분하는 치아의 부재, 발생, 교체, 전체 발달 시기를 중성, 양성, 성숙의 시기로 구분하는 성적 징후의 변화, 환경의 영향을 받아 변화하는 인격을 가장 완전히 반영하는 기관인 중추신경계, 특히 대뇌피질의 발육 상태와 성숙 등등이 그것이다.

3-35] 여기서 모든 저자들은 보통 태내 발달기를 모든 발달의 맨 앞에 완전히 동떨어져 있는 것으로 취급한다. 우리의 도식에서 유년기를 개별 시기로 구분하는 토대로 삼는 것은, 각 발달 단계에서의 유기체와 환경과의 고유한 관계, 즉 어린이의 인격과 세계관의 발달이다. 여기서 우리는 인격과 세계관을 가리켜 전자를 모종의 자기의식 형성의 의미로, 후자는 논리적으로 성찰한 신념과 태도 체계 형태로 이해하지 않는다. 오히려 우리는 이 두 낱말을 조건적 아동학적 의미로, 즉 유기체와 환경의 관계를 표현하는 종합적 명칭으로 이해한다.

3-36] 우리가 이미 말했듯이, 전체 태내 유년기는 무엇보다 유기체와 환경 간에 존재하는 고유한 관계에 의해 특징지어진다. 유기체는 주변 환경과 직접적, 즉각적으로 접촉하지 않는다. 성숙 중인 어린이 유기체와 주변 환경 사이에는 어머니 유기체가 있다. 이렇게 새로운 유기체의 모든 기능, 신진 대사, 영양섭취, 성숙과 성장의 모든 과정은 매개된 방식, 즉 어머니를 통해 수행된다. 이는 한편으로 성숙 중인 유기체에게 주요한 생물학적 이점이 되지만 다른 한편으로는 단점이 되기도 한다. 여기에 대해서는 다음에 이야기할 것이다.

3-37] 이러한 조건 덕분에 약하고 무력한 성숙 중인 태아가 모든 해로운 환경의 영향으로부터 굳게 보호된다는 데 그 이점이 있다. 외부 환경의 온도 변화, 역학적 영향, 충돌, 물체와의 접촉, 영양 공급의 지연이나 결핍, 마지막으로 맹수나 적으로부터의 위험도 없다. 이 모든 것

이 성숙 중인 태아에 직접적으로 영향을 미치지 않는다. 왜냐하면 태아는 어머니의 자궁 속에서 유기체 내부 온도를 일정하게 유지하고, 어머니로부터 유기체적으로 비축된 영양을 공급받으며, 어머니 신체에 의해 외부 환경과 분리되고, 모체에 의해 보호되기 등등 때문이다.

3-38] 어머니 유기체에 대한 배아와 태아의 이 밀접한 의존성은 태아의 잉태 기간과 성숙을 가장 잘 보장하는 가장 고등한 생물학적 형태이다.

3-39] 그러나 이 똑같은 계기가 다음과 같은 측면에서는 불리하다. 배아와 태아는 최초부터 모체에서 일어나는 모든 질병과 파괴적 과정들에 영향을 받는다. 어머니의 알코올 중독, 매독, 임질, 어머니의 질병이나 중독, 기계적 상해와 심리적 외상, 일반적으로 영양 공급, 피로와 같이 어머니의 안녕을 좌우하는 모든 외적 조건들이 태아의 미래에 직접적으로 영향을 준다. 따라서 유전적 기질에서는 그 자체로 건강한 태아가 불리하거나 독성이 있는 유기체적 환경으로 인해 처음부터 매우 불리하고 손상된 발달적 경향을 갖게 된다. 여기에 아동학자들이 알아야 할 태내 발달기의 가장 큰 중요성이 있다.

3-40] 미래 유기체의 일련의 모든 특성이 이 시기로 설명되고, 일련의 모든 후속 현상들의 뿌리가 이 시기에 놓여 있다.

3-41] 유기체의 모든 결정적인 특징과 속성은 현재 세 개의 기본적인 무리로 나눌 수 있다. 유전적인 특징들에 대해서는 우리가 1장에서 말한 바 있으며 이는 배아 세포들 속에 잠재적인 혹은 잠복된 형태로 숨어 있다. 이들 유전적 특징들의 전달, 결합, 혼합의 법칙은 1장에서 짧게 제시되었다.

3-42] 두 번째 특징 및 속성의 무리는 이른바 선천적 특징, 즉 태내 발달 동안 형성되어 출생 시 이미 존재하는 어린이의 특징 및 속성이다. 그러나 그 기원을 부모의 유전적 특성의 조합 조건이 아니라 어린이

태내 발달의 조건에서 찾아야 하기 때문에 이러한 특징들은 유전적 특징들과 엄격히 구분되어야 한다.

3-43] 선천적 특징은 부모나 가족의 유전적 속성이 대물림된 결과로 형성되는 것이 아니라 어머니의 질병, 외상, 중독 등이 태아 발달에 미친 이런저런 영향의 결과로 형성된다.

3-44] 예를 들어 많은 병리적 상태가 그 자체로 유전되는 것은 아니다. 즉 병리적 상태는 유전 형질이나 유전자 속에 포함되어 있는 것이 아니라, 단지 태아의 생존력과 발달 적합성을 침해할 뿐이다. 완전히 건강하고, 육체적 정신적으로 건전한 엄마가 우연한 질병, 상해, 중독으로 인해 태아에게 해를 끼칠 수 있으며, 그 결과 어린이가 백치로 태어날 수 있다. 예컨대 매독과 같은 질병은 유전적이지 않고 선천적일 뿐이다. 이렇듯 일련의 전체 속성들이 어린이의 태내 발달기에 쌓여 형성된다. 앞으로 우리는 이를 선천적 속성이라 부를 것이다.

3-45] 끝으로 세 번째 무리는 어린이의 태외 발달 과정 자체에서 또다시 획득되는 특징이다.

3-46] 따라서 환경과의 관계라는 측면에서 태내 발달은 유기체와 환경의 상호작용에 있어 최소한의 능동성으로 특징지어진다. 이 시간 동안에는 모두 순전히 식물적인 기능과 과정이 지배한다.

> 심리학에서 '식물적 기능'은 다음과 같은 신경 기능들이다. 1. (대뇌 피질, 겉뇌, 수의 신경계가 아닌) 시상하부, 중뇌, 교감 신경, 부교감 신경에 의해 통제되는 자율신경 기능. 2. (의지적, 습관적, 일회적 기능이 아닌) 비자발적이고 본능적이며, 생명을 유지하는 데 필수적인 기능. 3. (학습된 습관, 지성적 행동, 생각과 말 같은 자유의지에 의한 행동이 아닌) 물질대사, 배설, 생식, 내분비 균형, 수면, 기본적 본능과 같이, 동물은 물론 어느 정도는 식물과도 공유되는 기능. 혼수상태의 사람을 식물인간이라고 부르는 것은 그의 두뇌가 최소의 식물적 기능만을 가지기 때문이다.

3-47]　우리는 어린이와 성인의 유기체 내에서 일어나는 과정을 소위 식물적 과정과 동물적 과정으로 구별한다. 첫째는 영양섭취, 호흡, 물질대사와 같은 식물적 과정으로 식물을 포함한 모든 유기체에 공통적인 과정이다. 둘째는 환경으로부터 오는 자극에 대한 능동적 지각과 반응과 관련되어 있다. 이는 지각과 운동 기관을 갖고 있지 않은 식물과 구분되는 동물의 생애와 운동을 특징지으므로 동물적 (과정-K)이라 불린다.

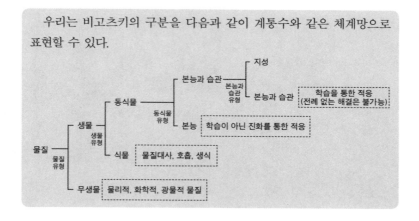

우리는 비고츠키의 구분을 다음과 같이 계통수와 같은 체계망으로 표현할 수 있다.

3-48]　성인은 환경과 상호작용을 하는 과정에서 동물적 기능이 첫 국면으로 두드러지고 식물적 기능 자체는 이 동물적 기능(예를 들어, 식량을 획득하고 준비하는 기능 등)의 봉사를 받는 것처럼 나타나는 반면, 태내 시기에는 식물적 기능이 거의 독점적인 존재가 우리 앞에 있다. 이 존재는 마치 깊고 긴 잠에 빠진 것 같다. 하지만 이미 말한 바와 같이 이 발달 시기의 성장 과정은 이후의 모든 발달 템포를 훨씬 앞지르는 템포로 일어난다.

3-49]　태내 발달의 또 다른 하나의 특징이 우리의 주의를 이끈다. 이 특징은 다음과 같다. 모체 자궁 속 발달 과정에서 배아는 짧고 압축

된 모습으로 유기체 진화의 가장 중요한 단계를 순서대로 반복하는 것처럼 보인다. 지구 위 생명체가 아마도 단세포 유기체로 시작했듯이, 태내 발달의 역사 역시 단세포 유기체로 시작한다. 나아가 수정란은 2, 4, 8개 등의 세포로 나뉘기 시작하며 군집된 세포, 즉 다세포 원생동물 유기체처럼 보이게 된다. 더 나아가 배아는 벌레 같은 생명체의 형태를 취한다. 그다음 배아는 물고기와 닮기 시작하며, 3주 초에 배아의 목 측면의 틈은 아가미와 유사한 형태를 이룬다, 등등.

『종의 기원』이 출판되기 약 20년 전인 1828년에 K. E. 베어는 인간의 배아에게도 아가미가 있음을 지적하며, 이는 물고기의 아가미가 모든 척추동물의 특징이기 때문이라고 말한다. 그는 동물의 배아적 발달에서 속屬(종의 상위 범주, '호모

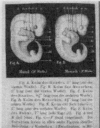
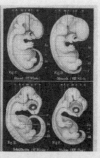

사피엔스'의 '호모')의 발달은 종種(구체적 동물 유형들 각각의 이름)의 발달보다 먼저 나타난다고 제안했다.

이후 F. 뮐러(Fritz Muller, 1821~1897)는 태생학이 진화의 '역사적 기록'을 제공한다고 제안하였으며, 이는 E. 헤켈에 의해 "개체발생은 계통발생을 반복한다"라는 슬로건으로 공식화되었다. 헤켈은 초기부터 차이점을 보이는 거북이와 닭의 배아에 비해, 개와 인간의 배아는 4주까지는 유사하지만 6주가 되어서야 차이가 발생한다는 것을 보여 주는 것으로 이를 증명하고자 했다. 이러한 그림은 이후에 매우 부정확하다는 것이 밝혀졌고, 비고츠키가 지적하듯이 이론 전체가 비과학적이었다. 예를 들

1866년 카나리아 제도에서 연구 조교와 함께 찍은 헤켈의 사진. 헤켈은 그해 다윈을 만났고 라마르크를 옹호하며 다윈설을 부정하였다.

어 헤켈은 다윈과 달리 모든 인간이 단일하게 아프리카에서 기원한다고 믿지 않았고, 흑인은 '네 손 달린 유인원'에서 파생되고 인간은 아시아 인종에서 파생되었다고 믿는 인종차별주의자였다. 그는 이를 '증명'하기 위해 언어 간의 우열을 말하며 각 언어들의 의미 잠재력이 서로 다르다고 주장하였다. 이후 나치는 "정치학은 응용 생물학이다"와 같은 우생학 이론을 증명하기 위해 헤켈의 주장을 다수 이용하였다.

3-50] 이처럼 인간 배아는 발달 첫 단계에서는 다른 동물의 배아와 어떤 유사성을 보인다. 이어서 5주 말, 6주 초가 되어야 비로소 인간 배아는 다른 동물 예컨대 닭, 거북이, 개의 배아와 구별된다. 그럼에도 원숭이 배아와의 유사성은 지속된다.

3-51] 다윈은 이런 상황 속에서 모든 동물 종의 기원이 일치한다는 지표를 발견했다.

3-52] 다른 과학자들―뮐러와 헤켈―은 이러한 토대 위에 다음과 같은 생물발생적 법칙을 공식화하였다. 어린이는 태내 발달 과정에서 짧고 응축된 방식으로 속의 발달 역사를 반복한다는 것이다. E. 헤켈은 이 법칙을 다음과 같은 형태로 공식화한다. "개체발생은 계통발생을 반복한다. 즉, 개별 유기체가 수정란으로부터 발달된 상태로 발달하면서 일으키는 다양한 형태는 바로 이 유기체의 조상이 고대로부터 거친 기나긴 일련의 형태들의 응축적 반복이다. 이는 오늘날까지 소위 유기체적 창조라고 불린다."

3-53] 위에서 지적된 두 계기―소위 격세유전적 특징, 즉 먼 조상의 특징의 존재와 인간 배아와 다른 동물 배아와의 유사성―에 더하여 이 법칙이 옳음을 지지하는 세 번째 계기가 있다. 이는 두 발달 과정 사이에서 나타나는 진정한 유사성이며 특히 태내 발달의 최초 단계에서 두드러지게 나타난다.

3-54] 그러나 세베르체프 교수가 말한 바와 같이 오늘날 발달 과정에 대한 좀 더 자세한 연구는 "계통발생과 개체발생의 관계는 지금까지 생각해 온 것보다 훨씬 더 복잡하며, 밀러에 의해 발견되고 헤켈에 의해 발전된 관계로는 낱낱이 설명되지 않는다"는 것을 보여 주었다.

본문에서 언급된 세베르체프는 1885년에 사망한 N. A. 세베르체프가 아니라, 진화론적 형태학을 설립한 A. H. 세베르초프(Алексей Николаевич Северцов, 1866~1936)를 의미하는 것으로 보인다. 그는 기관들은 다기능적이고 따라서 굴절 적응이 가능하다고 믿었다. 예를 들어 물고기의 부레는 육상동물의 허파로 굴절 적응될 수 있으며, 허파, 구강, 기도, 혀는 인간의 말을 위해 굴절 적응될 수 있다는 것이다. 이는 진화 과정의 변화를 가능하게 한다. 이는 고등(문화)심리 기능에 대한 비고츠키의 생각과 분명하게 연관된다.

3-55] 이론적 관점에서 볼 때 우리는 인간 배아 발달의 역사가 속 발달의 역사를 어느 정도 그대로 되풀이한다고 기대하기는 일반적으로 어렵다고 생각한다. 왜냐하면 이를 지지하는 앞서 언급된 사실적 자료에도 불구하고, 기본적 발달 요인, 즉 동물 종의 발달이 일어나는 환경과 인간 배아의 발달이 일어나는 환경은 물론이고 다른 기본적 요인, 즉 두 발달의 '기제' 자체(생존경쟁, 도태 등)가 두 경우에서 매우 다르기 때문이다. 그러므로 우리가 보기에 다음과 같은 마셜의 주장은 옳다. "진실로, 이것은 역사이다. 그러나 이 역사에는 장들이 통째로 사라졌으며 남아 있는 쪽들은 제자리에 있지 않고 다른 것들은 너무나 모호해서 읽기가 거의 불가능하다. 더욱 심각한 것은 후에 마구잡이로 수정, 위조가 이루어졌으며 때로 이는 너무나 교묘해서 거의 알아차릴 수

없다."

*A. M. 마셜(Arthur Milnes Marshall, 1852~1893)은 영국의 동물학자이며 맨체스터의 오웬 칼리지에서 가르쳤다. 그는 척추동물의 형태학을 기술했으며 비고츠키처럼 격렬한 헤켈 비평가였다.

3-56] 어린이 태내 발달은 출생이라는 파국으로 끝난다. 이 변화를 보통 파국적이라고 말하는 까닭은 이것이 전체 발달 과정과 환경에서의 급격하고 비약적인 변화와 관련이 있기 때문이다. 이것은 말 뜻 그대로 발달에 있어서 도약, 앞선 전체 태내 발달 과정에 의해 준비된 도약이지만, 진화적인 발달 계기가 아닌 혁명적인 발달 계기이다. 이 파국은, 성숙 중인 어린이 유기체가 출생에 의해 모체와 분리되어 유기적 내부 환경으로부터 외부 환경으로 이동한 결과, 그의 모든 결정적인 생존 조건에 생겨난 급진적인 변화이다.

3-57] 이러한 갑작스럽고 느닷없는 발달상의 변화는 어린이의 삶과 적응 전체가 극심하게 변하는 것과 필연적으로 연결되어 있다.

3-58] 이제 어린이에게 유아기가 시작되며, 유아기는 이 시기에 어린이와 환경 사이에서 만들어지는 고유한 관계를 출발점으로 할 때 쉽게 특징지어진다. 이 관계의 고유성은 다음과 같다. 어린이는 이미 어머니로부터 분리되었으며 외적 환경과 직접적인 연결을 맺기 시작하지만, 외적 환경과의 모든 관계 형태는 여전히 유기체와 어머니의 관계가 완전히 끊어지지 않은 이행적 상태로 유지된다.

3-59] 이것의 전형적인 사례로 세 가지 계기를 들 수 있다. 어린이의 영양섭취는 이미 동물적 기능 수행과 연결되어 있어 분명 자극의 인식과 어린이 자신의 움직임, 능동성을 필요로 하지만 음식 자체는 모체에

서 형성된 음식이며 영양섭취의 과정 자체도 여전히 어머니를 통해 발생한다. 다만 이 과정이 외적일 뿐이다.

3-60] 두 번째 계기는 유아의 잠이다. 발생적 반사학 연구는 최초 상태가 각성이 아닌 잠이라는 것을 보여 준다. 우리는 유아가 배부르고 잠을 방해하는 어떤 해로운 영향이 없다면 처음에는 거의 온종일 잠만 잔다는 것을 알고 있다. 다르게 말하면 유아에게 있어 정상적인 상태는 잠이다. 이 덕분에 잠과 각성에 대한 모든 전통적인 질문 방식이 달라진다. 일반적으로는 잠이 어떻게 나타나는지, 어린이의 각성 상태에서 어떤 변화가 일어나야 잠이라는 현상이 나타나는지 질문해 왔다.

3-61] 사실 이 질문은 거꾸로, 각성 상태가 어떻게 나타나는지, 잠에 어떤 조건이 결합되어야 각성 상태가 될 수 있는지 제기하는 것이 올바를 것이다. 잠은 약한 식물적 생활이다. 이는 일반적으로 가장 원시적인 생명 형태이자, 어머니의 자궁 속에 있는 태아의 순수한 식물적 존재와 성숙한 인간의 동물적 생활 사이에 있는 이른바 이행적 상태이다.

3-62] 마지막으로 세 번째 계기는 외적 환경으로부터 오는 자극의 지각과 이 자극에 대한 반응으로서의 운동이다. 어린이는 이미 자극을 지각하고 움직이지만 아직 공간 내에서 스스로 이동할 수 없으며 그의 이동은 여전히 대부분 어머니에 의해 일어난다.

3-63] 이처럼 우리는 어린이의 이 연령기를 모체에 완전히 의존하는 태내기와 그 이후의 보다 독립적인 삶의 시기 사이의 이행적 상태로 봐야 한다고 생각한다.

3-64] 그러나 이 연령기에 모든 어린이 후속 발달의 기본 노선이 마련된다는 점을 보지 못하는 것은 가장 큰 오류일 것이다. 따라서 우리의 가장 큰 관심사는 이런 거대한 발달 노선의 출발점이 어디인지, 그것들이 어디에서 기원하는지, 이런 노선들의 후속 전개를 위한 전제 조

건들이 어떻게 만들어지는지 찾아내는 것이다.

3-65] 최근 많은 연구들이 어린이의 생애 첫해를 연구하였으며, 우리는 이 전제 조건에 대한 예비적 생각을 해 볼 수 있게 되었다. 미래의 모든 행동 발달의 첫 출발점은 최초의 조건 반사 형성에 있어서 무조건 반사 즉 유전적 반사의 작동이다. 만약 이 시기의 어린이를 통합적 측면, 즉 환경과 어린이의 관계, '인격과 세계관'의 관점에서 살펴본다면 우리는 스위스 연구자 피아제가 유아에 대한 실험들에서 이끌어 낸 결론에 도달할 수 있다. 이 실험들은 초기 단계 어린이가 외부 세계와 자기 자신을 구분하지 못함을 보여 주었다. 바로 이 점에서 피아제는 유아를 유아론자라고 불렀으며, 이것은 철학에서 사용되는 그런 의미는 아니다.

3-66] 이 저자는 "자아가 전체 우주를 품고 있다고 보는 철학자의 태도로 유아론을 이해한다면, 자신에 대한 의식이 없는 유아를 유아론자라고 말하는 것은 터무니없음이 명백하다"고 말한다. 이 낱말은 대개 유아에게 있어 외적, 내적 자극이 아직 분화되지 않았음을 보여 주고자 하는 의미로 적용된 것이다. "아기를 유아론자라고 말하는 것은 단순히 어린이의 느낌과 욕구에는 경계가 없으며, 느낌과 욕구가 그가 보는 것, 만지는 것, 지각하는 모든 것과 하나의 전체를 이룬다는 것을 의미한다."

3-67] 이 입장을 지지하는 피아제의 실험은, 어떤 움직임과 마치 그 반응처럼 여겨지는 외적 자극이 우연히 일치했을 때, 유아의 순환 반응이 매우 쉽게 일어남을 보여 준다. 순환 반응은 어린이가 어떤 움직임을 보였을 때 이 움직임이 그에게 흥미로운 자극을 일으키면, 그 움직임을 반복하는 것이다. 이런 식으로 하나의 행위의 결과가 그다음 행위의 시작을 위한 자극이 되며, 이 때문에 이 반응을 순환 반응이라 부른다. "이렇게 어린이는 손가락 빨기, 물건 잡기, 단단한 물체를 두드려

소리내기 등을 배우게 된다."

3-68] 피아제는 다음과 같은 실험을 했다. 어떤 유아의 움직임이 우연히 어떤 외적 효과와 동시에 나타나면 어린이는 마치 해당 효과를 일으키려 애쓰는 것처럼 이 움직임을 반복한다. 피아제는 다음과 같은 결론을 도출한다. 어린이는 아직 대상과 사람의 저항을 알지 못하고, 주변 환경에서 어린이가 일으키는 모든 움직임이나 그의 노력과 동시에 일어나는 모든 움직임을 동일하게 지각할 것이며, 이것은 어린이가 자신으로부터 나오는 운동과 그렇지 않은 운동 사이의 차이를 숙달할 때까지 계속된다.

아이가 발차기를 하는 순간 창밖에서 개가 짖는다. 어린이는 다시 발차기를 한다. 어린이는 개가 짖지 않아도 발차기를 계속할 것이며, 이는 어른이 복권에 당첨되지 않는데도 복권을 계속 사는 것과 마찬가지이다. 피아제는 어린이가 스스로를 원인이라고 생각한다고 가정하며, 어린이가 자기중심적이라 자신의 의지에 반하는 '물체나 사람들의 저항'을 이해할 수 없다고 믿는다. 볼드윈이 처음 쓴 표현인 순환 반응에는 그런 저항이 없다. 즉 손가락을 빠는 어린이는 이 과정이 젖을 먹던 즐거운 기억을 만들어 내기 때문에 이를 반복한다는 것이다. 그러나 사람들과의 관계에서도 거의 저항이 없다. 어린이가 손을 뻗으면 엄마는 장난감을 원한다고 생각하여 장난감을 준다. 어린이가 울면 엄마는 배가 고프다고 생각하여 먹을 것을 준다. 어린이가 사람들의 저항에 대해 충분히 알고 사람에 저항하기 위해서 '싫어'라는 말을 사용하는 때는 아마도 3세의 위기일 것이다. 사실 하나의 사건이 다른 사건에 의존한다거나 다른 사건의 원인이 된다는 생각이 꼭 필요한 것은 아니다. 그것이 동시에 일어났다는 것으로 충분하다. 다시 말해 어린이가 발차기를 했을 때 그와 동시에 엄마가 "이것 봐, 아기가 발차기를 하네!"라고 말할 때 일어나는 것이다.

3-69] 그러나 여기서 동시에 이 공통 노선의 중요한 분리가 일어나며, 처음에는 아직 인격과 환경 간의 관계가 구분되지 않는다. 우리는 무엇보다도, 인간 활동을 동물 활동과 가장 잘 구별해 주는 근본 토대가 되는, 어린이 최초의 도구 사용을 염두에 두고 있다. 이것의 예비 단계는 대개 6개월경 유아에게서, 순환 반응 또는 단순한 단일 작용 형태로 나타나는 한 사물의 다른 사물에 대한 작용이다. 어린이는 사물을 밀어 사물들이 서로에게 작용하게 만들면서, 본능적으로 하나의 사물을 대상인 다른 사물에 작용하는 도구로 사용하기 시작하는 것으로 보인다.

3-70] 9, 10, 11개월 이후에야 비로소 어린이에게는 가장 원시적인 최초의 도구 사용이 나타나며 이 속에서 생각의 최초 형태가 나타난다. K. 뷜러는 이 연령기를 어린이의 침팬지 연령기라고 부르자고 제안하였다. 이 시기에 어린이는 외적 '과업'을 해결할 때, 심리학자들이 유인원에게서 최초로 관찰한 것과 동일한, 가장 단순한 도구 사용 형태를 나타내기 때문이다.

3-71] 관찰에 따르면 이와 나란히 어린이에게 다른 중요한 발달 노선, 즉 타자와의 사회적 연결 노선의 분리가 일어난다. 특별한 관찰을 통해 볼 수 있듯이, 생애 첫 달부터 어린이는 인간의 목소리에 특정한 사회적 반응을 보여 준다. 신생아는 생후 두 달까지는 충격을 주는 단순한 음향 자극으로 울음을 지각하지만, 생후 2개월 된 어린이에게는 똑같은 울음이 이미 표현적 가치를 지닌 운동으로 사회적으로 작용한다. 생후 3개월 된 어린이에게서는 특정한 사회적 반응이 관찰된다.

3-72] 이 시기 전체의 끝인 8개월에 이르면 어린이의 모든 행동은 극적으로 변화한다. 6개월에는 어린이 행동의 80~100%가 반사 운동이었는데, 이제는 반대로 70~80%의 자율적, 표현적 운동이 나타난다. 어린이에게서 몸짓, 특히 가리키는 몸짓이 나타나며 최초로 말이 뿌리를

내린다. 이 차이점은 다음과 같이 말할 때 가장 뚜렷할 것이다. 어른과 접촉하는 어린이가 생애 첫 1년의 전반부에는 이 접촉에 수동적 반응 적으로 행동하는 반면, 후반기에는 스스로 이 접촉을 능동적으로 구하고, 확립하고, 지속한다(C. 뷜러).

*C. 뷜러(Charlotte Bühler, 1893~1974)는 30대 초반 비엔나 대학교에서 조교수와 연구자로 일했다. E. 후설과 O. 퀄페의 제자이자, H. 헤쳐와 B. 튜더-하트의 지도교수였으며, K. 뷜러의 아내였다. 샤를로트는 통찰이 유아기에 발생함을 확립하였으며, 13세의 위기를 이해하기 위해서 청소년의 일기를 연구하는 '자서전적' 방법을 개발하였다. 그녀는 유대인이었고 남편인 K. 뷜러는 나치를 강력히 반대하였다. 그들은 나치 독일의 오스트리아 병합 이후 미국으로 망명하였으며, 샤를로트는 K. 로저스, F. 펄, A. 매슬로우와 같은 심리학자들에게 영향을 주었고 인본주의 심리학의 창시자들 중 하나였다. 인본주의 심리학은 여전히 미국 아동 발달 연구의 기둥 역할을 하고 있다.

3-73] 이런 식으로 우리는 이미 유아기에 미래의 능동적 활동의 두 가지 기본 형태, 즉 주변 사람에 대한 사회적 작용과 도구를 통한 외적 세계에 대한 작용이 싹틈을 보았다. 어린이 발달에서의 결정적 전환은 어린이가 걷기와 말하기를 서서히 점진적으로 숙달하기 시작할 때 발생 한다. 두 손이 자유로워지고 두 눈이 상황을 살펴 동작을 계획하고 통 제할 수 있도록 해 주는 직립 보행은 오래전부터 말과 더불어 인간 특 성을 규정하는 것으로 간주되어 왔다.

인류발생론을 나타낸 많은 그림과 글은 은연중 인간다움과 직립 보 행을 동일시한다. '나무에서 내려온' 인류는 일어서고 걷게 되면서 진 정한 인간이 되었다.

3-74] 직립 보행의 숙달은 어린이가 외부 세계와의 관계에서 자신의 능동성을 드러내기 시작하는 이미 완전히 새로운 형태다. 그는 이제 더 이상 대상이 다가오든 멀어지든 별로 상관하지 않고, 스스로 대상에게 다가가거나 멀어지고 두 손으로 사물에 작용할 수 있다. 직립 보행 덕분에 어린이는 공간과 그 속에 놓인 물건들에 숙달한다. 어린이는 공간을 점차 확장하겠지만 공간 정복을 위한 가장 중요한 단계는 원칙적으로 그가 첫걸음을 떼었을 때 이미 완성되었다.

3-75] 어린이의 말도 이와 유사한 중요성을 가진다. 걷기가 그를 둘러싼 실제 대상과의 관계에서 능동성을 부여했던 것처럼 말은 사회적 접촉과 생각의 영역에서 어린이를 둘러싼 인간과 대상과의 관계에 동일한 능동성을 발휘할 수 있는 능력을 부여한다. 이런 점에서 많은 심리학자들은 말을 걷기와 비교했다.

3-76] 따라서 초기 유년기는 걷기와 말을 숙달하는 시기로 특징지어진다. 소위 전학령기라 불리는 후속 시기는 많은 연구자들에 의해 어린이다운 고유한 활동 시기, 즉 놀이의 시기로 특징지어진다. 이 주장은 우리가 놀이라는 개념에 어떤 의미와 내용을 부여하는가에 따라 옳기도 하고 그르기도 하다.

3-77] 우리가 더 나이 든 연령기 어린이의 발달된 형태의 놀이나, 심지어 다른 활동 형태와 완전히 구분되며 어떤 의미에서는 그와 대비되는 성인의 놀이를 다루듯이, 놀이를 순전히 놀이로 이해하고 이를 다

른 모든 활동 형태와 대조시킨다면, 전학령기 어린이의 행동을 놀이로 완전히 설명할 수 있다는 주장은 당연히 전혀 사실이 아닐 것이다.

3-78]　하지만 놀이를 노동을 포함한 모든 미래 활동의 근원적, 초보적, 배아적 형태를 이루는 복합적인 활동으로 본다면, 그리고 나아가 놀이에서 어린이가 환경과 맺는 고유한 관계 방식, 즉 특별한 활동 형태를 본다면, 전학령기는 놀이의 시기라고 어느 정도 단정적으로 말할 수 있을 것이다.

3-79]　아동학 연구가 보여 주듯이 어린이의 놀이는 우연적인 것도 아니고 어린이를 사로잡기 위해 어른이 고안한 것도 아니다. 또한 무의미한 유희나 힘의 낭비도 아니다. 놀이는 넓은 뜻과 의미를 지닌 보편적인 생물 현상이며, 유년기 자체와 밀접하게 연결되어 있다. 놀이는 인간의 아이에게만 해당하는 것이 아니다. 동물의 새끼도 놀이를 한다.

3-80]　그로스의 연구가 보여 주듯이 한 측면에서 어린 개체의 놀이와 동일 종 성체를 특징짓는 적응 형태들 간에는 밀접하고 즉각적인 관계가 있다. 그러므로 새끼 고양이는 줄에 묶인 종이를 잡고, 실타래를 쫓으며, 어미가 물어다 준 반쯤 죽은 생쥐를 가지고 논다. 이 모든 놀이를 통해 잡고, 쫓고, 덮치고, 무는 사냥법을 배운다. 새끼 고양이의 놀이를 주의 깊게 연구한다면 놀이와 성체 고양이의 미래 생존 기술을 직접 이어 주는 연결 고리를 별 어려움 없이 발견할 것이다.

3-81]　다른 동물들과 관련해서도 똑같은 것이 확인된다. 우리는 도처에서 놀이가 자연적인 학교의 역할을 하는 것을 본다. 놀이는 말하자면 자연적 보완, 자연적 학교, 혹은 저절로 일어나는 양육이다. 그로스는 이 현상들 사이의 연결을 이해한 사람은 어린이의 장난을 단지 너그럽게 받아들일 뿐 아니라 존중할 것이라고 말한다.

3-82]　놀이는 본능 자체의 부족함에 대한 생물적 보완과 같은 것이다. 그로스는 놀이를 다음과 같이 규정하여 말한다. "이런 식으로 놀

이는 첫째, 아직 미발달된 선천적 힘을 완전하게 형성된 본능과 동등한 발달 정도로 끌어 올리는 것이다. 둘째, 적응하고 다양화하는 능력이라는 의미에서 모든 선천적인 것을 극도로 강력하게 발달시키는 것이며, 이는 단지 유전적 기질의 영향력으로는 불가능한 것이다."

본문의 인용문은 그로스의 *The Play of Man*에서 인용된 것이다 (Groos, K. (1912) *The Play of Man*. New York and London: Appleton and Co.). 새끼 고양이를 보면 사냥을 하려는 성향이 아직 약하다는 것을 알 수 있다. 반면 상처 입은 동물로부터 도망가려는 성향은 완전하게 형성되어 있다. 그러나 놀이를 통해서 약한 성향은 더 강하게 되고, 강한 성향은 약화된다. 전학령기 어린이의 경우, 특히 사람들이 대화를 나누고 있을 때 가만히 앉아서 주의를 기울이는 성향은 약하고, 흥미로운 하나의 자극에서 또 다른 흥미로운 자극을 찾아가려는 성향은 매우 강하다. 그러나 놀이를 통해서, 예컨대 어린이에게 파리를 기다리고 있는 개구리인 척하거나, 레닌의 무덤을 지키는 병사인 척하라고 요청하거나, '침묵 놀이'를 한다면, 약한 본능은 강해지고, 강한 본능은 약해진다는 것을 발견한다. 이것이 비고츠키가 놀이는 전학령기에 근접발달영역을 제공한다고 말하는 이유이다. 즉, 놀이는 지성(약한 성향)을 습관(강한 성향)의 수준까지 향상시킨다. 그로스는 놀이의 영향력을 잠재적 성향으로까지 일반화한다. 다양한 상황에 적응하고 적응을 다각화하는 능력은 모두 물려받은 것이다. 예를 들어 유아는 매우 다양한 상황(어둡거나 밝거나, 아기침대 안에 있거나 밖에 있거나)에서 매우 다양한 동작(웃기, 발차기, 몸 흔들기, 옹알거리기)을 이미 모방할 수 있다. 그러나 이 능력은 약하다. 매우 다양한 상황에 적응한다는 것은 강한 자극(빛과 어둠)에 반응하지 않고 약한 자극(사람의 목소리)에 반응함을 포함해야 하기 때문에 약할 수밖에 없다. 놀이를 통해서 이 능력, 잠재적 성향은 더 강하게 된다. 바로 이와 같은 일이 어린이가 본능에서 문화화된 습관으로, 습관에서 창조적 지성으로, 지성에서 자유의지로 나아갈 때 일어난다. 근접발달영역은 언제나 더 약한 기능, 아직 나타나지 않은 영역의 덜 발달된 기능을 강화시키는 것을 의미한다.

3-83] '세계관과 인격'이라는 측면, 즉 우리가 조사하려는 환경과의 관계의 고유성을 가리키는 종합적 특성의 측면에서 본다면, 이 연령(전학령기-K)의 어린이의 특징은 여전히 남아 있는 자기중심성, 즉 개인적 경험과 외적 경험이 근본적으로 분화되지 않는 것이다. 여전히 어린이의 생각은 상당한 정도로 내적 동기와 욕구에 지배된다. 일반적으로 세계는 흔히 어린이의 놀이와 욕구 충족의 재료의 역할을 한다. C. 몰로자비는 "만약 성장하는 어린이와 환경과의 충돌에서 나타나는 필연적인 상호 관계가 놀이 속에 있다면, 사회적으로 조성된 복잡한 조건하에서 자신의 불충분함을 극복하기 위해 필수적인 것이 놀이 속에 있다면, 우리는 어린이의 놀이를 자극하려고 할 필요가 없을 것이다. 환경은 풍부하고 다양한 현상을 통해 자신의 새로운 형태, 자질, 상호 관계를 어린이 앞에 점차적으로 열어 가며 어린이들을 놀게 한다."

> 블론스키는 놀이가 잉여 에너지를 흡수하도록 돕는다고 믿으며, 프로이트는 놀이가 성적 긴장감을 해소시킨다고 믿는다. 또한 레온티에프는 노동을 갈망하는 어린이가 좌절한 결과가 놀이라고 믿는다. 몰로자비는 이들에 동의하지 않는다. 어린이가 놀이를 하도록 만드는 것이 바로 환경이며, 놀이를 통해서 어린이는 어떤 경향(예컨대 행동을 의미로 해석하는 경향)은 강화하는 반면, 어떤 경향(즉각적인 감각 자극이 없으면 쉽게 지루해하거나 잠시도 가만있지 못하는 경향)은 약화한다. 예를 들어 자동차 뒷좌석에 앉은 어린이를 생각해 보자. 어린이는 이 환경이 만들어 내는 복잡한 사회적 조건을 통제할 수 없다. 어린이가 직접 운전을 하는 것이 아니기 때문에 멈춰서 무언가 먹거나 화장실에 가고 싶으면 운전사에게 멈추어 달라고 요청해야만 한다. 그러나 차 뒷좌석이라는 환경은 놀이 재료를 제공한다. 어린이는 운전하는 척할 수 있다!

3-84] 학령기는 한쪽 끝에 젖니의 영구치로의 교체, 다른 쪽 끝에

성적 성숙이라는 두 개의 위기적 국면으로 경계 지어진다. 이 각각의 위기적 국면은 어린이 유기체 자체의 심각하고 포괄적이며 심오한 변화를 의미하지만, 학령기 자체는 어린이의 성장과 발달에서 상대적으로 안정적이고 편안하며 완만한 시기이다.

3-85] 블론스키는 다음과 같이 말한다. "이 연령기 어린이의 행동을 설명해 주는 가장 중요한 특징은 사용 가능한 잉여 생산 에너지의 양이다. 이것은 이 연령기에서 착취 계급 어린이와 피착취 계급 어린이의 진로가 갈라지기 시작하는 이유이기도 하다.

3-86] 어떤 어린이들의 잉여 생산 에너지는 이후 정신 발달의 출발점이 되지만, 다른 어린이들의 에너지는 사회적 생산으로 착취된다. 공장과 학교는 바로 사회가 영구치 유년기의 잉여 생산 에너지를 나눠 담는 두 깔때기이다."

블론스키의 이론은 잘못되었다. 치아는 정신 발달에 그다지 중요한 것이 아니다. 그러나 인간이 고도로 발달한 뇌 때문에 유인원보다 더 많은 에너지를 필요로 하는 것은 사실이다. 사실 이 에너지가 필요한 것은 영구치를 갖기 이전이다. 어린이가 영구치를 갖게 되는 6세 무렵에는 사실상 뇌가 다 자라 에너지에 대한 요구가 더 이상 그렇게 절박하지 않다. 블론스키가 틀렸다면, 인간은 어떻게 굶주린 뇌에 영양분을 공급할까? 다행히도 우리는 살찐 상태로 태어난다(약 3%의 체지방을 가진 유인원의 새끼에 비해, 인간의 아기는 약 15%의 체지방을 가진다). 이 이점은 일시적이지만 더 영구적인 이점은 말 그대로 인간이 영양 공급을 조절할 수 있다는 것이다. 유인원은 4~5세 무렵 젖을 떼지만, 인간은 생리적으로 필수적이지 않음에도 불구하고 인위적으로 일찍 젖을 뗀다. 어머니는 자유롭게 일하며 딱딱한 음식을 제공하거나 또 임신을 한다. 이는 인간 어린이가 성인의 음식을 먹지만 아직 성인의 노동을 하지 않는 이행기를 제공한다. 처음에는 다른 영장류에 비해 인간의 출산율을 높이는 기능을 했던 이 시기는, 다른 어떤 종도 향유하지 못하

는 인위적인 정신적, 신체적 발달을 허용하고, 말 발달과 문해를 위한
활동들을 가능하게 하는 의도하지 않은 부수적 효과를 거두게 된다.
인간을 다른 동물과 명백히 구분해 주는 이 시기는 유년기라 불린다.

3-87] 이처럼 학교는 어린이 발달에서 관습적이거나 외적으로 부과
된 것이 아니라 어린이의 잉여 에너지를 미래 성인 활동의 모든 준비를
위해 사용하는 방식이다.

3-88] 블론스키는 학령기 어린이의 가장 고유한 특성은 다음과 같
다고 말한다. "이가 없거나 심지어 젖니를 지닌 어린이들에게도 엄청난
역할을 하는 신체적 능력은 이제 전면으로 나서는 기술적 능력 발달의
전제 조건에 불과하다. 기술적 능력은 노동 도구의 숙달을 통한 신체
능력의 증가로 이해된다."

3-89] 사춘기 이전 유년기는 육체노동의 도구들을 숙달하는 시기
이다. 따라서 우리가 보기에 어린이의 에너지 증가는 이제 기술적 활동
발달의 전제 조건일 뿐이다. 어린이의 심리 발달영역에서도 무언가 비
슷한 일이 벌어진다. 우리는 이 연령기의 학생들을 관찰하면서 기억, 주
의 자체의 성장을 볼 뿐 아니라, 어린이가 빠르게 성장하는 자신의 문
화적 경험 위에서 자신의 자연적인 심리 기능들을 어떻게 더 잘 이용
하는지를 배우면서 얼마나 많은 복잡한 문화적 경험과 복잡한 문화적
행동 기능들을 숙달하는지를 알게 된다.

3-90] 이렇게 우리는 주로 문화적 발달을 통해 노동 도구의 숙달과
문화-심리학적 발달을 이해함으로써 서로 다른 두 징후를 통합하여 학
령기를 어린이 문화 발달 연령으로 규정할 수 있을 것이다.

3-91] 피아제는 학령기의 특징을 설명하는 두 법칙을 제안한다. 첫
째는 그가 이행 또는 전환 법칙이라고 부른 것이다. 이 법칙은 어린이
생각의 가장 중요한 경로와 작용이 이제 새로운 영역으로 이행하며, 새

로운 국면 즉 언어적 생각의 국면으로 전환된다는 것이다. 따라서 직접
적 행동과 지각 영역에서 전학령기 어린이를 특징짓던 동일한 현상, 동
일한 난관, 동일한 행동 수단이 언어적 생각 영역에서 학령기 어린이를
특징지을 것이다.

> 새로운 국면에서도 동일한 문제가 발생한다. 예컨대 자기중심적 행
> 동은 자기중심적 말로, 자기중심적 말은 자기중심적 생각으로 전환되
> 는 것이다.

3-92] 이러한 행동의 이행, 새로운 국면으로의 전환은 다음과 같이
공식화될 수 있을 것이다.

3-93] 학령기 어린이는 언어적 생각 영역에서 직접적 행동과 지각
영역에 속한 전학령기 어린이처럼 행동한다. 이 법칙은 피아제가 학령
기를 설명하기 위해서 이끌어 낸 또 다른 법칙, 즉 '의식적 파악의 법
칙'과 관련이 있다.

3-94] 클라파레드가 확립한 이 법칙은 어린이가 어려운 만큼만, 적
응에 실패한 만큼만 자신의 행위를 의식적으로 파악한다는 것이다. 클
라파레드는 유사점과 차이점을 이해하는 과정이 어린이에게 어떻게 형
성되고 발달되는지 연구했다.

3-95] 이에 대한 연구는 얼핏 보기에는 역설적인 결론을 도출한다.
어린이는 두 대상의 차이점보다 유사성에 더 먼저 옳게 반응하는 것을
익히지만, 유사성보다는 차이점을 먼저 의식적으로 파악하는 것으로
드러난다.

3-96] 이와 같이 똑같은 작용의 출현 순서가 행위의 측면과 생각의
측면에서는 반대로 나타난다. 어린이는 실제로 유사성에 더 빠르고 쉽
게 반응하고 다루기 때문에 그의 입장에서 유사성은 생각이나 의식적

파악을 요구하지 않는다. 하지만 다른 한편으로, 어린이는 사물의 차이점에 어렵게 반응하고, 그것은 실패한 적응을 이끌며, 또 그것이 어려움을 초래하기 때문에 어린이는 차이점을 더 일찍 의식적으로 파악할 것이다.

> 점심으로 어묵을 먹는다고 하자. 어린이에게 숟가락 두 개를 가져오라고 하면, 어린이는 비슷한 손잡이만 보고 숟가락과 포크를 하나씩 가지고 올 수도 있다. 포크로 국물을 마시기는 어렵기 때문에 어린이는 그 차이를 의식하게 된다. 이제 어린이는 포크로 국물을 마시는 것이 어렵다고 말하며, 손잡이의 유사성에 대해서는 의식 못할 것이다.

3-97] 이 법칙이 학령기에 시사하는 것은 무엇일까? 이 법칙은 학령기 어린이들이 행위의 측면에서는 이미 자신의 생각이나 지적 조작, 언어적 추론과 판단을 사용할 수 있음에도 불구하고, 이것들을 의식적으로 파악하지 못함을 보여 준다.

3-98] 언어적 생각에서 행위의 논리가 어린이를 계속 지배한다.

3-99] 우리는 학령기의 일반적인 기본 특징 안에서 이 두 법칙의 적절한 일반화와 설명을 찾을 수 있다고 믿는다. 또한 우리는, 앞서 보이려 했듯이, 학령기가 한편으로는 신체 발달 측면에서 기술적인 노동 도구의 숙달과, 다른 한편으로는 심리 발달 측면에서 문화적 발달로 특징지어진다고 생각한다.

> 어린이들에게 500원짜리 은색 동전과 10원짜리 동전을 주면, 어린이는 차이점을 손쉽게 알아차리고 이야기할 것이다. 예컨대 어린이에게 동전 선택을 요구하면 즉시 큰 것을 고를 것이다. 이유를 물어보면 어린이는 더 비싸서라고 이야기할 것이다. 그러나 어린이에게 유사점을 이야기해 보라고 하면 꽤 어려워할 것이다. 어린이에게 '10원'과 '500원'은 가치를 측정하는 화폐이기보다는 단지 서로 다른 이름을 가진

동전에 불과한 것이다. 피아제와 클라파레드는 이 현상을 설명하기 위해 두 법칙을 필요로 한다. 첫째 그들은 행위의 논리가 언어적 생각의 측면으로 아직 이동하지 않았다고 말한다. 어린이는 두 동전으로 흔들거나 던지거나 튕기는 등의 동전에 알맞은 행위를 할 수 있지만, 아직 그 유사점에 대해 이야기하거나 생각할 줄은 모른다. 따라서 어린이는 큰 동전과 작은 동전의 차이점을 알며 500원과 10원이라는 표현은 단지 큰 것과 작은 것에 붙은 이름일 뿐이라고 이해한다. 둘째 피아제와 클라파레드는 어린이가 의식적으로 파악하게 되는 것은 그럴 만한 이유가 있을 때에만 그렇다고 말한다. 즉 적응에 실패했을 때이며, 이는 유사점보다는 차이점에 의해 더 흔히 일어난다. 예컨대 뽑기 기계는 500원짜리로만 작동하며 10원짜리로는 작동하지 않는다. 비고츠키는 이를 다르게 설명한다. 이 두 법칙은 단일한 하나의 법칙, 즉 제1발생 법칙의 두 가지 특수한 사례일 뿐이다. 이 법칙은 자연적 기능이 문화적 기능에 앞서 발달한다고 말한다. 집보다 동굴이, 옷보다 가죽이, 목축과 농사보다 수렵과 채집이 선행한다. 따라서 어린이의 신체적 발달과 도구 이용 경험은 어린이가 크기와 색깔의 차이점을 인식하고 반응하도록 하는 지각과 감각운동적 의식을 포함한다. 이는 어린이가 동전뿐 아니라 지폐와 신용카드도 모두 화폐의 한 사례로 인식할 수 있게 해 주는 의미론적이고 체계적인 의식에 앞서 발달할 것이다. 이 장의 결론에서, 비고츠키는 이 장이 연령기 사이의 유사성보다는 차이점을 좀 더 부각시켰다고 말한다. 이 때문에 마지막 문단에서 비고츠키는 이 장은 '도식적'이며 특정한 법칙이 각 단계를 어떻게 특징짓는지에 주의를 기울였다고 말한다.

3-100] 이번 강의에서 우리는 한편으로는 성장, 내분비샘의 활동, 구성, 흥미 등과 같은 각 연령기의 주요한 생물학적 심리학적 변화와 특성을 다루지 않고 주요 연령기들에 대한 총체적 고찰과 순전히 도식적인 특성화에 국한했다. 다른 한편으로는 각 연령기에 어린이와 환경 간의 관계의 내용이나 방향을 다루지 않고 오직 연령기 특징의 형식적인

측면에만 국한했다. 이 내용과 방향은 모두 다음 강의에서 이행적 연령기에 상응하는 계기들과 연관하여 고찰될 것이다. 우리는 이것을 항상 발생적으로, 즉 선행하는 발달 시기의 결과로 추적하고자 할 것이다.

3-101] 이전의 강의 주제와 직접 맞닿아 있는 우리의 도식적인 설명에서, 우리는 하나의 전체적 과정으로의 어린이 연령기 진화가 각 단계마다 특정한 법칙과 특징으로 특징지어진다는 사실을 부각시키고자 했을 뿐이다. 이들은 각 단계에 전체로서 내재하고, 차이의 질적 성장과 각 연령기의 구조적 중심의 혁명적 변화에 토대하여 나타난다. 이러한 성장과 변화는 긴 연령기의 진화를 거쳐 준비된다. 우리는 각 시기의 분석을 이행적 연령기 자체의 분석과 연결시키면서, 각 시기의 종합적 증상을 확인하고자 했다.

왜 비고츠키는 이 설명을 도식적이라고 할까? 첫째, 통합적 주제로서의 아동학과 자연적 온전체의 과학으로서의 아동학에 대해 앞에 나오는 두 장과는 달리 3장은 유년기의 각 단계를 특징짓는 차이점을 부각시키고 그들 간의 연결성은 배경으로 둔다. 이 때문에 비고츠키는 이 장의 입장은 앞 장의 주제와 직접 맞닿아 있다고 말한다. 서로 연결되어 있지만 앞의 두 장과는 다소 다른 방향성을 가지고 있음을 암시하는 것이다. 둘째, 비고츠키는 어린이 연령기 진화의 밑그림을 그리는 것을 이 장의 목표로 제시한다. 여기서 진화는 계통발생이 아닌 개체발생이다. 이를 그리기 위해 비고츠키는 각 연령기별 시기를 큼직큼직하게 구분할 필요가 있었다. 각 시기의 개별성이 그들 사이의 연계성보다 강조되는 것이다. 셋째, 비고츠키는 각 연령기에서 종합적 증상, 즉 발달 과정의 산물(이후에 비고츠키는 이를 신형성이라고 지칭한다)로서 나타나는 각 시기의 고유한 특징을 확인하려 했다고 말한다. 예컨대 전학령기의 종합적 증상은 놀이이며, 초등학교 연령기의 종합적 증상은 기술적 도구와 기호적 가치의 사용을 가능하게 하는 정신적-신체적 발달이다. 각 연령기는 별개의 서로 다른 증상을 보이는데 이는 각 시기가 서로 구분되고 개별적임을 시사한다.

● 어린이 발달의 주요 시기에 대한 짧은 개관

　청소년기에 관한 강좌로서 이 책은 유난히 긴 선역사를 포함하며, 유년기에 관한 장으로서 이 장은 긴 태내 발달을 포함하고 있다. 비고츠키는 이 장의 절반이 지나도록 출생조차 언급하지 않는다. 그러나 이러한 지연에는 세 가지 합당한 이유가 있다. 우리는 비고츠키가 이전 장에서 했던 것처럼 이론적, 실천적, 철학적 이유를 제시할 것이다. 이론적으로, 시간에 따라 펼쳐지는 과정을 설명하고 싶을 때 우리는 그 과정이 전혀 펼쳐지지 않은 때부터 시작해야 한다. 따라서 이 장은 청소년기의 '선역사', 즉 유년기로 시작해야 한다. 비고츠키가 말한 대로 청소년을 알기 위해서는 청소년 이전에는 무엇이 었는지, 어떤 경로를 거쳐 청소년이 되었는지, 청소년이 유년기에 두고 온 것은 무엇인지 알아야 한다. 물론 어린이 역시 선역사를 지니며, 그 선역사는 태내 발달이다.

　실천적으로, 비고츠키는 아동학을 고유한 해결 과제를 지닌 독립된 과학으로 확립하고자 한다. 독립된 과학으로서의 아동학은 고유한 관심사를 잃지 않으면서 다른 학문에 의존할 수 있고, 특정한 문제에 접근하는 고유한 방법을 지닌다. 아동학은 어린이에 관한 전체적 과학이기 때문에 아동학의 핵심 문제 중 하나는 유년기를 시기별로 구분하는 것이다. 이 장은 비고츠키의 해답을 제시하지는 않는다. 단지 다른 사람들의 연구나 교사와 부모의 실제적 경험에서 비롯된 시기 구분을 요약할 뿐이다. 그러나 우리는 비고츠키가 매우 다른 두 발달 양상이 사실은 하나의 전체적인 과정이라는 생각을 이미 지니고 있음을 명확히 알 수 있다. 그중 하나는 질적이고, 혁명적이며 구조적 변화에 집중되어 있으며, 다른 하나는 오랜 시간이 걸리고, 진화적이며 점진적 성취에 연결되어 있다. 그는 심지어 각 시기마다 특정한 '종합적 증상', 즉 신형성이 있다고 말한다. 무엇보다도 비고츠키는 출생이라는 명백한 '파국'에 관한 이 장을 쓰면서 위기를 발달의 중심에 놓는다.

　끝으로, 이 장의 절반을 임신과 임신기에 할애하는 합당한 이유가 있으며, 이는 비고츠키가 앞 장에서 언급한, 아동학을 구분하는 기본적인 철학적 차이와 관련이 있다. 비고츠키는 이전의 수백만 년에 걸쳐 완료된 진화의 결과가 단순히 전개되는 태내 성장과, 그 자체로 항상 역동적으로 변화하는 환경과의 상호작용 속에 있는 태외 발달 간의 차이를 학생들이 이해하길 바라고 있다. 앞 장에서 확인했고 다음 장에서도 확인할수 있듯이, 이 구분은 아동학의 핵심 문제이다. 독일 아동학은 태내 성장을 모든 발달의 전형적인 형태로 다루지만, 소비에트 아동학은 태외 발달 즉 유년기를 진정한 의미의 발달로 다루고자 한다.

I. 태내 성장과 태외 발달. 비고츠키는 인간 어린이가 급하게 서둘러 태어나는지, 아니면 어머니의 자궁 속에서 빈둥거리면서 태어날까 말까 망설이며 출생을 최대한 미루는지 묻는다(3-1~3-4). 절대적 시간으로 볼 때 인간 어린이는 13종의 동물 중에서 늦게 태어나는 축에 들지만, 낙타나 코끼리보다는 빨리 태어나는 것으로 보인다. 태내 성장으로 보내는 시간의 양은 동물의 크기와 상관관계가 있는 것으로 보인다(3-3~3-4). 태내 성장에 대한 태외 발달의 비율을 계산해 보면, 인간은 태내 성장에 대한 태외 발달의 비율이 가장 높게 나타난다(3-7~3-10). 비고츠키는 유년기의 길이가 유기체의 복잡성, 환경에 대한 적응 형태와 상관관계가 있다고 주장한다(3-11). 예를 들어 유기체가 단순하고 외적 환경이 크게 변화하지 않는 물고기는 유년기가 없다(3-12). 병아리, 새끼 고양이, 새끼 강아지들은 한동안 무력하지만 인간의 아기만큼은 아니다(3-13~3-16). 그 후 비고츠키는 이 무력함이 이점이 될 수 있으며 그 이유는 다음과 같다고 말한다. 무력함과 긴 태외 발달은 가소성을 촉진하고, 환경에 대한 유연한 적응을 돕는다(3-17~3-21). 이 때문에 비고츠키는 태내 성장이 일반적 발달의 원형을 제공한다는 생각을 거부한다. 오히려 비고츠키는 태내 성장은 완성된 기관, 설정된 기능, 사전 입력된 본능의 형태로 나타나는 발달의 결과이지, 실제 발달 과정을 보여 주지는 않는다고 말한다(3-22~3-23). 비고츠키는 아동학은 반드시 태외 발달을 원형으로 삼아야 한다고 말한다(3-24~3-25).

II. 시기 구분의 기준. 생물학적 아동학자 블론스키는 어린이의 신체 구조가 자궁 내에서 빠르게 형성되며, 그러고 나서 유년기 동안 긴 시간에 걸쳐 성장한다고 말한다(3-26~3-27). 비고츠키는 이를 거부하며, 어린이 신체 구조가 형성될 때 걸리는 시간은, 절대적 수치로 볼 때, 비슷한 크기와 복잡성을 가진 동물이 형성될 때 걸리는 시간과 같음을 우리에게 상기시킨다. 오히려 그것은 다소 더 느리기까지 하며, 이 형성은 매우 많은 태내 성장을 포함한다(3-28). 태외 유년기에 비해 상대적으로 짧은 인간의 태내 성장은, 태내 성장이 단일하고 안정된 환경 속에서 일어나는 단일하고 단순한 과정이라는 간단한 사실로 설명된다(3-29~3-31). 태외 유년기는 급격히 변하는 환경 속에서 일어나는 일련의 복잡한 과정 전체를 포함하기 때문에, 비고츠키는 우리가 대ᡨ유년기(즉 유년기와 청소년기의 합)라 부를 수 있는 것을 두 시기로 나눔으로써 시대 구분을 시작한다. 하나는 온전한 의미의 유년기이며, 다른 하나는 각각 성적 성숙과 성적 원숙의 시기인 청소년기와 청년기이다(3-32). 비고츠키는 치아 교체, 성적 특질, 뇌 성숙에 따라 온전한 유년기를 구분하는 많은 도식이 이미 존재함을 지적한다(3-34). 비고츠키 자신은 한편으로 인격의 형성과 다른 한편으로 세계관의 형성을 발달의 기준으로 삼으며(3-35), 이는 당연히 태내 성장과 태외 발달 간에 이미 지적된 분명한 분리를 생물학적 특징보다 더 잘 설명한다(3-36~3-39). 태내 성장은 식물적 기능의 성립과 관계가 있으며, 태외 발달은 인격과 세계관 형성과 관계가 있다. 태내 성장에서는 유전적 요인이나 자궁 내 외상이 유아 사망의 주요 원인이며(3-40~3-43), 태외 발달에서는 환경이 주요한 위험을 야기한다(**3-46**). 마지막으로 유년기의 주요 시기를 차례로 설명하기 전에, 비고츠키는 여러 가지 점에서 배아적 발달은 진화 단계를 반복하는 것처럼 보인다는 흥미로운 사실을 지적한다. 예를 들어 생명은 단세포 유기체로 시작하여 '물고기', '닭', '개', '원숭이' 등의 단계를 통과하는 것으로 보인다(**3-49**). 다윈은 이를 모든 종이 기원을 공유한다는 단순한 증거로 보았던 반면, 뮐러와 헤켈은 이를 이용하여 개체발생은 계통발생의 단순한 반복이라고 주장한다(**3-52~3-53**). 대부분의 태생학자들은 이제 이를 조잡한 단순화라며 거부하지만(**3-54~3-56**), 다음 장에서 보게 되듯이 이 관점은 청소년기 이론에서 지속된다.

III. 유년기의 시기 구분. 마침내 비고츠키는 일반적으로 합의된 유년기의 주요 시기에 대한 짧고 도식적인 설명을 시작한다.

  A. 출생은 '파국', 즉 위기로 기술된다. 유아기에 이르기까지도 모체에 대한 생물적 의존이 다방면으로 지속되지만, 출생을 계기로 아기의 환경은 완전히 변하며 이에 따라 세계관 역시 변한다(**3-56~3-57**).

  B. 유아기(**3-58**). 비고츠키는 어린이와 모체 사이의 연결이 끊어지지 않음에도 불구하고 신형성이 생겨나는 유아기의 세 가지 계기를 지적한다(**3-63**).
    i. 영양섭취. 출생 전과 마찬가지로 양분은 모체 내에서 형성되지만, 수유를 통한 섭취는 신형성이다(**3-59**).
    ii. 수면. 출생 전과 마찬가지로 아기의 유기체는 하루 대부분을 수면 상태로 보내지만 각성 상태는 신형성이다(**3-60~3-61**).
    iii. 자극에 대한 반응. 출생 전과 마찬가지로 유기체로서 아기는 이동과 외부 유해 환경으로부터의 방어를 위해 여전히 어머니에 의존하지만 환경에 대한 지각은 신형성이다(**3-62**).

비고츠키는 인격과 세계관의 거대한 발달 노선의 '출발점'이 바로 이 신형성으로부터 시작된다고 본다(**3-64**). 그는 (엄지손가락 빨기와 같은) '순환 반응'에 대한 피아제와 볼드윈의 연구를 요약하면서 어린이가 이러한 순환 반응을 때때로 과잉 일반화한다는 피아제의 의견에 동의한다. 어린이는 자신의 신체로부터 유래하는 움직임과 그렇지 않은 움직임을 구분하지 못하는 것으로 보인다(**3-65~3-68**). 이러한 공유된 발달 노선들은 어린이가 하나의 대상을 도구로 사용하여 다른 대상에 영향을 미치는 것을 익히게 되면서 비로소 분리된다고 비고츠키는 말한다(**3-69~3-70**).

  C. 초기 유년기. 어린이는 기호를 이용하여 사회적 환경에 영향을 미치기 시작하고(**3-71~3-72**), 일어나 걷기 시작한다(**3-73~3-74**). 말이 발달하기 시작한다(**3-75**).

D. 전학령기. 이 시기는 학령기의 실제 '일'이 나타나기 이전 시기인 놀이의 시대로 간주되곤 한다. 비고츠키는 이 관점을 거부하면서 놀이를 미분화된 복합적 활동으로 간주해야 한다고 주장한다. 놀이는 초보적 형태로나마 느끼고, 생각하고, 말하고, 실행하는 학령기의 모든 활동을 포함한다(3-76~3-81). 비고츠키는 동물의 놀이가 약한 본능(사냥 본능)을 정교화시켜 강한 본능(큰 사냥감으로부터 달아나려는 본능)을 극복하게 해주는 역할을 할 수 있다고 지적한 그로스의 연구를 인용한다. 발달을 인격과 세계관의 발달로 보는 비고츠키의 관점에 따르면, 놀이는 생각이 느낌을 지도하는 것을 가능하게 함으로써 인격 발달에 봉사하고, 세계를 놀이의 재료로 만듦으로써 세계관의 발달에 봉사한다(3-83).

E. 학령기. 비고츠키는 학령기가 하나의 생리학적 위기(치아 교체)로 시작하여 다른 하나의 생리학적 위기(성적 성숙)으로 끝난다고 지적한다. 그는 학령기가 영구치 획득 후에 어린이가 얻게 되는 잉여 에너지로 '설명된다'는 블론스키의 생각을 지적한다(3-85). 학령기 동안 기술적 도구의 사용은 어린이의 신체적 능력을 훨씬 더 증가시키는 것으로 보인다(3-89). 그럼에도 결국 학령기에 문화적 경험의 숙달은 어린이의 인격과 세계관을 확장시키는 것이다(3-90). 또한 비고츠키는 어린이의 자기중심성은 학령기에 행위에서 생각으로 '이동한다'는 피아제의 생각과, 어린이는 차이점보다 유사성에 더 바르게 반응할 수 있지만 유사점보다 차이점을 더 정확하게 묘사할 수 있다는 클라파레드의 생각(예컨대 어린이는 파리와 벌의 유사성에 반응할 수 있지만, 그 유사성보다 그 차이점을 더 정확히 묘사할 수 있다)을 지적한다. 비고츠키는 이것을 『생각과 말』에서 "어린이의 지각과 같은 자연적 기능들은 언어적 생각과 같은 복잡한 문화적 능력보다 더 빠르게 성숙하며, 유사성에 대한 기술은 더 높은 수준의 비시각적인 개념을 필요로 한다"고 설명한다. 그러나 여기서는 다만 피아제와 클라파레드의 관찰이 어린이의 기술 도구적 노동(도구를 이용한)과 심리 문화적 능력(기호를 이용한) 발달로 설명될 수 있다는 것만 언급할 뿐이다(3-99).

IV. 도식적 시기 구분의 약점과 강점. 비고츠키가 황급한 결론에서 말했듯이, 앞서 말한 것은 각 연령기의 '종합적 증상'(예컨대 걷기, 말, 놀이, 생각)를 제공하기 위해, 의도적으로 연령기를 매우 도식적으로 제시한 것 그 이상도 그 이하도 아니다. 생리적 변화에 관한 것이나, 그 생리적 변화가 행동적 징후와 심리적 징후와 어떤 관계를 맺는지, 이것들이 서로 어떤 관계를 맺는지는 전혀 다루어지지 않았다. 비고츠키는 이 도식적 설명이 그가 '인격'과 '세계관'에 대해 말할 때 염두에 두고 있던, 환경과 어린이 간의 핵심적 관계에 대해 거의 아무것도 말하지 못함을 지적한다. 그러나 이러한 도식적 설명조차 각 연령기가 어떻게 이전 시기에 대한 질적, 혁명적 변화를 나타내는지, 이전 시기 모두가 어떻게 각각의 질적, 혁명적 변화의 기나긴 선역사를 구성하는지 보여 준다(3-100~3-101).

제4장
이행적 연령기에 대한 주요 이론의 검토

「고누놀이」, 단원 김홍도(金弘道, 1745~1806)
이 그림 속의 인물들은 17세가량의 청소년들로 보인다. 조선시대에 청소년은 놀고 일하고 담배를 피우기도 했다. 오늘날 평균적인 성적 성숙 연령은 더 나은 식단 덕분에 거의 4년이 빨라진 반면, 일하고 가족을 꾸리거나 흡연을 시작하는 평균 연령은 훨씬 늦어졌다. 인류가 성인의 음식 섭취 습관을 동물보다 훨씬 일찍 도입함으로써 유년기를 발명한 것처럼, 우리는 성인의 생식 습관을 동물보다 훨씬 늦게 도입함으로써 청소년기를 발명하였고 이것은 여전히 진행 중이다. 후속 장들과 후속 연작에서 비고츠키는 이 역설, 즉 이른 생물학적 성숙과 매우 늦은 사회-문화적 성숙 간의 모순을 둘러싼 자신만의 청소년기 이론을 세울 것이다. 이장에서 비고츠키는 이전의 이론들이 어떻게 이 모순을 해결하려고 시도했고 실패했는지 보여 줌으로써 그 길을 준비한다. 그 첫 번째 시도는, 그로스의 놀이에 관한 이론이다.

4

수업 내용

생물발생적 평행론과 그 비판—K. 그로스의 '포장된 본능' 이론—생물심리적 이론 C. 뷜러—이행적 연령기에 대한 정신분석적 이론—이행적 연령기에 대한 이원론적 이론(E. 슈프랑거, W. 스턴)—종합적 이론(툼리르즈)

학습 계획

1. 주어진 교재를 주의 깊게 읽은 다음, 전체 강의를 개관하고 계획을 수립한다.

2. 제시된 각각의 이론을 1, 2장에서와 같이 아동학의 기본적인 원칙적 입장과 과업의 관점에서 해체한다.

4-1] 성적 성숙의 시기는 유년기로부터 성숙한 상태로의 이행을 이루어 내며 이런 이유 때문에 대개 이행적 시기로 알려져 있으며 인간 발달 역사에서 가장 위기적인 시기 중 하나이다. 이것은 실제로 이행적 시기이다. 그것은 우선 무엇보다도 평형의 동요라는 특징을 갖는다. 유년기에 형성된 초기 균형은 이제 성적 성숙이라는 형태의 강력한 새 요소의 출현으로 인해 불안해지지만 새로운 균형이 아직 나타나지 않

200 분열과 사랑

았고 유기체에게 정립되지 않았기 때문이다. 이로 인해 이행적 연령은 어린이 발달에서 위기적 또는 이행적 시기가 된다. 당연히 그러한 위기적 시기는 일련의 복잡한 증상과 징후로 구분되며 그 자체는 어린이 발달의 다른 어떤 시기보다도 훨씬 복잡하다. 이 시기는 모든 연령 가운데에서 연구하고 조사하기에 가장 어렵다.

4-2] 첫째 어린이에 비해 점점 커져 가는 청소년기의 복잡성은 이 연령기 자체와 이 연령기가 나타나는 모습을 훨씬 까다롭고 구성상 복잡하게, 즉 더 어렵게 만든다.

4-3] 두 번째 이유는 다음과 같다. 이 연령기 특징에 대한 정확한 이해를 위해서는 우리의 불완전한 방법으로는 종종 제공할 수 없었던 미시적 변화와 차이에 대한 자세한 설명이 필요하다. 사실 성적 성숙을 체험하고 있는 청소년과 그 이전 연령기의 어린이를 비교한다면 우리는 즉각적으로 우리와는 현저하고 분명하게 다른 어린이의 생각, 행동, 심지어 신체 구조를 관찰하게 되며, 이들은 눈에 띄는 일련의 온갖 특징과 징후들을 드러낸다. 종종 아동학자들은 이 연령기의 두드러진 개요와 윤곽을 연필로 분명히 그리기만 하면 되었다.

4-4] 청소년들도 그러한 것은 아니다. 여기에서 발달적 과정 자체가 미세해지고 종종 눈에 띄지 않는 모습을 띠며 내부로 들어가 분기分岐된다. 이러한 미묘하고도 때로는 감지할 수 없는 내적 변화와 형태들이 분명하고 두드러진 이전의 특징들을 대신한다. 청소년들은 성인에 더욱 가깝게 되고 그의 생각, 감정, 인격에 저장되어 있는 특성들은 더욱 세심한 분석과 섬세한 방법들을 요구한다.

4-5] 세 번째 어려움은 이 위기적 연령이 관찰자들이 하나하나 기록한 모순적인 특징들로 가득 차 있어서 엄청나게 다양한 이 모순적 특징을 어떤 통일체나 공통분모로 환원하는 문제 앞에서 종종 막다른 골목에 이르게 된다는 것에 있다.

4-6] 이행적 연령에 대한 과학적 연구를 창시한 스탠리 홀은 12개의 기본적 대립물, 즉 이 연령이 동요하는 근본적 모순을 제시한다. 바로 이러한 모순과 거기서 비롯된 이 연령기의 복잡한 모습은 이행적 연령기에 대한 과학적 이론의 발달에 주요한 장애물이 된다. 모순적 증상은 모순적 이론 수립의 근거가 된다.

비고츠키가 말하듯이 S. 홀은 청소년 연구의 창시자였다. 홀이 청소년에 관해 말한 내용은 홀의 연구에도 그대로 적용된다. 홀의 연구에는 상식적 현명함과 순수한 어리석음이 공존한다. 한편으로 홀은 사춘기에 겪는 아픔과 기쁨 때문에 "청소년기는 질풍노도의 시기"라고 상식적으로 말한다. 다른 한편으로 홀은 헤켈의 '생물발생적' 원리를 믿었기 때문에 청소년기는 문명에 선행하는 야만의 시기를 나타낸다고 생각했다. 그래서 그는 소년과 젊은이들에게 권투, 군사훈련, 규칙적 체벌을 권했다. 비고츠키는 홀의 저서(1907)의 내용을 언급하고 있다. 12개의 모순들은 다음과 같다.

활력과 무관심
기쁨과 고통
자아 긍정과 자기 비하
이기심과 이타심
좋은 행동과 나쁜 행동
사회성과 외로움
예민함과 냉담
호기심과 타성
이론과 실천
보수성과 급진성
감각과 지성
현명함과 어리석음

홀, G. S.(1907). *Adolescence: Its psychology and its relations to physiology, anthropology, sociology, sex, crime, religion and education. Volume II.* New York: Appleton.

4-7] 어떤 양극단 중 하나를 토대와 핵심으로 수용한 연구자들은 이행적 연령기에 대한 하나의 이해에 도달하며 다른 극단을 출발점으로 삼은 다른 이들은 정반대의 결론에 도달한다.

4-8] 끝으로, 앞선 모든 어려움과 연결된 네 번째 이유는 연구가 부족하고 이 영역에서 수집된 사실적 자료가 부족하다는 데 있다.

4-9] 이미 말했듯이 이행적 연령기에 대한 과학적 연구가 이루어진 시간은 상대적으로 짧고, 그런 점에서 아동학의 이 장은 초기 연령기의 아동학과 결정적으로 대비된다. 툼리르즈가 바르게 지적했듯이 이 장, 성숙기의 심리학은 초기 유년기 심리학과 정반대의 위치에 놓여 있다.

*O. 툼리르즈(Otto Tumlirz, 1890~1957)는 그라츠 대학에서 교편을 잡았으며 청소년기, 인격, 교육심리학에 관한 다수의 저작을 출판했다. 청소년에 관심이 있었던 슈프랑거, 옌쉬, 아흐, 크루거, 폴켈트, 크로를 비롯한 여타 독일 심리학자들과 마찬가지로, 툼리르즈 역시 열렬한 나치가 되었다. K. 뷜러가 비엔나 대학에서 쫓겨났을 때, 그 자리에 툼리르즈가 초청되었지만, 그는 반나치와 관련되는 것이 싫어 거절했으며, 후에 군대 심리학을 연구하였다. 전후 7년간 가르치는 것은 금지되었으나, 그의 가장 인종차별주의적인 저술의 참고 문헌을 히틀러에서 케사르로 바꾸는 조건으로 재출판하는 것은 허락되었다. 다음 구절은 그의 저서(1939)에서 인용한 것으로, 전형적인 인종차별적 생각이 나타나 있다.

"북유럽으로부터 유래한 관념을 기반으로, 인종적 순수성이라는 새로운 정신적 세계관은 그러나 북유럽 혈통의 집단에 속하는 인종이나 본성상 그와 긴밀한 친족관계인 인종에게만 적용된다. 유태인이나 다른 외국인들이 국가 사회주의적 인격, 즉 독일적 정신을 경험하는 것은 불가능하다. 그들의 인종 체계는 이 정신과 모순되기 때문이다."

Tumlirz, O.(1939). *Anthropologische Psychologie*. Berlin: Junker und Dünnhaupt.

4-10] K. 뷜러가 후자(초기 유년기 심리학-K)는 관찰로 확립된 개별 사실들의 과잉과 거대 관념의 결핍으로 고통을 겪는다고 바르게 지적한다면, 이행적 연령의 심리학에 대해서는 반대로 주장할 필요가 있다. 그것은 거대 관념적 구조의 과잉과 확고히 확립된 사실들의 결핍으로 인해 곤란을 겪는다. 사실 우리는 이행적 연령기에 관한 수없이 많은 과학적 이론들과 여기서 직면한다. 그러나 우리가 앞으로 살펴볼 바와 같이, 이행적 연령기에 관해 일반적으로 받아들여지는 통합적 과학적 이론은 아직 없다.

4-11] 그러나 우리는 과학에서 제안된 가장 기본적이고 근본적인 이론을 검토하면서 이 연령기에 대한 연구를 시작할 것이다. 앞에서 보았듯이 아동학 연구의 토대가 연령에 따른 모든 증상 복합체를 하나의 내적으로 연결된 자기 충족적 전체로, 어린이 유기체 발달의 고유한 단계로 이해하고 설명하며, 이 연령기의 구조를 제공하려는 노력에 있기 때문이다.

4-12] 이제 우리는 이행적 연령기의 주요 이론을 비판적으로 검토하고, 연구자가 무엇을 중심에 위치한 주요물로 취급하고 무엇을 파생물로 보느냐에 따라 그 구조가 어떻게 달라지는지 고찰할 것이다. 우리 앞에 이 연령기를 특징짓고 연구자들에 의해 그 구조적 중심에 놓이는 일련의 중요한 사실과 특성이 지나갈 것이다. 이는 우리가 이 연령기에 대한 우리의 이해를 가장 일반적인 특징들로 묘사하는 데 도움이 되어야 하며, 우리는 이를 연구의 출발점으로 삼고 모든 후속 설명을 통해 이를 확증하고자 노력할 것이다.

4-13] 우리는 이 연령기에 대한 생물학적인 자연과학 이론 집합으로 검토를 시작할 것이다. 이들은 이 시기에 일어나는 생물적 변화, 성적 성숙이라는 사실 자체에서 이 연령기의 토대를 찾고, 어떻게든 이 사실로부터 모든 증상 복합체, 이 시기의 구조 전체를 구성하고자 한다

는 점에서 하나의 일반적 특징을 공유한다.

4-14] 이 이론 중 가장 오래된 것은 스탠리 홀(1904)의 이론으로 그는 어린이와 청소년 발달의 설명에서 생물발생적 법칙을 출발점으로 삼는다.

4-15] 뮐러와 헤켈에 의해 태생학에서 공식화된 이 법칙은 일련의 사실적 관찰을 기반으로 하며, 이 관찰은 저자들로 하여금 개체발생 즉 개체의 배아적 발달이 축약된 형태의 계통발생 즉 모든 종의 발달을 반복한다는 결론을 내리도록 이끌었다. 앞서 말했듯이 이 법칙은 부분적으로 태생학 영역에서의 사실적 관찰에 근거를 두고 있으며, 나중에는 어린이의 태외 발달로 전이되었다.

4-16] 이 법칙에 따르면 어린이는 종족 발달의 가장 중요한 단계를 축약된 형태로 반복하며, 그런 점에서 어린이 발달 과정은 단순한 발생 반복 혹은 인류가 이미 지나온 여러 시기들의 자동 재현이다. 이 법칙에 따라 스탠리 홀은 인간 발달에서 어린이는 본능을 재현하고, 성숙 시기 청소년은 정서를 재현한다고 믿는다.

여기서 우리가 '종족'이라고 번역한 용어는 린네의 분류법에서 사용하는 '속(屬, genus)'을 의미한다. 호모 사피엔스Homo Sapiens라는 말에서 호모는 '속'이고 사피엔스는 '종'을 가리킨다. 사자의 학명 'Panthera leo'에서 Panthera는 표범속을 의미하고 leo는 사자종을 나타내며, 집고양이의 학명 'Felis catus'의 felis는 고양이속, catus는 고양이종을 의미한다. 따라서 우리는 사자와 집고양이가 같은 고양이과felidae에 속하지만 속이 서로 다른 것을 확인할 수 있다. 발생반복론자들(슈프랑거와 튬리르즈와 같은 후기 나치 심리학자들과 헤켈, 홀)은 '속'을 린네가 구분한 방식으로 사용하지 않았다. 사실상 그들은 이 용어들을 비과학적으로 사용하고 있다. 그들이 사용하는 것은 종, 속, 과와 같은 구분 단위가 아니라 일종의 민족, 국가, 모국과 같은 의미로 사용한다. 종족으로 번역된 러시아어 'род'는 민족, 국가, 모국의 의미를 모두 포괄하는 단어이므로 '속'이 아니라 '종족'으로 번역하였다. 과학적으로 말하면, 모든 인간은 단일 종이다. 따라서 논리적으로 말하면 우리는 모두 같은 속에 속하며, 같은 과, 목, 강, 문, 계에 속하는 생물이다. 인종 간 차이점, 예를 들어 머리, 피부, 눈동자 색 등은 눈에 잘 띄고 역사적으로 매우 두드러짐에도 불구하고, 생물학적으로는 무의미한 것이다. 통계적으로 인종 내 DNA의 차이는 인종 간 DNA의 차이보다 훨씬 더 크다(르윈틴, 2004). 홀이 기술한 '인간의 고등한 본성'을 포함하는 사회, 문화, 언어에 기인한 차이점들은 결코 유전적인 것이 아니다. 이는 쉽게 입증된다. 언어의 차이는 한 세대면 사라진다(한국 이민자, 중국 이민자). 심지어 인종 간의 외모적 차이도 몇 세대 지나면 사라진다(예컨대 외국인과 결혼한 한국인의 자녀). 그렇다면, 홀은 왜 인종 간 '유전적' 차이를 이야기한 것일까? 홀은 진화를 유일한 발달의 실제적 형태로 간주했기 때문이다. 만일 그가 인간이 단일한 하나의 종이라는 것을 받아들였다면, 그렇게 쉽게 어떤 인간이 다른 인간들보다 더 '진화된' 인간이라 말할 수 없었을 것이다. 그렇기 때문에 홀은 '속'이라는 용어를 비과학적으로 사용했다. 물론 이 사회문화적 유산이 계통발생적 유산(원시적 유기체나 하등 동물로부터 물려받은 생식과 암수 구분)보다 더 나중에 발달한다는 홀의 말은 옳다. 그러나 그가 이 유산을 '속'이나 '인종'에 기인한다고 말한 것은 완전히 틀리다. 그는 종 간 차이가 아니라, 단순히 문화적, 역사적, 언어적 차이를 과장하기 위해 '속'을 사용한 것이다.

계통발생	개체발생	유산
원시적 유기체: 박테리아, 원생동물, 식물, 하등동물	배아, 출생, 유아, 유년기	기본적 심리-신체적 성질: 운동성, 감각 지각
인간, 다양한 인간 '속': '진보된' 국민, 민족, 인종	청소년기, 성인	감정, 본능, 욕구: 성, 경쟁

Lewontin, R.(2004). *The Triple Helix: Gene, Organism and Environment*. Cambridge, MA MIT Press.

4-17] 이 저자는 말한다. "태아기와 유아기 단계에서 인간이 아마 원시 유기체까지 거슬러 올라가는 먼 조상들의 목소리를 듣는 것처럼, 이제는 그다음 좀 더 고등한 조상이 삶의 노래를 이어받아 계속 합창 하며, 사라지고 어쩌면 잊힌, 더 인간에 가까운 조상들의 목소리가 영혼에서 들린다. 마치 처음 태어날 때 자연으로부터 받은 선물이 기본적인 심리-신체적 자질이고 그것이 이후에 발달로 정교해지고 분화되는 것처럼, 이제 자연의 풍부한 선물은 종족적이며, 부속적 자질이 이 후기 유산의 산물인 감정, 본능, 충동, 기질, 아울랑겐Aulangen과 트리베 Triebe(경향과 욕구-K)로부터 서서히 생겨난다."

4-18] "따라서 어떤 면에서 초기 청소년기는 인간의 고등한 본성의 유년기에 해당한다"라고 저자는 말한다.

4-19] 이렇듯 이 저자의 관점에서 볼 때 이행적 연령의 모든 특성은 유전적 영향 속에 포함되어 있다. 이행적 연령은 마치 고등한 인간 본성을 위한 이차적 유년기와 같으며, 근본적으로 일차 유년기는 물론 (덧붙인다면) 태내 발달이 따르는 동일한 법칙, 즉 인류가 이미 경험하고 지나온 시대의 반복이라는 법칙에 따라 나아간다.

4-20] 이렇게 이 이론에 따르면 이 연령기의 토대에 놓여 있는 것은 바로 유전적 영향이다.

4-21] 이처럼 스탠리 홀은 이 시기의 위기적 특징을 무시하지 않는다. 그는 이 시기에 일어나는 유기체나 인격의 중대한 재구조화를 염두에 둔다. 그는 다음과 같은 사실을 염두에 둔다. "본질적으로 이전에 존재하지 않던 능력과 자질이 새로 탄생한다. 이전의 모든 충동과 본능 중 일부는 강화되고 크게 발달하는 반면 다른 것은 종속됨으로써 새로운 연결이 확립되어 자아는 새로운 중심을 찾는다."

4-22] 그러나 이 모든 위기적 변화들 또한 자동적으로 작용하는 유전적 영향에 종속된다. 그에 가정에 따르면 12세 무렵에 끝나는 유

년기는 인류가 한때 도달했던 고대의 상대적으로 완성된 성숙 단계를 나타낸다. 이는 인간 발달 시기가 유인원에 도달하는 단계까지 완료된 것이다.

4-23] 이행적 시기가 오면 이렇게 성취된 단계가 붕괴되고 "어린이는 낙원에서 쫓겨나 천국을 향한 긴 여정에 오른다. 그는 스스로 더 높은 인간 왕국을 정복하고 새로운 영역을 개척하여 자신의 심리-신체적 본성 위에 더욱 근대적인 층을 진화시켜야만 한다."

4-24] 다른 저자들은 동일한 생물발생 법칙을 이용하여 이행적 연령기를 여러 가지 형태로 설명하였다. 그래서 스턴은 종종 성적 성숙 시대와 중세 기사도 시대 사이의 유사성을 지적한다.

4-25] 질러는 자신의 문화발생적 법칙을 제안했다. 그는 인간이 먼저 옛이야기 단계를 거쳐 로빈슨, 족장, 판관, 이스라엘의 왕, 예수, 사도의 시대를 차례로 통과한다고 주장하며, 발달의 끝에서 종교 개혁의 시대를 맞이한다고 주장한다. 타락한 생물발생학적 법칙을 받아들인 이러한 형태들에서 우리는 그것이 얼마나 기괴하게 왜곡되고 공허하며 완전히 자의적인지, 어떻게 완전히 과학적 연구의 영역을 벗어나 본질적으로 거짓된 비유와 이미지로 변하게 되는지 보게 된다.

*T. 질러(Tuiskon Ziller, 1817~1882)는 헤르바르트주의 고등학교의 교사이며 라이프치히 대학의 강사였다. 비고츠키가 말하듯, 그의 청소년 발달에 대한 이론은 매우 공상적인 것처럼 보인다. 그래서 우리는 발달에 대한 어떤 의미도 찾기 어렵다. 분명히 옛이야기, 로빈슨 크루소, 성경은 역사적인 계보가 아니다. 이들은 어떤 의미에서 사회 발달 그리고 사회에서 청소년의 심리 발달의 노선을 나타낼까? 도덕적, 종교적 의미에서 질러는 마틴 루터의 가르침을 그의 교육적 체계의 중심으로 삼았다. 초기 아동기의 옛이야기는

루터(그리고 루소)의 관점에서 무도덕적이다. 프로테스탄트였던 다니엘 데포와 정치경제학자들은 로빈슨 크루소를 통해 도덕적인 경제의 가능한 최소 단위(로빈슨이 그 섬에 홀로 있었기에)를 그리고자 하였다. 구약, 그리스도, 사도들 그리고 종교 개혁으로 이어지는 분명히 종교적인 (심지어 역사적인) 순서는, 비고츠키가 말했듯이, 신을 향해 나아가는 어린이 발달의 '발생반복적' 선례를 보여 준다.

4-26] 하지만 이것은 우연이 아니다. 생물발생적 법칙 자체는 점점 더 우리 과학의 역사적 과거로 물러나고 있으며, 사실과 이론에 의한 혹독한 비판에의 저항을 점차 포기하고 있다. 실제로 성적 성숙기에 이 법칙을 적용하는 사실 자체가 심각한 내적 모순을 함의하고 있다. 즉, 바로 이 성적 성숙기가 생물발생적 법칙이 고전적 형태로 고수하는 발생반복 이론 전체를 완전히 뒤엎는다.

4-27] 사실 개체발생과 계통발생에서 빨기 본능과 성적 본능의 출현을 비교하는 것만으로도, 그들의 출현 순서가 두 발달 과정에서 거꾸로라는 것을 당장 알 수 있다. 빨기 본능은 종 발달에서 매우 늦게 포유동물의 출현 후에야 나타나지만, 어린이의 경우에는 다른 모든 본능보다 먼저 성숙하며 출생 후 몇 시간 안에 이미 기능하기 시작한다.

4-28] 반대로 성적 본능, 생식 본능은 동물의 세계에서는 가장 오래된 본능 중 하나이지만, 개체발생에서는 아동기가 이미 본질적으로 완료된, 비교적 늦은 시기에 나타난다.

4-29] 이 사례에서 생물발생 법칙을 지지하는 사실적 근거가 얼마나 부족한지 쉽게 알 수 있다. 그러나 이는 여전히 그와 관련하여 지적하지 않을 수 없는 또 다른 주요한 이론적 오류를 간과하고 있다. 즉 이 법칙은 종족 발달이 일어났던 환경과 개인의 발달이 일어나는 환경 사이의 거대한 차이를 고려하지 않고 두 과정 사이에 '등호'를 넣음으로써

주변 환경과의 상호작용을 통하지 않고서는 발달 과정 자체가 가능하지 않다는 것을 망각한다.

4-30】 실천적 영역인 교육학 분야에서 이는 생물발생적 법칙의 옹호자들로 하여금 유년기와 청년기가 중립적이며 비계급적이고 비사회적이라는 신조로 이끈다. 청년기와 유년기의 기본 법칙이 유전적 영향에 기반을 둘수록, 청년의 실제 발달과 형성이 일어나는 사회적 환경의 차이는 전혀 고려되지 않고 사소한 점으로 버려지기 때문에, 그 결과 기본적인 생물학적 기능과 확고하게 모순되는 이행적 연령기에 관한 이상한 신조에 도달한다.

4-31】 실제 발달 과정에서 이 연령기는 새로운 시대로의 이행이자 앞으로 다가올 삶을 예비하는, 대체로 앞을 향하는 것이다. 그러나 생물발생적 법칙은 전적으로 이것을 인류의 과거에 기초한 연령기로 간주한다.

4-32】 마지막으로 이 이론의 결점들 중에서 가장 중요한 것은 문화화와 관련해 내리는 특이한 결론이다. 여기에서 스탠리 홀은 유전적 영향의 자연적 발달에 간섭하지 말라고 요구한다. 그는 말한다. "부모와 교사는 어머니 자연이 아이들을 그 무릎에 다시 올려놓는다는 것을 이해하고 그녀가 더욱 완벽한 교육을 할 수 있도록 물러서서 양보해야 한다. 유년기 때처럼 이 해들은 다시 유전에 바쳐져야 하며, 그 과정을 방해하려면 그 행동을 정당화할 만한 중요한 동기가 있어야 한다."

4-33】 이런 식으로 우리는 모든 것을 유전적 영향으로 환원시키는 이론이 당연히 발달 과정에서 교육적인 불간섭의 요구에 필연적으로 도달할 수밖에 없다는 것을 보게 된다.

4-34】 그러나 생물발생적 법칙을 실제적, 이론적, 실천적 관점에서 태외 유년기에 적용하는 것이 불가능하다는 것이 이제 의심할 여지가 없다고 해서, 생물발생적 법칙에 그 어떤 과학적 의미도 없다고 생각하

는 것은 잘못일 것이다. 이행적 연령을 문화적 역사의 봉건 시대에 위치시키고 청소년기에 기사도의 반복을 보는 홀이나 프링글의 입장에 관해, 현대 과학 문헌에서 확립된 모든 정당한 부정적 태도에도 불구하고, 그에 따라 이 이론을 이행적 연령의 구조를 조금이라도 바르게 밝혀낼 이론으로 받아들일 수 없는 필연성에도 불구하고, 우리는 개체발생적 발달의 전 기간은 물론 성적 성숙의 시기에도 종족 발달과 개체 발달의 개별적 계기들 사이에서 어떤 형식적 일치를 발견한다는 것을 잊어서는 안 된다.

*R. W. 프링글(Ralph W. Pringle, 1865~1948)은 고등학교 교장이었으며 후에 일리노이 대학 중등교육부의 교수가 되었다. 그는 *Adolescence and High School Problems*(1923)을 집필했으며 비고츠키는 이를 인용했다. 다음은 본문과 관련된 프링글의 언급이다.

"초기 청소년기는 이상한 연령기, 기사도의 시기, 개인적 충성의 시기, 영웅 숭배의 시기 등으로 다양하게 명명되어 왔다. 개체발생반복론에 따르면 이 시기는 세계사에서 중세 시기에 해당된다. 이 시기에는 급격한 신체적 성장이 일어나 때로는 일 년간 4~6인치까지도 키가 자란다"(p. 34).

"이 책의 관점에 따르면 고등학교 운동선수의 심리적 측면은 가장 흥미롭고 중요하다. 초기 청소년기에 소년은 중세시대를 다시 산다. 이 시대 종족의 최고 인물상은 기사이며 이 시대에는 어떤 영웅에 대한 개인적 충성이 의지를 통제한다. 기민함과 민첩함, 기술을 비롯한 여러 가지 중세적 덕목이 소년의 이상향이다. 대부분의 고등학교 남학생들에 해당되는 중기 청소년기에 청소년은 입헌군주제의 시기를 반복한다. 그의 생각과 행동은 자기 긍정으로 특징지어지며 이는 점차 협력으로 변한다. 의지 발달의 진보는 모종의 투쟁을 거쳐 획득한 자립도에 의해 결정된다. 그의 이상에는 이제 개인성, 지모智謀, 원만한 대인관계 등등 여러 가지 자질들이 포함된다"(p. 278).

> "우리가 본 청소년기는 세계 역사에서 기사도의 시기에 해당한다. 이 시기에는 모든 사람이 신사나 숙녀로 간주되기를 바란다"(p. 354).
>
> Pringle, Ralph. W.(1923) *Adolescence and High School Problems*, Boston, New York and Chicago: D.C. Heath.

4-35] 따라서, 예컨대 이행적 연령기의 사랑의 발달을 연구하면서 우리는 여기서 인간 발달 역사상 사랑의 최초 출현과 어린이 발달 역사상 사랑의 최초 출현 사이에 형식적 일치를 발견할 수 있음에 주목해야 할 것이다.

4-36] 성적 사랑은 상대적으로 늦은 역사 발달의 산물이다. 엥겔스는 말한다. "중세 이전에는 개인적 성애 같은 것은 전혀 문제가 될 수 없었다. 용모의 준수함, 친밀한 교제, 같은 취미 등등이 이성 사이에 성교에 대한 욕망을 불러일으켰다는 것, 남자든 여자든 이 가장 친밀한 관계를 누구와 맺는지에 대해 아무래도 좋다는 태도를 취할 리 없었다는 것은 자명한 일이다. 그러나 그것과 오늘날의 성애 사이에는 아직 엄청난 거리가 있다. (…-K) 현대인의 성애는 고대인들의 단순한 성욕, 즉 에로스와는 본질적으로 다르다."

> 위 인용문의 출처는 F. 엥겔스의 『가족, 사유재산, 국가의 기원』 (1884)이다. 본문의 번역은 칼 마르크스, 프리드리히 엥겔스 저작 선집 제6권, p. 88(박종철출판사)에서 인용했다.

4-37] 이와 같이 청소년들 사이의 사랑은 성적 본능처럼 자동적으로, 유전적 영향에 의존해서 나타나는 것이 아니다. 청소년의 이 감정은 사랑의 심리학의 외적 내적 계기들의 매우 복잡한 상호작용 과정을

통해 투쟁하며 발달한다. 그 모든 형성 단계를 거친 사람들이라면 인류의 동일한 감정 발달 역사에서 그에 상응하는 계기들과의 올바른 유사점을 분명 찾을 수 있을 것이다.

4-38] 그러나 여기에는 결정적인 가치를 지닌 두 계기가 있다. 첫째로 이 유사점들은 순수한 형식적 일치에 지나지 않는다. 본질적으로 이두 과정은 완전히 다른 원인들에 의해 인도되는 과정들이며, 한 과정이이미 지나간 인류 역사의 어떤 계기를 단순 반복하는 것이 아니다. 오히려 이러한 유사성에도 불구하고 이 두 과정은 또한 그것이 펼쳐지는사회적 환경의 독특함에 기인한 심오한 차이점을 드러낸다.

4-39] 두 번째 계기는 이러한 일치가 주요한 것이 아니라 일반 발달의 그림 속에 흩뿌려진 종속적인 것이라는 점이다. 발달은 기본적으로생물발생적 평행 법칙이 아닌 인격의 사회발생적 형성의 법칙에 의해결정된다.

4-40] 이행적 연령기의 이론에 생물발생적 법칙을 적용하는 것을마무리 짓기 위해 우리는 이 법칙이 지닌 진실의 작은 조각조차 어린이가 성장, 발달함에 따라 작아진다는 것을 지적하고자 한다. 어린이 태내 발달에 이 법칙이 가지는, 비록 여기서도 완전하지는 않지만, 최대의진실은 태외 발달로 이행하면서 현저히 약화되며, 여기서 어린이 발달의 각 새로운 시기와 더불어 점차 진실과 멀어진다. 따라서 우리는 이행적 연령기에 이 법칙의 사실적 의미는 최소화된다고 감히 주장하고자 한다. 이를 지지하는 두 가지의 매우 중요한 생각이 있다.

4-41] 그중 하나는 A.Б. 잘킨트 교수에 의해 제기되었으며, 다음과같은 올바른 주장을 담고 있다. "종의 변화 단계는 수만 년에서 수십만 년에 이르는 거대한 역사적 기간으로 측정되므로" 이 법칙이 어린이 태내 발달에서는 사실이라면, "종족의 변화 단계는 많아야 수천 년에서 수백 년에 달할 수 있고 우리의 역동적 시간 속에서는 수백 년

도 아닌 수십 년이나 때로(전쟁이나 혁명 시기에는) 몇 년에 불과할 수
도 있다."

4-42] "느리게 변화하는 외부 환경 속에서 수만 년은 유기체에 매
우 깊게 새겨질 수 있기 때문에, 배아적 발달에서 압축적으로 재현되
고 반복된다. 그러나 수천 년이나 지금 종족 발달의 수백 년이나 수십
년은 그렇게 긴 기간이 아니며, 자동적으로 그것을 반복할 만큼 고착된
견고한 특성을 창조하지 못한다."

4-43] 이런 식으로, 생물발생적 법칙의 가치가 떨어지는 첫째 원인
은 우리가 어린이 발달의 경로를 따라 더 나아갈수록 어린이 발달의
일반적인 과정에서 유전의 영향이 점점 덜 중요해진다는 데 있다. 또
다른 고려 사항은 어린이 연령에 따라 비례하여 사회적 환경의 의미와
변화가 계속 증가한다는 것이다.

4-44] 후속하는 생물학적 이론 그룹 또한 똑같이 성적 성숙을 이
연령의 토대로 삼았다. 하지만 이 이론들 모두 스탠리 홀 이론의 토대
를 이루는 평행론에 대한 거부로 통일된다. 이 이론들 각각은 성적 성
숙과 그 위에 존재하는 심리학적 상부구조 간의 고유한 관계를 구분하
며, 저자들은 그 고유한 상부구조를 각각 제안한다.

4-45] 이 연령기에 대한 생물학적 이론을 가장 완벽하고 철저히 연
구한 칼 그로스(1912)는 이 연령기의 특징을 다음과 같이 여긴다. 이 시
기에는 성적 삶과 연결된 본능이 가장 우선한다. 종족 보존과 관련된
유전적 경향이 중심에 위치하지만 모든 성숙의 생물적 토대인 이 기본
적 본능은 좀 더 의식적으로 경험되는 다른 욕구들에 의하여 포장되고
억제된다.

K. 그로스는 자신의 이론을 '포장된 본능 이론(Теория прикрывающих
инстинктов)'이라고 칭한 바 없다. 이 표현은 비고츠키 고유의 명명이

다. 또한 그로스는 비고츠키가 기술하는 네 가지의 '포장'을 나열한 적도 없다. 그럼에도 그로스에 대한 비고츠키의 요약은 정확하다. 그로스는 매우 중요한 첫 번째 책인 *The Play of Animals*(1898)에서 놀이는 어린이가 육식을 통해 얻는 잉여 에너지를 발산하기 위해 존재한다는 스펜서의 이론(후에 블론스키가 이 이론을 채택한다)을 폐기한다. 그로스는 다음과 같이 적는다.

"신경력이 넘쳐나는 상황은, 재차 강조하건대, 놀이를 위한 우호적인 조건이다. 그러나 나는 이것이 놀이가 존재하기 위한 동기적 원인이거나 필요조건이라고는 생각하지 않는다. 본능이 놀이의 진정한 토대이다. 내가 토대라고 말하는 것은 모든 놀이가 순수하게 본능적인 활동은 아니기 때문이다. 반대로 진화의 단계를 높이 거슬러 올라갈수록 단순한 자연적 충동을 고상화, 고양화하고 이를 부가적인 장식으로 덮어서 꾸미고 보완하려는 심리 현상이 더욱 풍부하고 정교해진다"(1898: 23-24).

후에 (*The Play of Man*과 *Das Seelelebens des kindes*에서) 그로스는 '본능'이라는 표현을 버리고 이를 충동이라는 말로 대체한다. 그러나 그는 본능이 토대이며 낭만적 친밀성, 감성적 고독, 자기 긍정과 자기 숭배, 경쟁과 같은 사회-문화적 특징은 모두 원초적 본능, 충동을 덮고 포장한다는 기본적인 생각을 견지한다.

4-46] 이처럼, 그로스에 의하면, 이행적 연령기의 토대와 구조에도 일정한 유전적 영향이 있다는 것이 드러난다. 이 점에서 그는 청소년이 후기 연령의 어린이(13세-K)와 다르다고 주장한다. 후기 연령의 어린이는 본능이 아닌 습관과 의지에 의해 지배되고, 유전적 성향은 문화화로 재조정되고 보완되기 때문이다.

4-47] 그로스는 성적 본능과 상호작용하여 이행적 연령기의 고유한 그림을 만들어 내는 네 가지의 '포장된 본능'을 구분한다.

4-48] 첫째는 몽상과 연결된 친밀함을 향한 충동이다. 둘째는 이와 반대되는 고립을 향한 충동이다. 이는 이성에 대한 경시적 태도, 외로움으로의 도피, 환상과 몽상 활동의 강화로 특징지어지며, 그 속에서 열정은 해방되고 카타르시스, 즉 현실로부터 이상적 영역으로의 강력한 충동의 이행을 겪는다.

4-49] 셋째는 성적이고 사회적인 뿌리를 가지고 있는 자기 긍정을 향한 충동이다. 이는 신체적 자기 긍정 영역에서는 신체적 우수함, 체력, 용기, 아름다움에 대한 강조와 치장, 유행 추구, 애교에 대한 요구로 나타나며, 정신적 자기 긍정 영역에서는 지식에 대한 갈망, 우정과 예술에 대한 요구로 나타난다.

4-50] 마지막으로, 넷째는 경쟁자와의 투쟁을 향한 충동이다. 이는 동료 의식, 규칙 존중 등의 사회적 경향에 의해서만 한정되고 제어된다. 이 충동에서 급진주의, 저항, 정신적 투쟁의 추구가 나타난다. 자기 긍정과 투쟁을 향한 이 두 가지 충동은 사랑의 추구에서처럼 이상의 실현을 환상 속에서 발견한다.

4-51] 이와 같이 그로스는 타고난 충동으로부터 성적 성숙 시기의 모든 고유성을 이끌어 내고자 했다. 이 타고난 충동은 고유한 구조를 가지고 있으며, 위에서 논의한 네 개의 서로 다른 충동을 포함하는 종족 보존의 본능이 타고난 충동의 토대라는 것이 그 본질이다. 이러한 고유한 구조를 통해 그로스는 성적 충동이 어떻게 나타나며 그것이 직접적인 성적 목적을 벗어나 어떻게 이상의 영역으로 전환되는지를 설명하고자 한다.

4-52] 그로스의 이론은 이 이행적 연령기의 특징을 과학적으로 이해하기 위한 가장 중요한 진전이었으며, 동시에 그 특징을 모종의 체계로 환원하려는 진지한 시도였다. 그러나 이 체계에는 두 가지 단점이 드러난다.

4-53] 첫째, 아무런 사실적 근거도 없이 매우 다양한 이행적 연령기의 현상들을 선천적인 충동 체계로 환원함으로써, 엄밀히 말해 아무것도 설명하지 못하는 순수한 인공적 충동 구조를 만들어 낸다.

4-54] 종족 보존의 본능에 대해 말할 때 우리가 떠올리는 것은 완벽히 확립된 생물학적 기능을 수행하는 본능이지만, 고립이나 공상에 대한 충동은 실제적 현실적 생물학적으로 규정된 요소가 아니며, 청년기의 공상, 고립, 다른 현상들을 고립, 공상을 향한 충동으로 설명하려는 시도는 아편의 마취 효과를 아편의 마취 능력으로 설명하려는 몰리에르의 의사의 시도를 상기시킨다.

아편에 대한 내용은 1673년 몰리에르의 희곡, '상상병 환자' 3막 3장, "아편이 잠을 자도록 만드는 이유는 수면 유도 능력 때문입니다"라는 대사에서 인용된 것이다. 비고츠키는 이 농담을 『생각과 말』 3장에서도 인용한다. 그는 같은 표현을 이용하여, "어린이는 말 학습 성향 때문에 말을 배운다"라는 어린이 언어에 대한 스턴의 설명을 비판한다. 이 농담은 몰리에

1913년 모스크바 주립 극장에서 '상상병 환자'를 연기하고 있는 스타니슬라프스키. 이는 아마도 17세의 비고츠키가 모스크바에 처음 가서 실제로 본 공연이었을 것이다.

르의 마지막 연극에서 나온다. 거기서 몰리에르는 아픈 척하는 '건강 염려증' 환자 역을 맡았는데, 문제는 몰리에르가 정말로 아팠다는 것이다. 그는 결핵이었다. 공연 중 배우들은 몰리에르가 정말로 죽어 가고 있다고 걱정하기 시작했으나, 그는 미소 지으며 연극을 계속하게 했다. 마침내 몰리에르가 각혈을 시작하자 다른 배우들은 그를 무대 뒤로 데려갔으나, 그는 연극이 끝나기 전에 죽었고 다시는 박수를 들을 수 없었다.

4-55] 그러한 설명은 본질적으로 이 말을 저 말로 대신할 뿐이며

문제 자체 속에 포함된 것 외에는 아무것도 설명하지 못한다. 본질적으로 아무것도 설명하지 못하는 것이다.

4-56] 둘째, 순수한 사실적 측면과 연결된 훨씬 더 중요한 결점이 있다. 그로스의 이론은 특히 생물학적 관점에서 명백히 지지될 수 없다. 왜냐하면 이행적 연령기가 후기 유년기와 비교했을 때 심각한 회귀로 보이는, 발생적으로 완전히 그릇된 입장을 표명하기 때문이다. 생물학적 관점에서 볼 때 습관과 의지의 영역에서 이미 멀리 진보한 어린이가 청소년기가 되어 고대의 유전적이고 본능적인 행동형태로 아득히 거슬러 올라 성적 성숙의 시기로 회귀한다는 것은 거의 불가능한 주장이다.

비고츠키가 말하듯, 청소년기의 연구는 이론은 정글처럼 무성하지만 사실은 사막처럼 황폐하다. 이 이론의 정글을 관통하는 비고츠키의 경로는 비판적이며 역사적이다. 그는 그로스와 C. 뷜러, 프로이트, 슈프랑거를 순서대로 자세히 다루면서 어떻게 각 이론들이 한 걸음 더 나아가고 두 걸음 후퇴하였는지를 보여 준다. 비고츠키는 이행적 연령기에 대한 과학적 이해를 시도했다는 매우 중요한 첫발을 뗀 그로스를 칭찬하며 시작한다(**4-52**). 그런 다음 그로스가 두 걸음 물러났다며 비판한다. 첫 번째 비판은 설명을 기술로 대체했다는 것이다. 그로스는 왜 청소년기가 유년기와 다른지를 설명하지 않고, 본능에 토대하지만 문화적 장식 덕분에 다른 과정을 취하는 네 가지 '포장된 충동'을 단순히 기술할 뿐이다. 그로스는 몰리에르의 의사처럼 각각의 충동을 '충동에 대한 충동'으로 설명한다. 예컨대 친밀함은 친밀함을 향한 충동으로, 고립은 고립을 향한 충동으로, 자기 긍정은 자기 긍정을 향한 충동으로, 경쟁심은 경쟁을 하려는 충동으로 설명한다. 어떻게 이보다 더 나쁠 수 있을까? 교사를 대상으로 하는 이 통신 강좌와 비슷한 시기에 쓰인 『역사와 발달 I』에서 비고츠키는 고등행동형태를 네 가지 범주로 나누었다. 본능, 습관, 지성, 의지가 그것이다. 흥미롭게도 이 행동형태들은 2015 개정교육과정의 인간상과 유사하다. 이는 그다지 놀

라운 일이 아니다. 왜냐하면 이것이 발달의 원천은 환경이며 발달의
신형성이 대체되기보다는 분화되는 방식으로 발달이 일어난다는 기본
발생 법칙과 상응하기 때문이다.

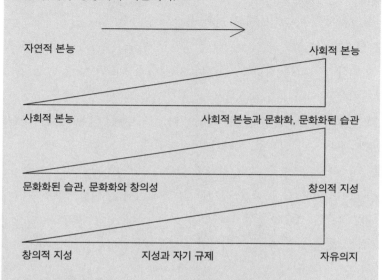

이 네 가지 행동형태는 모든 연령기, 심지어 영아에게도 나타난다.
그러나 이 네 가지 형태가 동등하게 나타나는 것은 아니다. 걸음마를
시작하는 유아는 학령기 어린이만큼의 지성이나 자유의지를 가지는
것은 아니며 본능의 통제하에 있다. 십대 청소년들이 이러한 유아와
같다고 하는 것은 그럴듯하지 않다고 비고츠키는 말한다.

4-57] 따라서 그로스가 그렸던 그림은 현실에 부합하지 않는 매우
단편적인 것이다. 아래에서 다른 이론들을 검토하면서 보게 되겠지만
이행기는 결코 그로스가 말하는 이런 '포장된 충동'만으로 특징지을
수 있는 것은 아니다.

4-58] 이 이론의 관점은 어째서 이행적 연령기에 지성이 강력하게
증가하고, 추상적 생각이 처음으로 성숙하며 그것의 고등한 형태가 성

장하고, 세계관, 계급 의식이 발달하며, 직업을 선택하거나 삶의 계획이 생겨나는 것과 같은 일들이 일어나는지 전혀 설명하지 못한다. 또한 그로스의 관점으로는 어떻게 이 모든 현상들이 '포장된 충동'과 관련이 있고 그것에서 비롯되는지를 전혀 설명하지 못한다.

4-59] 성적 성숙의 사실들과 심리적 상부구조 간의 더 복잡한 관계가 이행적 연령기에 관한 C. 뷜러의 이론에서 확립되었다. 이 성적 성숙의 시기란 무엇이냐는 질문에 대하여 그녀는 일차적인 성적 특징과 이차적인 성적 특징이 성숙하는 연령이라고 답한다. 성적 성숙이 시작됨으로써 유년기가 끝나고 청년기가 시작된다. 성적 성숙은 그것과 의미 있는 생물학적 연관을 가진 일련의 심리적 현상과 나란히 나아간다. 이러한 심리적인 성숙은 종종 신체적 성숙에 선행하며 그 후에도 계속 지속된다. 이 현상의 생물학적 의미는 이 과정이 성적 본능의 토대에 놓인 '짝에 대한 필요'와 같은 심리적 측면을 나타낸다는 데 있다.

4-60] 성숙이 동반하는 현상들의 생물학적 의미는 개인이 평형을 벗어나 '짝에 대한 충동'을 경험한다는 데 있다. 이 현상들은 개인에게 짝의 필요성을 만들어 내고 외로움을 견딜 수 없게 만든다. 이 '타인에 대한 갈망'과 '짝에 대한 갈망'이 생물학적 성숙의 의미를 이룬다.

4-61] 이처럼 이 이론에 따르면 성숙은 마치 두 측면에서 펼쳐지는 것과 같다. 각 측면들은 서로 부합하며, 모두 단일한 생물학적 의미로 연결되어 있다.

> 뷜러는 성숙은 두 가지 서로 다른 측면, 즉 생리적 측면과 심리적 측면에서 일어나는 것처럼 보인다고 말한다. 그녀는 바닥과 천정 같은 나란한 기하학적 평면을 염두에 두고 있다. 대부분의 독일 관념론자들(예를 들어 라이프니츠, 분트, 페히너)은 심신평행설을 믿었다. 몸과 마음은 두 개의 서로 다른 층위에 있다. 그 층위는 평행하고 서로 교차하지 않는다.

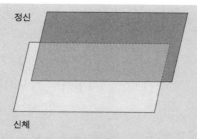

이는 신체 발달이 정신 발달을 일으키지 않으며 정신 발달 또한 신체 발달을 일으키지 않는다는 것이다. 이것은 상식적이며 관념론자들에게 호소력을 발휘하지만, 커다란 철학적 문제를 제기한다. 정신은 어떻게 신체를 움직이게 하는 걸까? 이런 움직임은 어떠한 발달적 결과도 가져오지 않는가? 신체적 감각은 왜 정신 상태에 영향을 미치는 것인가? 이런 감각들은 어떠한 발달적 결과도 가져오지 않는가? 뷜러가 두 면이 연결되어 있다고 말하는 것은 두 측면이 평행하지 않으며 생물학적 발달 노선에서 만난다는 것을 암시한다.

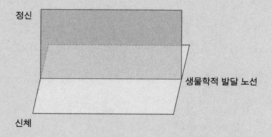

이것은 '짝에 대한 충동'을 통해 신체 발달이 정신 발달을 야기한다는 것이다. 뷜러가 두 측면이 생물학적 의미로 연결되어 있다고 말하는 것은 그 측면들이 서로 교차하거나 혹은 생물학적 사춘기가 두 측면을 관통하는 노선을 이룬다는 것을 시사한다.

4-62] 그러나 이차적인 성숙 현상은 단순히 평행하거나 거울처럼 반영하는 것이 아니라, 그 나름대로 성숙의 모습 전체를 완전히 바꿀 수 있다.

4-63] C. 뷜러는 성숙의 두 가지 기본 형태를 구분하는 매우 중요한 구분점을 도입한다. 최초의 형태, 즉 원시적 형태에서는 각각의 개별적 심리 현상과 성적 성숙 사이의 직접적 연결이 지배한다. 이 각각의 현상들은 성숙하는 욕구에 즉각적이고 직접적으로 봉사하며, 그것의 일부로 간주되거나 이 본능들 위에 놓인 상부구조로 간주될 수 있다.

4-64] 그러나 이러한 원시적 형태 위에 문화적 성숙의 복잡한 형태가 생겨난다. 이 문화적 성숙은 본성과의 관계를 끊지 않는다. 여기서 자연적 성적 본능은 회귀하지만 인간의 다른 문화적 경향에 기반을 둔 심리적 현상들에 의해 더 복잡하고 변형되어 풍부하게 나타난다.

4-65] 따라서 이 저자에 따르면, 종종 그랬듯이, 누구든 인간의 문화적 성숙 현상과 성적 성숙 현상을 직접 인과적으로 연결하려 한다면 이는 잘못된 것이다. 따라서 사회적 소속, 직업 선택, 그 밖의 다른 계기들이 성적 성숙 현상과 직접적으로 연결된 것은 아니다. 그럼에도 불구하고 '짝에 대한 필요'는 토대로 남으며 이로부터 이 연령의 기본적 구조가 비롯된다. 본질적으로 동일한 필요가 정신적 성숙, 즉 열망과 갈망을 결정한다. 이는 모든 기능의 미래의 방향을 제시하는 탐험이다. "따라서 우리는 정신적 성숙을 짝에 대한 필요로 규정할 수 있을 것이다"라고 C. 뷜러는 말한다.

4-66] "그것의 생물학적 의미는 분명하다. 자연은 어린이를 이전의 삶과 이전 환경에 대한 만족에서 떼어 내어, 낯설고 머나먼 탐험을 떠나 만남을 추구하게 한다."

4-67] C. 뷜러의 이론은 중요한 한 걸음을 내딛는다. 그녀는 이행적 연령기의 모든 변화가 성적 성숙과 원시적이고 직접적으로 연결되어 있다는 것을 거부하고 더 복잡한 연결을 찾고자 노력했기 때문이다. 특히 그녀는 문화적 성숙이 거꾸로 성적 성숙 형태의 변화에 미치는 영향에 주목한다.

4-68] 그러나 이 이론에는 두 가지 오류가 여전히 분명하게 존재한다. 첫째, 그것은 목적론적 특징을 갖는다. 이 관념은 생물학적 합목적성으로부터 시작하며 성적 성숙과 이 연령기의 나머지 현상들 사이에 생물학적 조화가 존재할 것이라고 전제한다.

4-69] 이런 이유로 C. 뷜러는 여전히 이행적 연령기 문제에 대하여 순수하게 좁은 생물적 이해에 머물러 있다. 그녀는 문화적 성숙 형태에서조차도 결국은 성적 성숙에 기반을 둔 어떤 상부구조를 보는 경향이 있기 때문이다.

4-70] 뷜러의 두 번째 오류는 짝에 대한 욕구를 일방적으로 전체 연령기의 중심에 놓은 것이다. 저자가 특별히 만들어진 이 욕구를 선천적 본능으로 생각했는지 일반적 성향으로 생각했는지 아니면 단순한 기분으로 생각했는지 알 수 없다.

4-71] 첫째, 이 이론은 우리를 그로스의 이론으로, 따라서 아편이 가진 '마취 능력'으로 회귀시킨다. 둘째, 이 이론은 설명해야 할 문제를 다른 말로 재공식화하여 나타낼 뿐이다.

4-72] 슈프랑거는 이 이론이 많은 점에서 그리고 기본적인 원리적 계기에서조차도 소녀와 관련해서만 옳다고 영리하게 말한다. 이 말은 본질적으로 설명의 원리로까지 고양된 특정한 사회적 그룹의 소녀들의 심리적 특성이 이 이론의 토대에 놓여 있음을 드러낸다.

> 이 문단에서 비고츠키가 슈프랑거에 대해 '영리하다'고 말한 것은 반어적으로 생각할 수도 있다. 그러나 첫째, 슈프랑거는 완전히 틀렸다. 뷜러가 말한 '짝, 혹은 보충을 향한 충동'은 소녀뿐 아니라 소년들에게도 해당하는 말이다. 뷜러는 소녀를 연구한 최초의 학자이지만 소년을 연구하지 않은 것은 아니다(아래 저서 참고).
>
> Bühler, C.(1932). Social Behavior of the Child. In C. Murchison, *Handbook of Child Psychology*, pp. 392-431.

Bühler, C.(1937). *From birth to maturity*. London: Kegan Paul, Trench, Trubner & Co.

둘째, 비고츠키도 지적했듯이 슈프랑거는 특정인(교육을 받은 중산층 게르만인)을 표준형이자 '시대정신'을 대표한다고 가정하였다(2-25 참조). '영리하게도' 슈프랑거는 소녀들을 연구한 뷜러의 연구만을 폄하하고 자신의 연구는 비판하지 않는다. 셋째, 남성 심리학자들 습관적으로 소년들만을 인간 발달의 일반형으로 생각하였다. 예를 들어 프로이트주의자들은 청소년기 발달을 '오이디푸스 콤플렉스'로 설명한다. 이는 소년의 성의 한 유형을 취해서 그것을 일반화한 것이다. 또한 이들은 소년들은 표준적 온전체이지만 소녀들은 거세되어 열등하고 '남근선망'을 가지게끔 되어 있다고 말한다. 그러나 '영리하게'는 반어적 표현인 것 같지는 않다. 첫째, 이것은 통신 강좌의 원고이기 때문에 먼 지역의 순수한 교사들에게 글로 반어적 느낌을 전달하기는 어려웠을 것이다. 둘째, 그는 매우 진지하게 일반적 방법론적 관점을 취하고자 한다(『생각과 말』 2장 참조). 문화, 성별, 시대를 초월한 일반적 어린이라는 것은 존재하지 않는다. 모든 어린이들은 특정 문화, 특정 성별, 특정 연령기에 속해 있다. 따라서 불행히도 비고츠키는 소년들을 표준으로 생각하는 심리학의 위험성을 눈치채지 못한 것으로 보인다. 비고츠키는 항상 더 많은 것을 넓게 보지만 모든 것을 꿰뚫어 보는 것은 아니다. 다행히도 오늘날 교사들은 전문적 지식과 기술에 대한 소녀들의 요구를 고려해야만 하고, 프로이트주의자들에 의해 '성적 판타지'라고 매도되었던 어린 소녀들에 대한 성폭력을 진지하게 받아들여야 한다. 그럼에도 불구하고 도덕교육에도 중요한 문제들이 여전히 남아 있다(도덕적 판단에 대한 콜버그의 남성 중심 연구를 비판한 C. 길리건 연구 참조). 여성을 진지하게 고려한 도덕 연구에 대한 요약은 다음의 논문에서 확인할 수 있다.

Kim, Y.-H. and Kellogg, D.(2015). Rocks and Other Hard Places. *Language and Education 29(6)*, 493-508.

4-73] 같은 시기 프로이트의 정신분석이론은 이 연령기의 성적 성숙과 심리적 현상 사이의 훨씬 더 복잡한 형태의 관계를 제시한다. 정신분석학은 인간의 심리적 삶에서 무의식의 역할과 그 연구 방법에 대한 복잡한 심리학 학설을 보여 준다. 이 학설에 따르면 모든 행동의 토대에는 성적 본능이 놓여 있으며 이것은 모든 인간 발달의 역동적 토대이자 일차적 추진력이다.

4-74] 이 이론은, 비록 비판적 행태이기는 하지만, 베른펠트에 의해 이행적 연령기에 적용되어 발전되었다.

*S. 베른펠트(Siegfried Bernfeld, 1892~1953)는 비엔나의 프로이트 소모임의 일원이었지만, W. 벤야민, K. 레빈, M. 부버와도 가까웠다. 그는 유치원을 설립하고 유아심리에 관해 저술하였으며, 반권위주의에 토대한 진보적 학교를 설립하기도 했다. 또한 그는 나치주의를 지지했던 E. 슈프랑거의 신랄한 비판자였다. 베른펠트는 시온주의자였으며, 그의 제자들은 이스라엘에서 정신분석학을 설립했다. 그의 연구는 A. 아들러의 계보를 잇는 '프로이트적 마르크스주의'적이었다.

4-75] 이 이론을 특징짓는 세 가지 기본 명제가 있다. 이 이론을 좀 더 잘 이해하기 위해서 이 명제들을 언급할 것이다. 첫째는 성적 본능과 그것과 연결된 충동 체계가 성적 성숙보다 훨씬 이전에, 생애 첫날부터 어린이에게 나타나기 시작한다는 것이다. 이 이론의 관점에서 보면, 무성적 유년기라는 학설보다 틀린 것은 없다.

4-76] 사실 성적 충동은 삶의 첫날부터 어린이에게 존재하지만 성인과는 완전히 다른 형태로 나타난다. 이점에서 정신분석학은 성적 성숙 시기에 절대적으로 새로운 무엇인가 등장한다는 이 시기의 독보적

중요성을 부정한다. 그들의 관점에서는 성적 충동이 성적 성숙 시기에 처음으로 무대에 등장한 것이 아니라 변태를 겪고 새로운 형태로 변화한 것뿐이라고 말하는 것이 옳을 것이다.

4-77] 이와 같이 성적 충동은 일련의 전체적 변화를 겪으며, 우리는 그것을 추적하고자 한다.

4-78] 둘째 명제는 성적 충동의 새로운 활기와 변화가 이전의 잠재적 상태 이후 두 번째 발달 단계인 성적 성숙 시기에 일어난다는 것이다. 이제 성적 충동은 자기애, 즉 자신을 향한 성애적 충동 형태, 그리고 동일한 토대에서 생겨나는 다른 복잡한 형성으로 나타난다. 이런 식으로 정신분석학은 연구자들의 주의를 이 시기에 나타나는 성적 본능의 특수한 형태로 이끈다.

4-79] 마지막 세 번째 명제는 승화 학설이다. 정신분석학에서 승화는 즉각적 목적에서 벗어난 복잡한 형태의 창조적, 문화적, 사회적 활동, 즉 성적 성숙의 변형이라 불린다. 가장 직접적 형태의 승화 중 하나는 청년 특유의 연애와 사랑이며 다른 행동형태는 더 간접적이다. 기본적으로 이 이론은 이행적 연령기의 모든 특성을 승화라는 현상으로부터 이끌어 내려고 한다.

4-80] 이 세 가지 명제들에 대한 고찰은 다음 장을 위해 남겨 두고자 한다. 거기에서 우리는 이 세 명제 모두에 포함되어 있는 실제로 올바른 것은 무엇인지, 과학적 관점에서 볼 때 폐기되어야 할 것은 무엇인지 비판적으로 평가할 것이다. 여기서 우리는 다만 왜 이 이론이 생물학적 이론들의 일반적 오류, 그 편파성에서 벗어나지 못하고 이행적 연령기의 모든 심리적 현상들을 성적 성숙의 특성으로부터 직접 이끌어 내고자 하는지를 가장 일반적인 말로 살펴보고자 한다.

4-81] 사실 이를 위해 승화 개념이 이론에 도입되며, 생물학적 토대와 심리학적 발현 사이에 더 복잡한 관계가 확립된다. 하지만 그럼에도

불구하고 승화라는 사실 자체에 토대해서는 도대체 왜 이행적 연령기에 승화가 그런 형태를 취하는지, 왜 문화로의 성장, 사회적 경험의 숙달, 고등 생각 형태가 발달하는 연령이 되는지 등을 설명할 수 없다. 이 이론에 따르면 성적 충동은 물론 승화도 결국 전 시기에 걸쳐 존재했어야 하는데, 도대체 왜 하필이면 주어진 성적 충동의 형태와 주어진 승화 형태가 지금 일치하는가?

4-82] 끝으로 왜 이 과정의 토대에 놓여 있는 승화가 각각의 연령기에서 생물학적인 계기와 심리학적 계기 간의 고유한 구조와 관계를 만들어 내는가 하는 훨씬 더 중요한 문제가 전혀 이해할 수 없는 상태로 남아 있다.

4-83] 마지막으로, 생물학적 관점에서 이 학설을 빈곤하게 만드는 일반적 결함은 인간의 총체적인 정신적 삶을 성적 충동의 다양한 전환 형태로 환원시키는 범성애에 있다. 특히 이 극단적 편향성은 이행적 연령기 이론에 불리한 영향을 미친다. 왜냐하면 이 연령에서야말로 성적 충동의 특별한 역할이 반드시 고려되어야 함에도 불구하고 그것이야말로 정신분석학 이론이 받아들일 수 없는 것이기 때문이다.

4-84] 이제 처음의 이론들과 정반대되는 또 다른 무리의 이행적 연령에 관한 이론으로 눈을 돌려 보자.

4-85] 첫째 무리가 모두 성적 성숙이라는 생물학적 사실에 토대했고 이행적 연령기의 모든 심리적 발달을 이 기본적 사실 위에 놓인 다소 복잡한 상부구조로 간주하는 것으로 특징지어졌다면, 새로운 이론들의 무리 속에서 이 전제는 급격하게 반대로 변한다.

4-86] 이 이론들은 모두 문화-심리학적 방향을 향한다. 이 이론들은 이 연령기에 일어나는 가장 중요한 심리적 변화를 그 토대와 출발점으로 삼고, 그 변화들을 일반적인 현상의 총체로부터 추출하여 이들이 마치 독립적으로 존재하는 것처럼 다룬다. 이처럼 이 이론들은 첫째, 이

행적 연령기에 일어나는 변화들에 대한 자연과학적 유물론적 설명을 차단하며 둘째, 이 시기의 중심에 놓여 있는 성적 성숙과 연결되지 않는 극도로 편향적이고 순전히 심리학적인 구조를 제공할 뿐이다.

4-87] 이 학파의 중심적 대표자는 소위 '정신과학으로서의 심리학'을 옹호한 슈프랑거이다. 슈프랑거는 청소년 인격의 구조와 이행적 시기의 심리학을 이해하고자 하였으나 이 구조의 징후를 발달 증상으로 간주하지 않았다. 그는 청년기를 유년기와 성인기 사이에 놓인 특정한 발달 국면이 아니라, 최초의 미발달된 어린이의 정신 구조와 정확하고 완성된 성인의 정신 구조 사이에 놓인 연령기라 여겼다. 슈프랑거는 심리적 발달 자체를 객관적이고 표준적인 '시대정신'으로의 개인적 성장이라 이해하였다.

4-88] 슈프랑거는 이 연령을 세 개의 주요 징후로 특징짓는다. 첫째는 청소년기에 일어나는 '자아'의 발견, 둘째는 인생 계획의 점진적 출현, 끝으로 셋째는 개별적 인생 영역과 문화 영역으로의 성장이다.

4-89] 이러한 기본 토대로 인해 슈프랑거는 이행적 연령을 구분 짓는 사건들과 이 연령기에 발생하는 다른 신체적 변화를 수반하는 성적 성숙 사이의 연결을 설명할 수 있는 모든 길을 스스로 차단한다. 그는 오직 '가치와 의미에 대한 이해'만을 추구한다.

4-90] 그의 관계의 세계에서는 인과율이 아닌 목적론이 우세하고 유기체적 발달영역에서는 인과율의 법칙이 지배하기 때문에, 그는 생식샘의 기능과 같은 신체적 현상은 청소년의 심리적 발달과 아무런 관련이 없다고 주장할 수밖에 없다. 그가 보기에 이 시기에 성적 체험(환상-K)은 육체적 변화와 거의 동시에 의식으로 들어온다. 이 완전히 새롭고 매우 강렬한 체험들은 정신적 삶을 완전히 전복시킨다.

비고츠키는 생물적 이론에서조차 독일 심리학자들이 순환적으로 보인다는 점을 지적한다. 친밀성에 대한 욕구는 친밀성 충동으로 설명되는 식이다. 이는 부분적으로 독일심리학이 설명적이 아니라 기술적이며, 인과적이 아니라 해석적인 성격을 갖는 데서 기인한다. 이 때문에 슈프랑거는 사랑과 같은 심리적 특성을 생물적 변화의 징후로 간주하지 않는다(4-88). 따라서 앞에서 슈프랑거가 '가치와 의미를 이해하는 것'이 목적이라고 밝히며, 이어지는 문단에서 현상의 원인을 생물학으로부터 도출하는 것이 아니라 '고유성을 이해'하고 '현상을 이해'하는 것이 목표라고 말한 것 역시 이 때문이다. 청소년의 순수한 첫사랑은 여드름, 음모, 체취를 설명하는 것과 같은 요인으로 설명할 수 없다. 청소년의 순수한 사랑은 그에 걸맞은 용어로, 예컨대 '친밀성 충동'과 같은 것으로 설명되어야 하는 것이다. 우리는 이러한 관점을 웃어넘길 수 없다. 이는 기나긴 역사를 가지고 있으며 어떤 관점이 오래 지속된 경우에는 언제나 그럴 만한 이유가 있다. 분트는 고등심리기능이 실험실에서 연구될 수 없으며 오직 인류학, 사회학, 문학을 통해서만 연구될 수 있다고 믿었다. 이러한 인문학은 문화를 생물적, 물리적 원인으로 환원하는 것이 아니라 문화를 그에 걸맞은 수준에서 그에 걸맞은 용어로 이해하는 것을 목적으로 삼는다. 딜타이는 심리학이 본질적으로 인과적이 아니라 목적론적이라고 생각했다. 심리학은 인간을 목적으로 다루며 그 목적의 원인으로 다루는 것은 아니라는 것이다. 이러한 관점의 기원은 비코의 저작으로까지 멀리 거슬러 올라간다. 비코는 오직 신만이 자연을 창조하였으므로 자연과학이 결코 완성될 수 없으며, 인문학은 다만 '베룸 펙툼verum factum'(우리는 우리 스스로가 만든 것을 이해한다)의 원칙에 따라 완전한 설명을 제공할 수 있다고 믿었다. 이러한 관점이 길고 존중할 만한 역사를 가지고 있지만 비고츠키는 이에 동의하지 않는다. 왜냐하면 첫째, 청소년의 순수한 첫사랑은 실제로 10대의 여드름, 음모, 체취와 관련이 있다. 청소년의 신형성은 바로 어린이에게 사랑이 영적 관념이 아닌 실제 사람, 심지어 중고등학생의 경우 동급생으로 나타난다는 사실이다. 따라서 자아의 발견은 어느 날 아침 거울에 비친 자신의 체모를 발견하는 것과 관련이 있으며, 신체적 성숙은 지식과 기능만큼이나 인생의 계획과 깊은 관련이 있다. 무엇보다 비고츠키는 마르크스주의자이다. 마르크스주의자에게 과학은 둘이 아니라 하나이다. 자연의 역사는 그 속에 인간의 역사를 포함하고 있으며, 인간의 역사는 자연이 스스로를 의식하게 된 자연의 역사의 일부일 뿐이다. 비고츠키는 슈프랑거의 관점에 동의하지 않지만 슈프랑거에게서 생물학적, 결정론적 관점에 대한 중요한 반립 명제를 발견한다. 그가 여기서 슈프랑거를 인용하는 것은 우연이 아니다.

4-91] 이와 같이 정신적 변화와 육체적 변화는 거의 비슷한 시기에 일어나지만, 슈프랑거는 이 둘이 어떻게 연결되는지 알지 못한다. 슈프랑거의 학설은 최근 수십 년에 걸쳐 발달해 온, 심리학이 일반 자연과학으로 발달할 수 없다고 주장하는 관념론적 이원론적 심리학을 극단적으로 다음과 같이 표현한다. 인과적 관계를 확립하려 해서는 안 된다. 즉 정신적 현상과 육체적 현상이 일반적으로 연결되어 있다고 생각해서는 안 되고, 오직 정신적 현상의 독특함을 알아내고 이해하기 위해 노력해야 한다.

4-92] 슈프랑거는 다음과 같이 묻는다. "어린이가 청소년으로 이행할 때 커다란 정신적인 변화가 심리학적으로 더 뚜렷해지는 것이 이 시기의 특정 분비샘이 발달하여 활성화되기 때문인가? 이 설명은 소크라테스가 감옥에 갇힌 것은 그의 다리 근육이 활성화되어 그를 그곳에 데려다주었기 때문이라는 진술만큼이나 빈약하다." K. 뷜러는 이 연령이 지닌 매우 뚜렷한 실제적 연결성과 의존성을 고의적으로 외면한 이러한 관점의 비과학적 본성을 올바르게 표현했다. 뷜러는 이 문제를 생각하며 묻는다. "초기 유년기에 거세한 소년이나 성적 성숙의 심각한 지체와 지연을 겪는 소년에 대해 성숙기의 심리적 발달에 대한 연구가 무엇을 보여 줄 수 있는가?" 거세한 수소와 거세하지 않은 수소의 기질

과 성격에 큰 차이가 있다는 것은 인간에게 이 차이가 얼마나 클지 이해하기 위해서 기억할 필요가 있다. 하지만 우리가 이 질문에 대한 대답으로 심리적 발달의 차이가 나는 이유를 한쪽은 성적 분비샘의 성숙, 다른 한쪽은 이 과정의 부재 이외의 것으로 설명할 수 있겠는가? 관념론적 심리학은 이행적 시기에 대한 과학적 설명으로 향하는 문을 스스로 닫아 버린다.

뷜러에 동의하는 비고츠키는 슈프랑거를 경작을 위해 거세하고 곁눈질을 막기 위해 눈가리개를 한 수소에 비유하는 것으로 보인다. 소크라테스의 죽음에 대한 대화집 『파이돈』에서, 플라톤은 어떤 사건의 필요조건인 기계적 원인과 충분조건인 관념적 원인을 구분한다. 이 구분은 아리스토텔레스에 의해 정교화된다. 플라톤의 예시는 감옥에 앉아 있는 소크라테스에 대한 것이다. 필요조건인 기계적 원인은 소크라테스의 다리 근육이지만, 충분조건인 관념적 원인은 소크라테스의 행위가 사회적 영향을 미쳤다는 것이다. 그의 투옥과 죽음도 그의 동료와 적들에게 모두 중요한 사회적 본보기로 간주되었다.

J-L. 다비드, 「소크라테스의 죽음」(1787). 플라톤은 침대 발치에 사랑하는 스승과 반대 방향으로 고개를 숙인 채 앉아 있다. 크리톤은 한 손을 소크라테스의 유명한 다리 근육에 올린 채 침대 옆에 앉아 있다.

4-93] 슈프랑거의 이론과 가까운 것으로 W. 스턴의 이론이 있다. 그는 성적 성숙 시기가 청소년의 인격에서 주관적 가치와 객관적 가치가 나뉘는 시기라고 주장한다. G. P. 스턴은 유사한 이론을 발전시켰다. 다른 이론과는 달리 여기에 대해 길게 설명하지는 않을 것이다. 다만 이

러한 사태, 즉 이행적 연령기에 대해 한편으로는 편향적인 생물적 이론이, 다른 한편으로는 편향적인 심리적 이론이 나타나는 것은 아동학이 지금 겪고 있는 아동학의 위기로 설명될 수 있다는 것을 지적하고자 한다.

Э. P. 스턴은 독일에서 연구하던 H. 보겐의 동료인 E. R. 스턴을 가리키는 것일 수도 있고, 러시아의 고고학자이자 고전 문헌학자이며 역사가인 Э. P. 스턴(Штерн Эрнест Романович, 1859~1924)을 지칭하는 것일 수도 있다. Э. P. 스턴은 오데사에서 교수로 재직하였으나 아들의 사망 이후 독일로 이주하여 비텐베르크와 할레에서 교편을 잡았다. 고전주의자인 그의 청소년기 이론이 생물학적이기보다는 문화-역사적이었을 것이라고 우리는 추측할 수 있다. 다만 한 가지 확실한 것은 비고츠키가 여기서 가리키는 것이 W. 스턴은 아니라는 것이다.

4-94] 이 모든 이론들의 운명적 편향성은 반복적으로 지적되어 왔으며 특히 툼리르즈가 그러했다. 그는 자신의 이론에서 인격주의적 관점(스턴)을 슈프랑거의 학설과 연결하고자 하였으며, 그 결과 자신이 말했던 그런 종합적 이론을 제시할 수는 없었다.

4-95] 이행적 연령에 대한 새로운 사실적 자료 확립에 매우 중요한 의미를 지니는 연구를 수행한 옌쉬도 슈프랑거에 가깝지만, 그 편향성을 넘어서는 경향을 보인다.

*E. R. 옌쉬(E. R. Jaensch, 1883~1940)는 기억과 지각에 관한 두 명의 초기 심리학자인 에빙하우스와 G. E. 뮐러의 제자였다. 이는 비고츠키가 옌쉬가 관념론적 심리학을 넘어서는 성향을 보인다고 말한 이유를

다소 설명해 준다. 예를 들어 옌쉬는 시각 장애인의 청각을 연구했으며, 귀가 지각하는 것은 단순한 물리적 소리가 아니라 '역사를 통해 걸러진' 소리라고 주장했다. 또한 그는 지각된 크기가 망막에 맺힌 상의 크기와 상관관계가 없다는 것을 발견했으며, 인간 역사에서 명암을 매개하는 간상체가 색을 매개하는 추상체보다 더 중요하다고 제안  했다. 언제나 고등심리기능과 저차적 심리기능 간의 연결을 찾고자 했던 비고츠키는 옌쉬의 관념론은 거부했지만 아이데티즘(직관상)에 대한 연구에는 흥미를 가졌다. 옌쉬는 어린이와 청소년에게 여섯 가지 특질을 가진 많은 지각적 '잔상'이 존재한다는 강한 증거를 발견했다. 그것들은 시각적이고, 이차원적이며, 물리적이지 않고(질량이나 무게가 없다), 외부 공간에 위치하며, 배경색을 지니고, 순간적이다. 옌쉬는 이러한 '상'들이 개념을 일으킨다고 주장했으나 나중에 비고츠키는 그 생각을 거부한다. 옌쉬는 아이데티즘에 대한 생각을 종교적 심리학으로 발달시켰다. 그는 인간을 J1, J2, J3와 S1의 네 가지 기본 인종 유형을 정형화했다. J1은 지각만을 받아들이고, J2는 관념에 따라 살고, J3는 지각과 관념을 통합할 수 있으며, S1은 지각과 관념을 모두 거부한 인종적으로 열등한 유형(유태인 등)이다. 자연히 옌쉬는 나치가 되었고 비고츠키는 *Fascism and Psychoneurology*(1994)에서 그를 신랄하게 비판한다.

4-96] 이행적 연령기에 대한 주요 이론들의 조야한 편향성을 넘어서고 이 연령기에 대한 통합적인 설명에 접근하기 위해 노력하는 비슷한 이론들 중에는 지헨의 이론이 잘 알려져 있다. 이 이론은 이행적 연령기에서 관찰되는 모든 변화가 신체의 성적 성숙 과정에만 기인하는 것은 결코 아니라고 말한다. 이 연령의 전체적인 그림의 토대에는 세 가지 기초적 계기의 고유한 조합이 놓여 있다. 즉, 중추신경계의 해부학적

발달, 생식샘의 발달, 그리고 일반적인 이 연령기 환경과 생활 조건에서의 변형이다. 지헨은 "물론 이 세 가지 계기들은 서로 간의 다양한 관계 속에서 발견된다"라고 말한다. 그러나 지헨은 이 상호 관계의 구조를 발견하지 못하고, 보여 주지도 못한다. 왜냐하면 그는 개별적 계기들을 종합하는 대신 연령기의 변증법적 구조를 개별적 계기들의 단순한 기계적 합으로 대체하기 때문이다.

*G. T. 지헨(Georg Theodor Ziehen, 1862~1950)은 독일의 신경학자이자 연합주의 심리학자였다. 그는 철학자이자 정신과 의사로서 니체를 치료하기도 했다. 그는 청소년기를 개별적인 국면들로 나누는 것에 반대하고 청소년기는 위기가 없는 점진적인 시기라고 주장하였다. 그는 영재 어린이를 연구하여 그들이 구체적 표상의 수준에 머물러 있음을 발견했다(『어린이의 상상과 창조』 3-11 참조).

4-97] 하지만 본의 이론과 같은 대다수 종합적 이론들은 서로 다른 이론들이 가리키는 다양한 양상들의 절충적 혼합 이상의 수준을 넘어서지 못한다. 예를 들어, 이 저자는 말한다. "성적 성숙기의 사람은 정신성, 사회성, 종교성과 관련해서, 감정과 의지와 관련해서 충분히 발달해야만 한다. 이러한 정신적 성숙은 신체적인 성적 성숙을 포함하며, 마치 자연이 '누가 부모로부터 물려받은 삶의 횃불을 계승할 자격이 있는가? 정신성, 도덕성, 종교성과 관련하여 성숙한 자만이 그러하다'고 묻고 답하고자 하는 것 같다."

*G. 르 본(Gustave le Bon, 1841~1931)은 의사이자 심리학자, 인류학자, 사회학자였다. 그는 파리 코뮌을 겪고, 오늘날에도 여전히 사용되는 군중심리학을 발전시켰다. 이 이론은 형태주의 관념에 기반을 두었다. 그

에 따르면 군중은 개인의 합과 같지 않고 일종의 '종족적 무의식'을 가진다. "개인은 바람이 마음대로 흩날릴 수 있는 모래 알갱이 중의 하나이다." 르본에 의하면 군중은 진화의 법칙을 역전시키고 무리 속에서 원시성을 드러낸다. 이 이론은 프로이트와 융은 물론, 히틀러와 무솔리니 같은 사람들에 의해 널리 이용되었다.

4-98] 툼리르즈가 "삶의 세 번째 주에 모든 측면의 인간 발달이 삶의 과제로 설정된다"는 이 저자의 말에 대해 다음과 같이 언급한 것은 전적으로 옳다. "있어야 되는 것만 말하고 종교적 찬송으로 변해 버리는 이 이론이 무엇을 줄 것인가? 성숙의 의미가 청소년의 모든 측면의 성숙이라는 말로 무엇을 설명할 것인가? 우리는 이론이라면, 주어지지 않은 것이 어떠해야 하는지가 아니라, 주어진 현상이 저렇지 않고 왜 이러한지 설명해야 한다고 생각한다."

4-99] 이 저자(툼리르즈)는 두 개의 다른 연구에서 두 개의 상이한 결론에 도달한다. 그중 하나에서 그는 다른 저자들의 편향적이고 이원론적인 이론에 대항하여 이 연령기에 대한 종합적 이론의 창조가 필요하다고 주장한다. 다른 하나에서 그는 지금 방대한 이론을 연구할 때가 아니라, 이행적 연령에 대한 심리학 영역에서 정확한 사실적 실험적 자료를 모을 때라고 주장한다. 두 번째 주장은 의심의 여지 없이 옳지만 (지금 방대한 이론을 연구할 때가 아니라는-K) 첫 번째 주장은 당연히 틀리다. 낡은 이행적 연령기 이론에 목적론, 평행론, 관념론의 형태로 남아, 새로운 연구에 맨 처음부터 잘못된 방향을 제시할 수 있는 전과학적 생각의 잔존물을 청산할 필요가 있다.

4-100] 다른 한편으로 이행적 연령기에 대한 이론적 관념을 비록

도식적이고 예비적으로나마 발전시킬 필요가 있다. 이는 연구들이 처음부터 어떤 통합체로서의 전체, 연령기에 대한 관념을 향하도록 하기 위함이며, 이미 축적된 각각의 모든 사실적 자료를 특정한 체계와 특정한 통합체로 규합하기 위함이다.

4-101] 우리는 다음 강의에서 이행적 연령기의 이론적 이해를 도식적으로 그려 낼 것이며 거기에서부터 미래로 더 나아갈 수 있을 것이다.

다음 문제에 대한 답을 쓰고, 그 근거를 제시하시오.

1. 어린이 발달의 주요 시기를 간략히 구별하고, 그 경계와 주요한 개별 징후를 제시하시오.

2. 이행적 연령에 대한 주요한 생물학적 이론을 선별해서 설명하고, 각 이론들의 약점과 강점을 제시하시오.

3. 이행적 연령에 대한 주요한 심리학적 이론을 선별하여 설명하고, 각 이론들의 약점과 강점을 제시하시오.

4. 생물발생적 평행론에서 부르주아 교육의 계급적 과업에 상응하는 것을 제시하시오.

5. 다양한 동물과 인간의 태내 유년기와 태외 유년기에 대한 비교 연구가 제시하는 것은 무엇인가?

● 이행적 연령기에 대한 주요 이론의 검토

아동학의 개념, 가능한 두 가지 아동학적 방법론(간학문적 방법과 아동학 고유의 방법), 청소년의 선역사를 설명하고 비고츠키는 드디어 청소년기라는 이 강좌의 주제에 도달한다. 비고츠키의 서술 방식은 언제나 마르크스주의적이다. 경험적 연구로 시작해서 일반화를 시도하는 대신, 그는 추상적인 모형을 확립한 다음 경험적 자료를 통해 '구체로 고양'하는 것이다. 하지만 비고츠키는 청소년기의 연구가 추상적 모형들로 어질러져 있지만 사실적 자료는 부족하다고 지적한다.

비고츠키는 전체론적 이론을 세우기 전에 청소년기에 대한 모든 주요 이론들을 역사적인 순서에 따라 비판적으로 검토하기 시작한다. 대부분의 이론들은 명시적으로든 암묵적으로든 신체와 정신을 서로 다르게 이론화하는 심신평행론을 기반으로 한다. 예를 들어 '생물발생적 평행론'은 생물학적 진화를 통해 신체를 설명한 다음 문화적 진화 과정이 이것과 평행하거나 본질적으로 똑같다고 가정한다. 한편 '문화 심리학'은 문화적 발달 과정이 신체적 발달 과정과 본질적으로 아무런 연관이 없다고 가정한다. 청소년의 자아 감각 형성, 인생 계획과 포부의 수립, 심지어 사랑의 발견조차 본질적으로 의지가 작용한 결과이며, 성인의 생식샘, 여드름, 음모, 체취의 형성과 아무런 관련이 없다. 심신평행론 때문에 정신적 속성은 다른 정신적 속성으로, 즉 자신의 용어로 설명되는 경향이 있다.

새로운 이론의 무리는 선행 이론의 일부 오류를 극복하려 했지만 새로운 실수를 만들어 낸다. 생물발생적 평행론이나 발생반복설은 계통발생과 개체발생 또는 사회발생과 개체발생이 어느 정도 평행하거나, 하나가 다른 하나를 단순 반복한다고 가정하지만, 이는 문화발생에 대한 설명을 어렵게 만든다. 그다음 이론의 무리는 생물학적 충동을 감추거나 포장하기 위해 문화가 발생한다고 가정하지만, 이는 생물학적 충동과 문화 간의 어떤 내적 연결을 찾아내는 것을 어렵게 만든다. 그다음의 정신분석학적 이론의 무리는 성적 충동의 문화적 억압을 통해 내적으로 연결된다고 가정하지만, 청소년기의 순수한 정신 능력의 엄청난 팽창을 설명하는 데 어려움이 있다. 그다음 이론의 무리인 문화심리학적 이론은 이런 청소년의 정신 능력을 출발점으로 가정하지만 사랑과 같은 강력한 정신적 경험이 청소년에게 왜 추상적 이념이 아닌 실제 사람으로 다가오는지 설명하는 데 어려움이 있다.

그릇된 이론에서 올바른 이론을 추출하려고 하는 대신, 사실적인 연구로 일단 시작하여 거기서 쓸 만한 청소년기 이론이 생기기를 바라는 것이 더 안전하게 보일 수도 있고, 실지로 피아제와 다른 연구자들에게는 그렇게 보이기도 했다. 그러나 비고츠키는 출발점을 선택하는 것 자체가 이론을 전제한다는 것을 알고 있다. 우리가 보았듯이, 비고츠키가 선택한 출발점은 모든 역사적 설명이 선역사로 시작해야만 한다는 것을 가정한다. 또한 비고츠키는 이론의 선택이 그 목적을 가정한다는 것을 이해한다. 비고츠키가 당시 청소년기 이론에 대해 비판한 것들 중 하나는 그 이론들이 하나의 특정한 정신-생리학적 유형과 문화적 유형에 배타적 관심을 기울이고 그것을 표준으로 삼으려 했다는 것이다.

I. 청소년기 연구의 네 가지 어려움. 비고츠키는 청소년기를 연구하거나 관찰하는 것이 매우 어려운 네 가지 이유를 들면서 시작한다(4-1).

  A. 조사 대상인 청소년의 복잡성이 급증한다. 발달은 단순한 성장이 아니라 분화의 과정이다. 따라서 어린이의 가장 발달된 형태인 청소년기는 고도로 분화된 시기이므로 가장 복잡하다(4-2).

  B. 성인과 청소년의 행동의 차이가 미묘하다. 정신이든 신체든, 성인과 어린이의 차이는 매우 크지만(4-3), 청소년은 전혀 그렇지 않다. 청소년의 신체는 근본적으로 성인의 신체와 같고, 느낌, 생각, 말, 행동의 많은 측면들도 마찬가지다(4-4).

  C. 청소년기가 이전의 어린이에게서는 나타나지 않았던 극단적인 모습이 나타나는 연령기임을 받아들인다면, 그 양극단을 하나의 통합체로 받아들이기보다 한 극단이나 다른 극단을 원형으로 삼으려는 강한 유혹을 느끼게 된다(4-5~4-8).

  D. 이러한 복잡성, 미묘성, 극단성 때문에 청소년기에 대한 훌륭한 경험적 연구가 별로 없는 반면, 청소년기에 대한 이론들은 많다. 이는 구체적 연구는 많지만 이론화가 결핍된 초기 유년기 연구와는 반대된다(4-9~4-11).

II. 생물발생적 이론. 첫 번째 이론은 홀의 발생반복설, 즉 청소년기 즈음의 심리적 복합체는 종의 진화 역사나 인종의 문화적 역사를 어떤 응집된 형태로 반복한다는 생각이다(4-15~4-19). 이는 위기를 배제하지 않는다. 무엇보다 진화에는 대량 멸종의 위기가 나타나며, 문화적 역사는 당연히 전쟁과 혁명의 위기로 가득 차 있다. 그러나 비고츠키에게는 홀의 주장에 대하여 적어도 네 개의 강력한 반론이 존재한다.

  A. 심리적 특성은 유전적 특성에 철저히 의존하게 된다. 왜냐하면 진화의 역사는 유전을 통해 전해지기 때문이다(4-20~4-23).

  B. 서구 유럽과 미국의 청년에 제한된 심리적 특성이 보편화되어 버리고, 중세 기사

도, 종교적 역사 및 로빈슨 크루소와 같은 당치 않은 비유가 청소년의 문화적 행동을 설명하기 위해 동원된다(4-24~4-27). 비고츠키는 이 모든 비유를 무시하지는 않는다. 그리고 사실 우리가 오늘날 알고 있듯이 사랑은, 젊은이들이 자신의 재산을 얻고 자신만의 짝을 선택할 수 있게 되었던 르네상스 시기의 언젠가 생겨난, 뒤늦은 고안물임을 지적한다. 그러나 그는 이 비유의 두 가지 맹점을 지적한다.

> i. 그 유사점들은 형식적이고 외적이며 부정적인 경향이 있다. 예컨대 부모가 맺어 준 것은 아니지만, 르네상스의 '우아한 사랑'과 오늘날 10대의 첫눈에 반함은 같은 현상이 절대 아니다(4-38).
>
> ii. 그 유사점들은 부차적이고 보조적이며 종속적인 경향이 있다. 예컨대 르네상스의 '우아한 사랑'은 종종 삶의 중요한 실제라기보다 시나 신화의 재료가 된다(4-39).

C. 성과 같은 심리적 특징은 늦게 출현하지만, 수유(빨기) 본능은 출생 직후에 나타난다. 계통발생에서 그 순서는 정확히 반대이기 때문에, 이는 설명하기 어렵다(4-28).

D. 환경에 의존하는 심리적 특징은 거의 무시되고, 과거는 현재를 넘어 강조되며, 어린이의 문화화에는 수동적 입장을 취한다(4-29~4-34). 비고츠키는 생물발생적 원리가 자궁 내에서 가장 큰 설명력을 갖지만(예컨대 인간 배아에서 분명한 아가미틈의 출현), 거기서조차 그것은 부분적이고 임의적이며 종종 하찮음(아가미틈은 대부분의 척추동물 배아의 특징이지만, 지느러미와 비늘은 그렇지 않다)는 것을 지적한다. 우리가 청소년기에 가까이 갈수록, 발생반복 이론의 설명력은 점점 작아진다(4-35~4-43).

III. 생물-심리학적 이론들. 두 번째 이론의 그룹은 첫 번째와 같이 성적 성숙이라는 생리적 요인을 기본으로 삼지만 모종의 심리적 상부구조를 문화적 행동의 형태로 그 위에 쌓아 올린다. 이러한 문화적 행동은 성적 성숙의 반복이 아니라 그 정교화, 보충, 심지어 성 충동의 승화로 간주된다.

A. 그로스와 정교화. K. 그로스는 우리가 보았다시피 놀이가 본능의 '정교화' 기능을 한다고 주장한다. 예컨대 새끼 고양이는 사냥 본능을 정교화하여 회피 본능을 극복한다. 그로스는 청소년도 같은 방식으로 성적 본능을 문화적 이상의 영역으로 정교화한다고 제안한다.

> i. 타인과의 친교, 친밀함을 향한 충동(4-48).
> ii. 고립과 몽상, 고독을 향한 충동(4-48).
> iii. 자기 긍정, 과시, 애교를 향한 충동(4-49).
> iv. 경쟁, 투쟁을 향한 충동(4-50).

비고츠키는 이 이론이 지닌 중대한 두 가지 결점을 지적한다(4-51~4-52).

    i. 그로스는 생식 본능 위에 복잡한 문화적 행동을 쌓아 올려야 하는 사실적 이유도, 네 가지의 충동을 덧붙여야 하는 사실적 이유도 제시하지 않는다. 따라서 각 충동들은 순환론적으로 설명된다. 친밀성을 향상 충동은 친밀성 충동으로 설명되는 식이다(4-54~4-58).

    ii. 그로스는 학령기, 전학령기, 초기 유년기라는 청소년기의 선역사기 동안 어린이가 문화화된 습관, 지성적 행동, 창조성과 상상력의 체계를 점차적으로 쌓아 올림에도 불구하고 이 시기가 지나면 마치 유아기처럼 본능이 전면으로 부각된다고 가정한다. 이는 대단히 개연성이 낮은 주장이다(4-56~4-57).

    B. 뷜러와 짝에 대한 갈망. C 뷜러의 생물-심리적 이론은 심리적 요인에 방점이 있다. 뷜러는 심리적 요인이 청소년의 생리적 변화보다 우선하고 또한 더 오래 지속될 것이라고 주장한다(4-59~4-63). 원시적 형태로부터 문화적 형태로 올라가는 성적 본능은 문화적 형태로 풍부해져서 다시 생물적 층위로 돌아간다(4-64). 영적 성숙을 향한 탐험을 포함한 문화적 행동은 성적 성숙에 직접 기인하지 않고 '짝에 대한 필요'(4-65~4-67)로 촉발된다. 비고츠키는 이것이 매우 큰 일보 전진이라고 하지만 이에 따르는 이보 후퇴를 지적한다.

    i. 그로스와 마찬가지로 뷜러는 문화적 행동이 사회적 필요보다는 생리적 필요에 봉사한다고 가정한다(4-69~4-70).

    ii. 그로스와 마찬가지로 뷜러는 설명의 대상을 미리 가정하는 선결문제요구의 오류를 범한다. 뷜러는 문화적 행동을 '짝에 대한 필요'로 설명하지만 이 필요가 무조건적인 본능인지 습관적인 경향성인지 혹은 일시적 감정인지는 분명하지 않다(4-71~4-72). 비고츠키는 이 요인이 여성의 성에 대한 뷜러의 연구로부터 과잉 일반화되었다는 다소 불공정한 슈프랑거의 비판을 인용하고 이를 인정한다(4-73).

    C. 비고츠키는 이제 남성의 성적 특질에 대한 프로이트의 연구들로부터 주로 일반화된 이론으로 넘어간다. 비고츠키는 베른펠트의 비판적 프로이트주의를 세 가지 기본적인 명제 형태로 소개한다.

    i. 성적 충동은 삶의 시작부터 존재한다(4-76). 비고츠키는 이것이 청소년의 성적 특질은 신형성이 아니라는 것을 의미한다고 지적한다. 더 이상 새롭지 않기 때문에, 그것은 설명력을 얻기보다 잃어버린다. 만약 청소년의 새로운 성취를 청소년의 성적 특질로 설명하고자 한다면, 청소년의 성적 특질에서 새로운 것을 보여 줄 필요가 있다(4-77~4-78).

    ii. 잠재적 국면이 지난 후, 성적 충동은 자신을 향한 국면으로 들어간다(4-79).

    iii. 청소년의 사랑은 억압과 승화라는 형태를 취한다. 성적 충동은 즉각적 목적을 벗어나 타인을 향한다(4-80).

비고츠키는 세 가지 기본 명제에 대한 내재적 비판을 다음 장으로 넘기고, 여기서는 이전의 생물-심리학적 이론에 대한 정신분석학의 유사점에 집중한다.

    i. 다른 이론들처럼 정신분석학은 일방적으로 결정론적이며 비변증법적이다. 그것은 어린이의 개념적 생각의 거대한 팽창을 포함하는 청소년 심리학 전체를 성적 성숙이라는 생물학적 사실로부터 이끌어 낸다(4-81).

    ii. 다른 이론들처럼 정신분석학은 3장의 각 연령기에서 보았던 독창적 구조를 설명할 수 없다(4-84).

    iii. 다른 이론들처럼 정신분석학은 단일 변수에 의존하고 일방주의적이다. 성적 충동이 유년기 내내 존재한다면, 승화는 왜 청소년기에만 작동할까?(4-82, 4-84)

IV. 문화-심리학적 이론들. 비고츠키는 이제 생물발생적 이론과 생물-심리학적 이론들과 반대 극단에 있는 문화-심리학적 이론들의 무리로 넘어간다. 이전에 생물학은 결정적 요인으로 취급되었지만, 새로운 이론들에서 무의미한 요인으로 무시된다. 예컨대 슈프랑거는 심리학에서의 자연과학적 설명을 거부하고 자아, 미래 계획, 문화 숙달의 성장에 대한 청소년의 발견을 '시대정신'의 발현으로 '해석'하려고 한다(4-87~4-92). 같은 시기에 일어나는 생식샘의 성숙은 소크라테스의 다리 근육이 그의 자살과 무관한 만큼이나 순전히 우연적이고 무관한 것으로 취급된다(4-93). 비고츠키는 성적 성숙이 문화적 성숙이나 지적 성숙에 실제적 효과를 미치지 못하며 단지 동시에 일어날 뿐이라는 가설은 매우 그럴듯하지 않다는 뷜러에 동의한다(4-93). 비고츠키는 다음과 같이 결론을 내린다.

    A. 슈프랑거 그리고 스턴이나 톰리르즈와 같은 문화-심리학적 이론가들 또한 단일 변수에 의존하고 일방주의적이다. 유일한 차이점은 생물학 대신 문화를 결정적인 것으로 취급한다는 것뿐이다(4-94~4-97).

    B. 지헨과 본의 이론처럼 종합적 이론들은 의지나 이상 또는 다른 어떤 측면의 정신성, 도덕성, 종교성에 대한 찬양에 지나지 않는다. 비고츠키는 그런 찬양은 매우 많은 것을 설명할 수 없다는 톰리르즈에 동의한다(4-98~4-99). 그러나 톰리르즈는 확신의 용기를 결여한 것으로 보인다. 어떤 연구에서 그는 이 모든 편향성에 반대하는 종합적 이론을 요구하지만, 다른 연구에서는 지금이 이론화할 시간이 아니라 자료를 모을 시간이라고 말한다. 비고츠키에 따르면 두 번째 주장은 절반만 옳다. 이론화 없이 자료를 모으는 것은 암흑 속에서 눈을 가리고 자료를 모으는 것이다(4-100~4-101).

| 참고 문헌 |

Аркин, Е. Дошкольный возраст(전학령기). Ч. I, ГИЗ Ч. II, ГИЗ. Ц. одной части 1р. 75к.

Басов, М. Я.(1926). Методика психологических наблюдений над детьми (어린이에 대한 심리학적 관찰 방법). Изд. III ГИЗ.

Басов, М. Я.(1928). Общие основы педологии(아동학의 일반 원리). ГИЗ. Ц. 9 р. Введение и отдел первый.

Блонский П. П.(1925). Основы педагогики(교육학 원론). Изд. Работн. Прос вещ. Москва. Главы II и III(Воспитание здоровой детской массы и Восп итание мощной детской массы).

Блонский. П.(1927). Педология в массовой школе(대중 학교의 아동학). I сту пени. Изд. III. Раб. Просв. М. 1. Ц. 1р. 10к.

Блонский, П. П.(1925) Педология(아동학 1권). Москва.

Блонский, П. Ионова, М, Левинский, В, Шейман. М.(1927). Методика педоло гического обследования детей школьного возраста(학령기 어린이의 아동 적적 조사 방법). ГИЗ Ц. 1.

Веселовская, К. П.(1924). Педологический практикум(아동학 실습). Изд. Ра б. Проев. 1924. Ц. 2.

Выготский, Л. С.(1928). Педология школьного возраста(학령기 아동학). Изд. Бюро заочного обучения при педфаке 2 МГУ. Ц. 1р. 60к. 1928 г. 1.

Выготский, Л. С.(2001) Лекции по педологии(아동학 강의). (Ижевск: Издат ельский дом Удмуртский).

Загоровский П. Л.(1928). О так называемой негативной фазе в подросто честве(소위 청소년기의 부정적 국면에 대하여). Педология, 1, 171-180.

Залкинд, А. Б.(1927). Основные вопросы педологии(아동학의 근본 문제). Изд. 《Работник Просвещения》. Москва. (Ц. 75коп).

Залкинд, А. Б.(1929). Педология в СССР(소비에트 아동학). Изд. Раб. Проев. Москва.

Корнилов, К. Н.(1926). Биогенетический принцип(생물발생적 원리). Статья в сборнике 《Основные вопросы педологии в избранных статьях》. Сост авил проф.С. М. Василейский. Госиздат. Ц. 2р. 25к. Стр. 57-64.

Николаев, Л. П.(1925) Влияние социальных факторов на физическое разв итие детей(어린이의 신체 발달에 미치는 사회적 요인의 영향). Госиздат Украины.

Рюлэ. О.(1923). Пролетарское дитя(프롤레타리아 어린이). Издательство《Кр асная Новь》. Москва.

Смирнов В. Е.(1929). Психология юношеского возраста(청소년기 심리학). ч. I. Изд. Молодая Гвардия", 1929 г. Москва—Ленинград. Ц. 2р. 90к.

Стенли Холл.(1913). Инстинкты и чувства в юношеском возрасте(청소년기 의 본능과 감정). С. Пб. 1913.

Binet, A. and Simon, T.(1905). Méthodes nouvelles pour le diagnostic du niveau intellectuel des anormaux. L'Année Psychologique, 11, 191-244. DOI: 10.3406/psy.1904.3675

Blunden, A.(2012). Concepts: A Critical Approach. Leiden: Brill.

Blunden, A.(2016) Translating Perezhivanie into English. Mind, Culture, and Activity, 23: 4, 274-283, DOI: 10.1080/10749039.2016.1186193

Bühler, C.(1931). The Social Behavior of the Child. Handbook of Child Psychology, C. Murchison & J.E. Anderson (eds.). Oxford: OUP pp. 392-431.

Bühler, C.(1922). Das Seelenleben des Jugendlichen: Versuch einer Analyse und Theorie der psychischen Pubertät (The inner life of the adolescent: An attempt at analysis and theory of mental puberty). G. Fischer, Jena.

Bühler, C.(1928). Kindheit und Jugend: Genese des Bewuß tseins (Childhood and adolescence: Origins of consciousness). Hirzel, Leipzig.

Bühler, C.(1932). Social Behavior of the Child. In C. Murchison, Handbook of Child Psychology, pp. 392-431.

Bühler, C.(1937). From birth to maturity. London: Kegan Paul, Trench, Trubner & Co.

Engels, F.(1884) The Origin of the Family, Private Property and the State. New York: International

Groos, K.(1898). The Play of Animals. New York: Appleton

Groos, K.(1912) The Play of Man. New York and London: Applet on and Co.

Hall, G. Stanley.(1907). Adolescence. New York: Appleton.

Herbart, J. F.(1895). A Text-book in Psychology: an attempt to found the science of psychology on experience, metaphysics, and mathematics; translated by Margaret K. Smith. New York: D. Appleton and Co.

Karpov, Y. V.(2005). The Neo-Vygotskyan Approach to Child Development.

Cambridge: Cambridge University Press.

Klein, M.(1975) The Psychoanalysis of Children; translation by Alix Strachey; rev. in collaboration with Alix Strachey by H. A. Thorner. Rev. ed., New York: Delacorte Press/S. Lawrence.

Leontiev, A. N.(1981). Problems of the Development of the Mind. Progress: Moscow.

Léopoldoff-Martin, I.(2014) La science du développement de l'enfant: La conception singulière de Vygotskij These No. 561 (Genève: Université de Genève).

Léopoldoff-Martin, I.(2014) La science du développement de l'enfant: Textes pédologiques (1930-1934). Collection Exploration: Peter Lang.

Lewin, K.(1931). Environmental Forces in Child Behavior and Development. Handbook of Child Psychology, C. Murchison and J.E. Anderson (eds.). Oxford: OUP pp. 94-127.

Luria, A. and Vygotsky, L(1930/1992) Ape, primitive man and child: essays in the history of behaviour (E. Rossiter, Trans.) Hemel Hempstead Harvester Wheatsheaf)

Packer, M.(2017). Child Development: Understanding a Cultural Perspective. Los Angeles: Sage.

Pringle, Ralph. W.(1923) Adolescence and High School Problems. Boston, New York and Chicago: D.C. Heath.

Spranger, E.(1927). Psychologie des Jugendalters(청소년기 심리학). Verlag Quelle & Meyer.

Spranger, E.(1928). Types of Men. Halle: Max Niemeyer Verlag.

Towsey, P. and Macdonald, C. A.(2009). Wolves in Sheep's Clothing and Other Vygotskian Constructs, Mind, Culture and Activity, 16 (1) 234-262.

Towsey, P.(2009). More Than a Footnote to History in Cultural-Historical Theory: The Zalkind Summary, Experimental Study of Higher Behavioural Processes, and "Vygotsky's Blocks", Mind, Culture, and Activity, 16 (4) 317-337.

Tumlirz, O.(1939). Anthropologische Psychologie. Berlin: Junker und Dünnhaupt.

Vogel, M.(1911). Untersuchungen über die Denkbeziehungen in Urteilen der Kinder. S.1.

Vygotsky, L. S.(1984/1998). Collected Works Volume Five, (Volume 4 in Russian). London and New York: Plenum. (Moscow: Pedagogika in Russian).

교육의 본질을 고민하고 진정한 교육적 혁신을 위해 비고츠키를 공부하는 교사들의 모임. 비고츠키 원전을 번역하고, 사회문화이론의 전통을 계승한 발생적 비교연구법과 기능적 언어분석법을 이용한 현장 연구를 지속적으로 수행하고 있다. 비고츠키 이론에 관심이 있거나 혼자 공부하는 데 어려움을 느끼는 독자라면 누구나 함께할 수 있다. 『분열과 사랑』의 번역에 참여한 회원은 다음과 같다.

권민숙 서울오류남초등학교 교사로 청주교육대학교 졸업 후 서울교육대학교 교육대학원에서 데이비드 켈로그 교수님의 첫 제자로 교육학 석사학위를 받았으며, 켈로그 교수님과 함께 국제 학술지(*The Canadian Modern Language Review*, 2005)에 논문을 게재하였습니다. 비고츠키의 아이디어를 접목한 다년간의 현장 연구로 서울시교육청 주최의 여러 연구대회 및 공모전에서 수차례 입상한 바 있습니다. 2014년 3월 뒤늦게 비고츠키 연구회에 합류하여 학문적 열정과 헌신, 지적 탐구의 명철함으로 무장한 연구회의 교수님과 동료 선생님들과의 교류를 통해 오늘도 부지런히 비고츠키 탐구에 관한 앎의 지평을 넓혀 가고 있습니다.

김여선 서울인수초등학교 교사로 부산교육대학교를 졸업하고 한국외국어대학교에서 TESOL 석사학위를 받았습니다. 영어 수업에서 소외된 아이들 지도에 관한 논문 완성 중 D. 켈로그 교수님을 만나 모든 아이들이 행복하고 즐거울 수 있는 영어 수업을 꿈꾸며 비고츠키 공부를 함께하게 되었습니다. 가르치기가 두려워질 때 비고츠키를 만나 이제 가르칠 수 있는 용기, 나 자신에게로의 용기를 얻어 희망을 이야기할 수 있게 되었습니다.

김용호 서울교육대학교와 교육대학원을 졸업하고 한국교원대학교에서 교육학 박사학위를 받았습니다. 현재 서울녹번초등학교에서 어린이들을 가르치고 있습니다. 켈로그 교수님과 함께 외국어 학습과 어린이 발달 일반의 관계를 공부해 왔습니다.

데이비드 켈로그 David Kellogg 맥쿼리대학교 언어학 박사. 상명대학교 영어교육과 교수. 비고츠키 한국어 선집 공동 번역 작업을 추진해왔습니다. *Applied Linguistics*, *Modern Language Journal*, *Language Teaching Research*, *Mind Culture & Activity* 등의 해외 유수 학술지에 지속적으로 논문을 게재해 오고 있으며 동시에 다수의 국제 학술지 리뷰어로 활동하고 있습니다. 비고츠키 연구의 권위자로 인정받고 있습니다.

이두표 서울에 있는 천왕중학교 과학 교사로 서울대학교 물리교육과와 대학원 과학교육과를 졸업하였습니다. 2010년 여름 비고츠키를 처음 만난 후 그 매력에 푹 빠져 꾸준히 비고츠키를 공부하고 있습니다.

이미영 서울교육대학교를 졸업하고 서울광남초등학교 교사로 근무하고 있습니다. 서울교육대학교 대학원 영어교육과에서 켈로그 교수님을 통해 비고츠키를 처음 만났습니다. 『도구와 기호』를 시작으로 오랜 시간 함께하고 있는 켈로그 교수님과 비고츠키 연구회를 통해 더디지만 성장하는 기쁨을 배우고 있습니다.

최영미 춘천교육대학교를 졸업하고 현재 위례고운초등학교에서 근무하고 있습니다. 서울교육대학교 대학원 영어교육과 재학 중 D. 켈로그 교수님을 만나 제가 속한 세상을 바라보는 새로운 눈을 갖게 되기를 소망하게 되었습니다. 든든한 길동무와도 같은 선생님들과 『도구와 기호』를 함께 번역한 것을 시작으로 지금도 부족한 공부를 계속하고 있습니다.

송선미 서울교육대학교와 교육대학원을 졸업하고 현재 서울조원초등학교에서 근무하고 있습니다. 대학원 재학 중 켈로그 교수님을 만나 비고츠키 심리학을 배우게 되었습니다. 연구회를 통해 배우며 성장하고 있습니다.

한희정 청주교육대학교와 한국교원대학교를 졸업하고, 현재 서울정릉초등학교에 근무하며 경희대학교에서 교육과정 박사과정을 밟고 있습니다. 어린이의 성장과 발달을 돕는 교육과정-수업-평가라는 고민에 대한 답을 비고츠키를 통해 찾아가고 있습니다.

*비고츠키 연구회와 함께 번역, 연구 작업에 동참하고 싶으신 분들은 iron_lung@hanmail.net으로 문의해 주시기 바랍니다.

삶의 행복을 꿈꾸는 교육은 어디에서 오는가?

미래 100년을 향한 새로운 교육 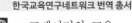 혁신교육을 실천하는 교사들의 필독서

▶ 교육혁명을 앞당기는 배움책 이야기
혁신교육의 철학과 잉걸진 미래를 만나다!

한국교육연구네트워크 총서

01 핀란드 교육혁명
한국교육연구네트워크 엮음 | 320쪽 | 값 15,000원

02 일제고사를 넘어서
한국교육연구네트워크 엮음 | 284쪽 | 값 13,000원

03 새로운 사회를 여는 교육혁명
한국교육연구네트워크 엮음 | 380쪽 | 값 17,000원

04 교장제도 혁명
한국교육연구네트워크 엮음 | 268쪽 | 값 14,000원

05 새로운 사회를 여는 교육자치 혁명
한국교육연구네트워크 엮음 | 312쪽 | 값 15,000원

06 혁신학교에 대한 교육학적 성찰
한국교육연구네트워크 엮음 | 308쪽 | 값 15,000원

07 진보주의 교육의 세계적 동향
한국교육연구네트워크 엮음 | 324쪽 | 값 17,000원

08 더 나은 세상을 위한 학교혁명
한국교육연구네트워크 엮음 | 404쪽 | 값 21,000원

한국교육연구네트워크 번역 총서

01 프레이리와 교육
존 엘리아스 지음 | 한국교육연구네트워크 옮김
276쪽 | 값 14,000원

02 교육은 사회를 바꿀 수 있을까?
마이클 애플 지음 | 강희룡·김선우·박원순·이형빈 옮김
352쪽 | 값 16,000원

**03 비판적 페다고지는
세상을 변화시킬 수 있는가?**
Seewha Cho 지음 | 심성보·조시화 옮김 | 280쪽 | 값 14,000원

04 마이클 애플의 민주학교
마이클 애플·제임스 빈 엮음 | 강희룡 옮김 | 276쪽 | 값 14,000원

05 21세기 교육과 민주주의
넬 나딩스 지음 | 심성보 옮김 | 392쪽 | 값 18,000원

**06 세계교육개혁:
민영화 우선인가 공적 투자 강화인가?**
린다 달링-해먼드 외 지음 | 심성보 외 옮김 | 408쪽 | 값 21,000원

혁신학교
성열관·이순철 지음 | 224쪽 | 값 12,000원

행복한 혁신학교 만들기
초등교육과정연구모임 지음 | 264쪽 | 값 13,000원

서울형 혁신학교 이야기
이부영 지음 | 320쪽 | 값 15,000원

혁신교육, 철학을 만나다
브렌트 데이비스·데니스 수마라 지음
현인철·서용선 옮김 | 304쪽 | 값 15,000원

혁신교육 존 듀이에게 묻다
서용선 지음 | 292쪽 | 값 14,000원

다시 읽는 조선 교육사
이만규 지음 | 750쪽 | 값 33,000원

대한민국 교육혁명
교육혁명공동행동 연구위원회 지음 | 224쪽 | 값 12,000원

대한민국 교사, 어떻게 가르칠 것인가?
윤성관 지음 | 320쪽 | 값 15,000원

아이들을 어떻게 가르칠 것인가
사토 마나부 지음 | 박찬영 옮김 | 232쪽 | 값 13,000원

아이들의 배움은 어떻게 깊어지는가
이시이 준지 지음 | 방지현·이창희 옮김 | 200쪽 | 값 11,000원

모두를 위한 국제이해교육
한국국제이해교육학회 지음 | 364쪽 | 값 16,000원

경쟁을 넘어 발달 교육으로
현광일 지음 | 288쪽 | 값 14,000원

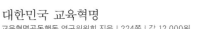
독일 교육, 왜 강한가?
박성희 지음 | 324쪽 | 값 15,000원

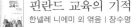
핀란드 교육의 기적
한넬레 니에미 외 엮음 | 장수명 외 옮김 | 452쪽 | 값 23,000원

▶ 비고츠키 선집 시리즈
발달과 협력의 교육학 어떻게 읽을 것인가?

 생각과 말
레프 세묘노비치 비고츠키 지음
배희철·김용호·D. 켈로그 옮김 | 690쪽 | 값 33,000원

 성장과 분화
L.S. 비고츠키 지음 | 비고츠키 연구회 옮김
308쪽 | 값 15,000원

 도구와 기호
비고츠키·루리야 지음 | 비고츠키 연구회 옮김
336쪽 | 값 16,000원

 의식과 숙달
L.S 비고츠키 | 비고츠키 연구회 옮김
348쪽 | 값 17,000원

 어린이 자기행동숙달의 역사와 발달 I
L.S. 비고츠키 지음 | 비고츠키 연구회 옮김
564쪽 | 값 28,000원

 관계의 교육학, 비고츠키
진보교육연구소 비고츠키교육학실천연구모임 지음
300쪽 | 값 15,000원

 어린이 자기행동숙달의 역사와 발달 II
L.S. 비고츠키 지음 | 비고츠키 연구회 옮김
552쪽 | 값 28,000원

 비고츠키 생각과 말 쉽게 읽기
진보교육연구소 비고츠키교육학실천연구모임 지음
316쪽 | 값 15,000원

 어린이의 상상과 창조
L.S. 비고츠키 지음 | 비고츠키 연구회 옮김
280쪽 | 값 15,000원

 비고츠키와 인지 발달의 비밀
A.R. 루리야 지음 | 배희철 옮김 | 280쪽 | 값 15,000원

 연령과 위기
L.S. 비고츠키 지음 | 비고츠키 연구회 옮김
336쪽 | 값 17,000원

 수업과 수업 사이
비고츠키 연구회 지음 | 196쪽 | 값 12,000원

 분열과 사랑
L.S. 비고츠키 지음 | 비고츠키연구회 옮김
260쪽 | 값 16,000

▶ 창의적인 협력수업을 지향하는 삶이 있는 국어 교실
우리말 글을 배우며 세상을 배운다

 중학교 국어 수업 어떻게 할 것인가?
김미경 지음 | 340쪽 | 값 15,000원

 이야기 꽃 1
박용성 엮어 지음 | 276쪽 | 값 9,800원

 토론의 숲에서 나를 만나다
명혜정 엮음 | 312쪽 | 값 15,000원

 이야기 꽃 2
박용성 엮어 지음 | 294쪽 | 값 13,000원

 토닥토닥 토론해요
명혜정·이명선·조선미 엮음 | 288쪽 | 값 15,000원

 인문학의 숲을 거니는 토론 수업
순천국어교사모임 엮음 | 308쪽 | 값 15,000원

 어린이와 시
오인태 지음 | 192쪽 | 값 12,000원

 수업, 슬로리딩과 함께
박경숙·강슬기·김정욱·장소현·강민정·전혜림·이혜민 지음
268쪽 | 값 15,000원

▶ 평화샘 프로젝트 매뉴얼 시리즈
학교 폭력에 대한 근본적인 예방과 대책을 찾는다

 학교 폭력 어떻게 만들어지는가
문재현 외 지음 | 300쪽 | 값 14,000원

 아이들을 살리는 동네
문재현·신동명·김수동 지음 | 204쪽 | 값 10,000원

학교 폭력, 멈춰!
문재현 외 지음 | 348쪽 | 값 15,000원

 평화! 행복한 학교의 시작
문재현 외 지음 | 252쪽 | 값 12,000원

 왕따, 이렇게 해결할 수 있다
문재현 외 지음 | 236쪽 | 값 12,000원

마을에 배움의 길이 있다
문재현 지음 | 208쪽 | 값 10,000원

젊은 부모를 위한 백만 년의 육아 슬기
문재현 지음 | 248쪽 | 값 13,000원

 별자리, 인류의 이야기 주머니
문재현·문한뫼 지음 | 444쪽 | 값 20,000원

▶ 4·16, 질문이 있는 교실 마주이야기
통합수업으로 혁신교육과정을 재구성하다!

통하는 공부
김태호·김형우·이경석·심우근·허진만 지음
324쪽 | 값 15,000원

내일 수업 어떻게 하지?
아이함께 지음 | 300쪽 | 값 15,000원
2015 세종도서 교양부문

인간 회복의 교육
성래운 지음 | 260쪽 | 값 13,000원

교과서 너머 교육과정 마주하기
이윤미 외 지음 | 368쪽 | 값 17,000원

수업 고수들 수업·교육과정·평가를 말하다
박현숙 외 지음 | 368쪽 | 값 17,000원

도덕 수업, 책으로 묻고 윤리로 답하다
울산도덕교사모임 지음 | 320쪽 | 값 15,000원

체육 교사, 수업을 말하다
전용진 지음 | 304쪽 | 값 15,000원

교실을 위한 프레이리
아이러 쇼어 엮음 | 사람대사람 옮김 | 412쪽 | 값 18,000원

마을교육공동체란 무엇인가?
서용선 외 지음 | 360쪽 | 값 17,000원

학교생활기록부를 디자인하라
박용성 지음 | 268쪽 | 값 14,000원

교사, 학교를 바꾸다
정진화 지음 | 372쪽 | 값 17,000원

함께 배움
학생 주도 배움 중심 수업 이렇게 한다
니시카와 준 지음 | 백경석 옮김 | 280쪽 | 값 15,000원

공교육은 왜?
홍섭근 지음 | 352쪽 | 값 16,000원

자기혁신과 공동의 성장을 위한
교사들의 필리버스터
윤양수·원종희·장군·조경삼 지음 | 280쪽 | 값 14,000원

함께 배움 이렇게 시작한다
니시카와 준 지음 | 백경석 옮김 | 196쪽 | 값 12,000원

함께 배움 교사의 말하기
니시카와 준 지음 | 백경석 옮김 | 188쪽 | 값 12,000원

미래교육의 열쇠, 창의적 문화교육
심광현·노명우·강정석 지음 | 368쪽 | 값 16,000원

주제통합수업, 아이들을 수업의 주인공으로!
이윤미 외 지음 | 392쪽 | 값 17,000원

수업과 교육의 지평을 확장하는 수업 비평
윤양수 지음 | 316쪽 | 값 15,000원
2014 문화체육관광부 우수교양도서

교사, 선생이 되다
김태은 외 지음 | 260쪽 | 값 13,000원

교사의 전문성, 어떻게 만들어지나
국제교원노조연맹 보고서 | 김석규 옮김 392쪽 | 값 17,000원

수업의 정치
윤양수·원종희·장군 지음 | 280쪽 | 값 14,000원

학교협동조합,
현장체험학습과 마을교육공동체를 잇다
주수원 외 지음 | 296쪽 | 값 15,000원

거꾸로교실,
잠자는 아이들을 깨우는 수업의 비밀
이민경 지음 | 280쪽 | 값 14,000원

교사는 무엇으로 사는가
정은균 지음 | 292쪽 | 값 15,000원

마음의 힘을 기르는 감성수업
조선미 외 지음 | 300쪽 | 값 15,000원

작은 학교 아이들
지경준 엮음 | 376쪽 | 값 17,000원

감성 지휘자, 우리 선생님
박종국 지음 | 308쪽 | 값 15,000원

대한민국 입시혁명
참교육연구소 입시연구팀 지음 | 220쪽 | 값 12,000원

교사를 세우는 교육과정
박승열 지음 | 312쪽 | 값 15,000원

전국 17명 교육감들과 나눈
교육 대담
최창의 대담·기록 | 272쪽 | 값 15,000원

들뢰즈와 가타리를 통해
유아교육 읽기
리세롯 마리엣 올슨 지음 | 이연선 외 옮김 | 328쪽 | 값 17,000원

교육과정 통합, 어떻게 할 것인가?
성열관 외 지음 | 192쪽 | 값 13,000원

동양사상에게 인공지능 시대를 묻다
홍승표 외 지음 | 260쪽 | 값 15,000원

학교 혁신의 길, 아이들에게 묻다
남궁상운 외 지음 | 268쪽 | 값 15,000원

프레이리의 사상과 실천
사람대사람 지음 | 352쪽 | 값 18,000원

혁신학교, 한국 교육의 미래를 열다
송순재 외 지음 | 608쪽 | 값 30,000원

페다고지를 위하여
프레네의 『페다고지 불변요소』 읽기
박찬영 지음 | 296쪽 | 값 15,000원

노자와 탈현대 문명
홍승표 지음 | 284쪽 | 값 15,000원

선생님, 민주시민교육이 뭐예요?
염경미 지음 | 244쪽 | 값 15,000원

어쩌다 혁신학교
유우석 외 지음 | 380쪽 | 값 17,000원

미래, 교육을 묻다
정광필 지음 | 232쪽 | 값 15,000원

대학, 협동조합으로 교육하라
박주희 외 지음 | 252쪽 | 값 15,000원

학교 민주주의의 불한당들
정은균 지음 | 276쪽 | 값 14,000원

교육과정, 수업, 평가의 일체화
리사 카터 지음 | 박승열 외 옮김 | 196쪽 | 값 13,000원

학교를 개선하는 교장
지속가능한 학교 혁신을 위한 실천 전략
마이클 풀란 지음 | 서동연·정효준 옮김 | 216쪽 | 값 13,000원

공자던, 논어는 이것이다
유문상 지음 | 392쪽 | 값 18,000원

교사와 부모를 위한
발달교육이란 무엇인가?
현광일 지음 | 380쪽 | 값 18,000원

교사, 이오덕에게 길을 묻다
이무완 지음 | 328쪽 | 값 15,000원

낙오자 없는 스웨덴 교육
레이프 스트란드베리 지음 | 변광수 옮김 | 208쪽 | 값 13,000원

끝나지 않은 마지막 수업
장석웅 지음 | 328쪽 | 값 20,000원

대구, 박정희 패러다임을 넘다
세대열 엮음 | 292쪽 | 값 20,000원

경기꿈의학교
진흥섭 외 지음 | 360쪽 | 값 17,000원

학교를 말한다
이성우 지음 | 292쪽 | 값 15,000원

▶ 교과서 밖에서 만나는 역사 교실
상식이 통하는 살아 있는 역사를 만나다

전봉준과 동학농민혁명
조광환 지음 | 336쪽 | 값 15,000원

남도의 기억을 걷다
노성태 지음 | 344쪽 | 값 14,000원

응답하라 한국사 1·2
김은석 지음 | 356쪽·368쪽 | 각권 값 15,000원

즐거운 국사수업 32강
김남선 지음 | 280쪽 | 값 11,000원

즐거운 세계사 수업
김은석 지음 | 328쪽 | 값 13,000원

교과서 밖에서 배우는 역사 공부
정은교 지음 | 292쪽 | 값 14,000원

팔만대장경도 모르면 빨래판이다
전병철 지음 | 360쪽 | 값 16,000원

빨래판도 잘 보면 팔만대장경이다
전병철 지음 | 360쪽 | 값 16,000원

영화는 역사다
강성률 지음 | 288쪽 | 값 13,000원

친일 영화의 해부학
강성률 지음 | 264쪽 | 값 15,000원

강화도의 기억을 걷다
최보길 지음 | 276쪽 | 값 14,000원

광주의 기억을 걷다
노성태 지음 | 348쪽 | 값 15,000원

**선생님도 궁금해하는
한국사의 비밀 20가지**
김은석 지음 | 312쪽 | 값 15,000원

걸림돌
키르스텐 세룹-빌펠트 지음 | 문봉애 옮김
248쪽 | 값 13,000원

역사수업을 부탁해
열 사람의 한 걸음 지음 | 388쪽 | 값 18,000원

진실과 거짓, 인물 한국사
하성환 지음 | 400쪽 | 값 18,000원

한국 고대사의 비밀
김은석 지음 | 304쪽 | 값 13,000원

조선족 근현대 교육사
정미량 지음 | 320쪽 | 값 15,000원

다시 읽는 조선근대교육의 사상과 운동
윤건차 지음 | 이명실·심성보 옮김 | 516쪽 | 값 25,000원

음악과 함께 떠나는 세계의 혁명 이야기
조광환 지음 | 292쪽 | 값 15,000원

논쟁으로 보는 일본 근대교육의 역사
이명실 지음 | 324쪽 | 값 17,000원

다시, 독립의 기억을 걷다
노성태 지음 | 320쪽 | 값 16,000원

▶ 더불어 사는 정의로운 세상을 여는 인문사회과학
사람의 존엄과 평등의 가치를 배운다

밥상혁명
강양구·강이현 지음 | 298쪽 | 값 13,800원

도덕 교과서 무엇이 문제인가?
김대용 지음 | 272쪽 | 값 14,000원

자율주의와 진보교육
조엘 스프링 지음 | 심성보 옮김 | 320쪽 | 값 15,000원

민주화 이후의 공동체 교육
심성보 지음 | 392쪽 | 값 15,000원
2009 문화체육관광부 우수학술도서

갈등을 넘어 협력 사회로
이창언·오수길·유문종·신윤관 지음 | 280쪽 | 값 15,000원

동양사상과 마음교육
정재걸 외 지음 | 356쪽 | 값 16,000원
2015 세종도서 학술부문

교과서 밖에서 배우는 철학 공부
정은교 지음 | 280쪽 | 값 14,000원

교과서 밖에서 배우는 사회 공부
정은교 지음 | 304쪽 | 값 15,000원

교과서 밖에서 배우는 윤리 공부
정은교 지음 | 292쪽 | 값 15,000원

한글 혁명
김슬옹 지음 | 388쪽 | 값 18,000원

좌우지간 인권이다
안경환 지음 | 288쪽 | 값 13,000원

민주시민교육
심성보 지음 | 544쪽 | 값 25,000원

민주시민을 위한 도덕교육
심성보 지음 | 500쪽 | 값 25,000원
2015 세종도서 학술부문

교과서 밖에서 배우는 인문학 공부
정은교 지음 | 280쪽 | 값 13,000원

오래된 미래교육
정재걸 지음 | 392쪽 | 값 18,000원

대한민국 의료혁명
전국보건의료산업노동조합 엮음 | 548쪽 | 값 25,000원

교과서 밖에서 배우는 고전 공부
정은교 지음 | 288쪽 | 값 14,000원

전체 안의 전체 사고 속의 사고
김우창의 인문학을 읽다
현광일 지음 | 320쪽 | 값 15,000원

카스트로, 종교를 말하다
피델 카스트로·프레이 베토 대담 | 조세종 옮김
420쪽 | 값 21,000원

교사와 부모를 위한 비고츠키 교육학
카르포프 지음 | 실천교사번역팀 옮김 | 308쪽 | 값 15,000원

▶ 살림터 참교육 문예 시리즈
영혼이 있는 삶을 가르치는 온 선생님을 만나다!

 꽃보다 귀한 우리 아이는
조재도 지음 | 244쪽 | 값 12,000원

 성깔 있는 나무들
최은숙 지음 | 244쪽 | 값 12,000원

 아이들에게 세상을 배웠네
명혜정 지음 | 240쪽 | 값 12,000원

 밥상에서 세상으로
김흥숙 지음 | 280쪽 | 값 13,000원

 선생님이 먼저 때렸는데요
강병철 지음 | 248쪽 | 값 12,000원

 서울 여자, 시골 선생님 되다
조경선 지음 | 252쪽 | 값 12,000원

 행복한 창의 교육
최창의 지음 | 328쪽 | 값 15,000원

 북유럽 교육 기행
정애경 외 14인 지음 | 288쪽 | 값 14,000원

▶ 남북이 하나 되는 두물머리 평화교육
분단 극복을 위한 치열한 배움과 실천을 만나다

 10년 후 통일
정동영·지승호 지음 | 328쪽 | 값 15,000원

 분단시대의 통일교육
성래운 지음 | 428쪽 | 값 18,000원

 선생님, 통일이 뭐예요?
정경호 지음 | 252쪽 | 값 13,000원

 김창환 교수의 DMZ 지리 이야기
김창환 지음 | 264쪽 | 값 15,000원

참된 삶과 교육에 관한
생각 줍기